高速铁路牵引供电技术丛书
高等职业教育校企合作系列教材

高速铁路牵引变电所综合自动化系统

编著　朱　申　刘明晓　王志英

西南交通大学出版社
·成　都·

图书在版编目（CIP）数据

高速铁路牵引变电所综合自动化系统 / 朱申，刘明晓，王志英编著. —成都：西南交通大学出版社，2020.8（2023.7 重印）
（高速铁路牵引供电技术丛书）
高等职业教育校企合作系列教材
ISBN 978-7-5643-7369-6

Ⅰ. ①高… Ⅱ. ①朱… ②刘… ③王… Ⅲ. ①高速铁路－电气化铁道－牵引变电所－综合自动化系统－高等职业教育－教材 Ⅳ. ①U238②U224

中国版本图书馆 CIP 数据核字（2020）第 135812 号

高速铁路牵引供电技术丛书
高等职业教育校企合作系列教材

Gaosu Tielu Qianyin Biandiansuo Zonghe Zidonghua Xitong

高速铁路牵引变电所综合自动化系统

编著　朱申　刘明晓　王志英

责任编辑　黄淑文
封面设计　原谋书装

出版发行　西南交通大学出版社
（四川省成都市金牛区二环路北一段 111 号
西南交通大学创新大厦 21 楼）
邮政编码　610031
发行部电话　028-87600564　028-87600533
网址　http://www.xnjdcbs.com
印刷　成都蜀通印务有限责任公司

成品尺寸　185 mm × 260 mm
印张　14.5
字数　359 千
版次　2020 年 8 月第 1 版
印次　2023 年 7 月第 2 次
书号　ISBN 978-7-5643-7369-6
定价　45.00 元

课件咨询电话：028-81435775
图书如有印装质量问题　本社负责退换

丛书编委会

总　序

近年来，高速铁路在我国取得了快速的发展。我国高速铁路的发展，特别是我国仅用几年的时间就超过了发达国家几十年高速铁路里程的总和，这进一步证明了我国高速铁路综合技术自身的优越性。在牵引供电系统方面，我国经过多年运营，已经形成自己的标准技术体系，部分领域处于领先地位，但随着高速电气化铁路供电管理标准的提高，对供电设备的安全性、可靠性也提出了更高的要求。如何确保高速度、大规模、大功率、高密度的牵引供电系统高效、安全、可靠运行，是我国高速铁路快速发展迫切需要解决的问题。随着高速铁路的发展应用，我国在高速铁路供变电技术、弓网关系、综合自动化、供电安全检测监测等关键技术方面已经取得了突出的成果。

高速铁路供电系统作为高速铁路的重要组成部分，其运用、检测、维修和管理技术，是集当今世界先进的计算机网络技术、电力工业技术、新型材料技术、机械工程技术、变电技术等现代科学技术为一体的系统工程。

高速铁路牵引负荷的特殊性和牵引网络的复杂性，给牵引供电系统的服役安全和可靠性带来了新的问题。梳理我国高速铁路的牵引供电基础理论和关键技术，从牵引供电系统的供变电技术、保护监控技术、接触网、供电检测监测等方面，按照学习知识的认知规律，结合现场实践，联合中国铁路西安局集团有限公司供电部的专业技术人员编写了本套丛书。

本套丛书由雷靠民、滕勇担任总编，由西安铁路职业技术学院的教师和中国铁路西安局集团有限公司的现场技术人员编写。本套丛书包括《高速铁路牵引供电接口管理》《高速铁路接触网检测技术》《高速铁路牵引变电所》《高速铁路牵引变电所综合自动化系统》《高速铁路接触网》《高速铁路供电规程与规则》六本书。

雷靠民

2020 年 6 月

前　言

牵引变电所实现综合自动化是传统变电所二次系统的重大变革，其装置形式、功能配置以及操作方法都发生了根本变化，因此，从事变电所综合自动化系统相关工作的人员就必须了解变电站综合自动化系统的技术和原理，熟悉它的功能、特性，进而能够熟练操作。我们通过近几年的教学实践思考并与中国铁路西安局集团有限公司及中铁第一勘察设计院集团有限公司一起合编了本书。

本书立足高职教育的需求，结合我国铁路供电系统的特点和实践经验，分别介绍了变电站综合自动化系统的基础知识、微机保护硬件原理、牵引供电微机保护、自动装置、数据传输及通信规约、间隔层、站控层、牵引供电调度、智能监控系统、综合自动化系统的调试、维护、运行以及常见故障及处理等。

本书共十一章。第一章由西安铁路职业技术学院杨红梅编写；第二章，第三章第二、三、五、六、七、八节以及第四章第一节由西安铁路职业技术学院刘明晓编写；第三章第一节由西安铁路职业技术学院娄刘娟编写；第三章第三节和第七节由中国铁路西安局集团公司（简称“西安铁路局”）王志英编写；第四章第二节由西安铁路职业技术学院朱申编写；第四章第三节由西安铁路局王志英编写；第五、六、七章由中铁第一勘察设计院集团有限公司丁峰编写；第八章由西安铁路局陈国强编写；第九、十章由西安铁路局宝鸡供电段王珂编写；第十一章由西安铁路职业技术学院薛博文编写。全书由朱申统稿。

由于作者的理论水平和实践经验有限，书中疏漏在所难免，希望读者批评指正。

编　者

2020 年 6 月

目 录

第一章　变电站综合自动化技术基础

第一节　变电站综合自动化的概念

改革开放以来，随着国民经济的快速增长，供电系统获得了前所未有的发展，传统的变电站已远远不能满足现代供电系统管理模式的需求。在此背景下，变电站综合自动化技术逐渐得到了广泛应用。本章主要阐述变电站综合自动化的基本概念和基本功能，以及变电站实现综合自动化的优越性和主要结构形式。

一、变电站综合自动化的基本概念

变电站是供电系统中不可缺少的重要环节，它担负着电能转换和电能重新分配的重要任务，对供电系统的安全、可靠和经济运行起着重要作用。而变电站二次系统则需对断路器等一次电气设备进行控制；对变电站的测量和状态数据进行采集和综合分析；利用数据信息对变压器、电力线路、电容器等电气设备和供电系统进行保护、监视和优化管理等。

常规变电站二次系统应用的特点是变电站采用单元间隔的布置方式，主要包括四个部分，继电保护、故障录波、当地监控及远动部分。这四部分不仅完成的功能各不相同，其设备（装置）所采用的硬件和技术也完全不同，装置之间相对独立，装置间缺乏整体的协调和功能优化，输入信息不能共享、接线比较复杂、系统扩展复杂，主要有以下几方面的问题。

（1）信息不共享。变电站二次系统接入的信息大致可分为：① 供电系统运行信息，如电流、电压、频率等；② 变电站设备运行状态信息，如一次设备、二次设备是否投运等；③ 变电站设备异常信息，如测控装置异常、保护装置直流消失等；④ 牵引网事故信息，如断路器、保护动作跳闸等。由于信息采集部分来自不同的 TA（电流互感器），因此，作为变电站二次系统应用主要环节的测控、保护、故障录波器等系统，信息的应用、处理分属于不同的专业管理部门。继电保护、故障录波、当地监控和远动装置的硬件设备，基本上按各自功能配置，独立运行。

（2）二次系统的硬件设备型号多、类别杂，很难达到标准化。

（3）大量电线电缆端子排的使用，既增加了投资，又花费大量人力从事众多装置间联系的设计、配线、安装、调试、修改或补充。有资料表明，对于一个高压变电站，每一个站间隔大约有 248 条出线；对于一个中压变电站的间隔，则为 20 ~ 40 条出线。

（4）常规二次系统是一个被动的系统，继电保护、自动装置、远动装置等大多采取电磁型或小规模集成电路，缺乏自检和自诊断能力，不能正常指示其自身内部故障，因而必须定期对设备加以测试和校验。这不仅加大了维护工作量，更重要的是不能及时了解系统的工作状态，有时甚至影响对一次系统的监视和控制。

（5）实时计算和控制性不高。供电系统要做到优质、安全、经济运行，必须及时掌握系统的运行工况，才能采取一系列的自动控制和调节手段。传统变电站远动功能不够完善，提供给调度控制中心的信息量少、精度差，一些遥测、遥信无法实时送到调度中心；且变电站内自动控制和调节手段不全，缺乏协调和配合力量，难以满足电网实时监测和控制要求，不利于电力系统的安全稳定运行。

（6）在常规监控系统的变电站中，主要由人来处理信息，人是整个监控系统的核心。由于人处理信息的能力有限，使信息处理的正确性和可靠性不高。

（7）常规监控系统中使用的指示性表计绝大多数是模拟式的，即把各种被测量的大小变换成指针机械位置的改变，人根据指针位置和表盘刻度来判断被测量的大小。由于指针位置和被测量之间的对应关系存在误差，加上人在观察指针位置时也存在误差，导致信息处理的正确性不高。

（8）常规监控系统的信号装置大多数都是通过音响和灯光来表示事件的发生。因音响和灯光不能如实地提供给人关于事故发生时的具体信息，往往要靠人的经验去判断，这不仅对正确处理事故不利，同时也不能对继电保护和自动装置的动作情况做出全面考核。

（9）常规监控系统中采用的表计、光字信号牌、位置指示灯在运行时不仅会产生较大的功耗，而且体积较大，使得控制室的面积大。

（10）维护工作量大。常规的保护装置和自动装置多为电磁型或晶体管型，例如晶体管型保护装置，其工作点易受环境温度的影响，因此其整定值必须定期停电检验，每年校验保护定值的工作量相当大；也无法实现远方修改保护装置或自动装置的定值。

随着电子技术、计算机技术的发展，微机在电力系统自动化中得到了广泛的应用，先后出现了微机型继电保护装置、微机型故障录波器、微机监控和微机远动装置。变电站综合自动化系统的核心就是利用自动控制技术、信息处理技术和传输技术，通过计算机软硬件系统或自动装置代替人工进行各种变电站运行操作，对变电站执行自动监视、测量、控制和协调。变电站综合自动化的范畴包括二次设备，如控制、保护、测量、信号、自动装置和远动装置等。

变电站综合自动化是指利用先进的计算机技术、现代电力电子技术、通信技术和信号处理技术，对变电站的二次设备（包括测量仪表、信号系统、继电保护、自动装置和远动装置等）的功能进行组合和优化设计，对变电站的主要设备和输电、配电线路的运行情况进行监视、测量、控制和保护，以及实现与调度间的通信等综合性的自动化功能。变电站综合自动化系统，有多台微型计算机组成的自动化系统，可以收集到所需的各种数据和信息，利用计算机的高速计算能力和逻辑判断能力，监控变电站的各种设备。

变电站综合自动化系统在二次系统具体装置和功能实现上，用计算机化的二次设备代替和简化非计算机设备；数字化的处理和逻辑运算代替了模拟运算和继电器逻辑，相对于常规变电站二次系统，变电站综合自动化系统增添了“变电站主计算机系统”和“通信控制管理”两部分。“通信控制管理”作为桥梁联系变电站内部各部分之间、变电站与调度控制中心之间，使其相互交换数据，并对这一过程进行协调、管理和控制。“变电站主计算机系统”对整个综合自动化系统进行协调、管理和控制，并向运行人员提供变电站运行的各种数据、接线图、表格等，使运行人员可远方控制断路器分、合操作，还提供运行和维护人员对自动化系统进行监控和干预的手段。“变电站主计算机系统”代替了很多过去由运行人员完成的简单、重复和烦琐的工作，如收集、处理、记录、统计变电站运行数据和变电站运行过程中所发生的保护动作，断路器分、合闸等重要事件，同时，还可以按运行人员的操作命令或预先设定执行各种复杂的工作。

在国内，我们也可以说变电站综合自动化系统包含传统的自动化监控系统、继电保护、自动装置等设备，是集保护、测量、监视、控制、远动等功能为一体，通过数字通信及网络技术来实现信息共享的一套微机化的二次设备及系统。

也可以描述为，变电站综合自动化系统是由基于微电子技术的智能电子装置（Intelligent Electronic Device，IED）和后台控制系统所组成的变电站运行控制系统，包括监控、保护、电能质量自动控制等多个子系统。在各子系统中往往又由多个 IED 组成，例如，在微机保护子系统中包含各种线路保护、变压器保护、电容器保护、母线保护等。这里提到的智能电子装置 IED，可以描述为“由一个或多个处理器组成，具有从外部源接收和传送数据或控制外部源的任何设备，即电子多功能仪表、微机保护、控制器，在特定环境下在接口所限定范围内能够执行一个或多个逻辑节点任务的实体”。

二、变电站综合自动化系统的优越性

与常规变电站二次系统相比，变电站实现综合自动化的优越性主要体现在以下几方面：

（1）在线运行的可靠性高。

变电站综合自动化系统可以利用软件实现在线自检，具有故障诊断功能。微机系统的软件设计，考虑到供电系统各种复杂的故障，具有很强的综合分析和判断能力，在软件程序的指挥下，微机系统可以在线实时地对有关硬件电路中各个环节进行自检；利用有关硬件和软件相结合技术，可有效防止干扰进入微机系统后可能造成的严重后果，更重要的是变电站综合自动化系统中的各子系统（如微机保护装置和微机自动装置）具有故障自诊断功能，使变电站的一次、二次设备运行的可靠性已经超过了常规变电站。

（2）供电质量高。

由于变电站综合自动化系统中包含电压无功自动控制功能，故对于具有有载调压变压器和无功补偿电容器的变电站，可大大提高电压合格率，保证电力系统主要设备和各种电器设备的安全，使无功潮流合理，降低网损，节约电能损耗。

（3）专业综合，易于发现隐患，处理事故恢复供电快。

变电站传统的二次设备专业分工过细，每块配电盘都固定地隶属于一个专业来维护，这样不利于综合监视运行情况，也不利于发现隐患，一旦发生事故，恢复供电的时间较长。实现综合自动化后，各专业综合考虑，并配有先进的计算机，可以收集众多数据和信号，利用计算机高速计算和正确判断的能力，将数据和信号经处理后，以综合的结果反映给值班人员，还可以提供事件分析的结果以及如何处理的参考意见。这样可以很快发现问题，很快处理事故，尽快恢复供电，对提高供电可靠性起重要作用。

（4）变电站运行管理的自动化水平高。

在常规变电站中，由于装设的二次系统仅适合于肉眼监视、人工抄表、手动操作，很难采用计算机技术进行高水平的自动化管理。例如：人工抄表所记录的数据，误差大、离散性高、可信度低，更重要的是所记录的报表无法再利用，长年累月大量堆积，无法从中得到有用数据。采用综合自动化后，可将这些数据记录在历史库中，必要时可从中得到重要数据，给电力调度、系统的规划等提供重要依据。变电站实现自动化后，监视、测量、记录、抄表等工作都由计算机自动进行，既提高了测量的精度，又避免了人为的主观干预，运行人员只要通过观看 CRT（阴极射线显像管）屏幕，对变电站各主要设备和各输配电线路的运行工况及运行参数便一目了然。综合自动化系统具有与上级调度通信的功能，可将检测到的数据及时送往调度中心，使调度员能及时掌握各变电站的运行情况，也能对它进行必要的调节和控制，且各种操作都有事件记录可供查阅，大大提高了运行管理水平。

（5）减少控制电缆，缩小占地面积。

变电站实现综合自动化后，需要获得供电系统测量数据和运行信息的各个部分都可以统一考虑、统一规划，获得的所有数据和信号，可以由各个部分共享，这样就可以节省大量的控制电缆。变电站综合自动化系统，由于采用计算机和通信技术，可实现资源共享和信息共享，同时由于硬件电路多采用大规模集成电路，结构紧凑、体积小、功能强，与常规的二次设备比，可大大缩小变电站的占地面积，而且随着微处理器和大规模集成电路的不断降价，微型计算机性能/价格比逐步上升，发展的趋势是综合自动化系统的造价会逐步降低，而性能会逐步提高，因而可以减少总投资。

（6）维护调试方便。

由于综合自动化系统中各子系统有故障自诊断能力，系统内部有故障时能自检出故障部位，从而缩短维修时间。微机保护和自动装置的定值可以在线读出检查，从而节约定期核对定值的时间。

（7）为变电站实现无人值班提供了可靠的技术条件。

变电站有人值班和无人值班是变电站运行管理的一种模式，而变电站综合自动化是自动化技术在变电站应用的一种集中体现。变电站综合自动化系统可以收集到比较齐全的数据信息，有强大的计算能力和逻辑判断功能，可以方便地监视和控制变电站的各种设备。如监控系统的抄表、记录自动化，使值班人员可以不必定期抄表、记录，从而实现少人值班，如果配置了与上级调度的通信功能，还能实现遥测、遥信、遥控、遥调。因此，目前新建的变电站在投资允许的情况下，采用综合自动化系统，不仅可以全面提高无人值班变电站的技术水平，也为变电站安全稳定运行提供了可靠保证。

三、变电站综合自动化技术发展历程

从变电站综合自动化的发展历程来看，可分为以下几个阶段：

（一）变电站采用自动装置阶段

为了保证供电系统正常运行，研究单位和制造厂长期以来陆续生产出各种功能的自动装置，例如：自动重合闸装置、低频自动减负荷装置、备用电源自投装置和各种继电保护装置等。供电部门可根据需要，分别选择配置。但这些自动装置相互之间独立运行，互不相干，而且缺乏智能，没有故障自诊断能力，在运行中若自身出现故障，不能提供报警信息，有的甚至会影响电网运行的安全。同时，分立元件的装置可靠性不高，经常需要维修，且体积大，不利于减少变电站的占地面积，因此需要有更高性能的装置代替。

（二）处理器为核心的智能自动装置阶段

随着微处理器技术的应用，在 20 世纪 80 年代，在变电站自动化方面，开始采用大规模集成电路或微处理机，由于采用了数字式电路，统一数字信号电平，缩小了体积，明显地显示出优越性，特别是由微处理器构成的自动装置，利用微处理器的智能和计算能力，可以应用和发展新的算法，提高了测量的准确度和控制的可靠性，还扩充了新的功能。尤其是装置本身的故障自诊断能力，提高了自动装置自身的可靠性并缩短了维修时间。

但是，这些微机型的自动装置，虽然提高了变电站自动控制的能力和可靠性，但多数仍然是各自独立运行，不能互相通信，不能共享资源，实际上形成了变电站的自动化孤岛，因此仍然解决不了前述变电站设计和运行中存在的所有问题。随着数字技术和微机技术的发展，变电站自动化技术得到发展。

（三）变电站自动化阶段

随着微型计算机技术的发展，国际上于 20 世纪 70 年代末开始变电站自动化的研究工作，80 年代开始进入实际应用。例如，日本关西电子公司用于配电变电站的数字控制系统（称为 SDCS-1）80 年代初开始投入运行，该系统是以 13 台微处理机为基础的系统，具有变电站全部保护、测量和控制功能。西门子公司于 1985 年在德国汉诺威投入其第一套变电站自动化系统（LSA678），该系统的结构有全分散式和局部分散式两种，均由测控系统、保护系统和开关闭锁系统三部分组成，到 1993 年已有 300 多套同类型的系统投入运行，在我国也有一些 110 kV 变电站在运行该系统。ABB 公司的变电站自动化系统有用于中低压变电站的 SCS100 和用于高压变电站的 SCS200 两种系统，其系统功能和系统特点与西门子公司的 LSA 类似，只是硬件配置有差异，它的间隔级将保护、测量、控制和闭锁功能集成在一起，便于实现分散式安装，在我国也有应用。进入 20 世纪 90 年代，变电站综合自动化已成为热门话题，研究单位和产品如雨后春笋般的发展，具有代表性的公司和产品有：南京南瑞集团有限公司的 BSJ-2200 计算机监控系统，南京南瑞继电保护电气有限公司的 RCS-9000 系列综合自动化系统，北京四方公司的 CSC-2000 系列综合自动化系统，上海惠安 Powercom2000 变电站自动化监控系统，国电南自 PS-6000 系列综合自动化系统，许昌继电器自动化公司的 CBZ-8000 系列综合自动化系统等。

目前变电站综合自动化技术在我国的应用范围由电力系统的主干网、城市供电网、农村供电网扩展到企业供电网；其电压等级，由当初的 35 ~ 110 kV 变电站，向上扩展到 220 ~ 500 kV 变电站，向下延伸到 10 kV 乃至 0.4 kV 配电网络，几乎覆盖到全部供电网络。其技术涉及自动控制、远动、通信、继电保护、测量、计量、在线监测、信号及控制等二次系统；专业涉及自动化、继电保护、变电运行等。实际上变电站综合自动化技术，是由现代科学技术进步而催生的一门新型交叉学科。

四、变电站综合自动化技术的发展方向

（一）变电站综合自动化系统的现状及其存在的问题

变电站综合自动化系统取得了良好的应用效果，但也有不足之处，主要体现在：一次和二次之间的信息交互还是延续传统的电缆接线模式，成本高，施工、维护不便；二次的数据采集部分大量重复，浪费资源；信息标准化不够，信息共享度不高，多套系统并存，设备之间、设备与系统之间互联互通困难，形成信息孤岛，信息难以被综合利用；发生事故时，会出现大量的事件告警信息，缺乏有效的过滤机制，干扰值班人员对故障的正确判断。

1. 设计规范不统一

尽管国家电网公司、各省电力部门对变电站综合自动化系统的设计、设备的性能指标等都做了统一的规定，但是设备生产厂家的元件筛选、硬件配置、电路结构、制造工艺、软件程序却差别很大，这些差别导致了设备的寿命、性能、抗干扰能力及管理与维护等相差甚远。

（1）生产厂家的问题。目前在变电站综合自动化系统选型当中存在着诸如所选系统功能不够全面、产品质量不过关、系统性能指标不符合要求等问题。由于我国市场经济体制不成熟，厂家过分重视经济效益，用户过分追求技术含量，因而一批技术含量较高，但产品并不过关，甚至结构、可靠性很差的所谓高技术产品仍在使用；有些厂家就某种产品只做技术鉴定，没做产品鉴定；生产厂家对变电站自动化系统的功能、作用、结构及各项技术性能指标宣传不够，导致电力企业内部人员对系统认识不透彻，造成很多设计漏洞。

（2）不同产品的接口问题。IED（智能电子设备）装置接口是变电站自动化系统中非常重要的问题之一，包括 RTU（远程终端控制系统）与通信控制器、保护与通信控制器、小电流接地装置与通信控制器、故障录波与通信控制器、无功装置与通信控制器、通信控制器与主站、通信控制器与模拟盘等设备之间的通信。这些不同厂家的产品要在数据接口方面沟通，需花费软件设计人员很大精力去协调数据格式、通信规约等问题。

（3）传输规约和传输网络选择问题。目前国内情况不统一，变电站和调度中心之间的信息传输采用各种形式的规约，如部颁 CDT、DNP3.0、IEC60870-5-101 规约、IEC60870-5-103 规约等。许多生产厂家各自为政，造成不同厂家设备通信连接的困难和以后维护的不便。要实现变电站自动化系统标准化，就要实现传输规约的标准化和传输网络的标准化，只有做到传输规约和网络的统一，才能实现变电站内部设备的互换性。这对于变电站自动化技术的发展非常重要。因此，为适应这种形式的发展，IED 逐步提出了传输规约技术标准。

（4）开放性问题。变电站自动化系统应能实现不同厂家生产的设备的互操作性，变电站综合自动化系统应能包容变电站自动化技术新的发展要求，变电站系统必须考虑和支持变电站运行功能的要求。而目前的变电站自动化系统却不能满足这样的要求，各厂家设备间的接口困难，从而造成各厂家重复开发，浪费大量的财力物力。另外，各种屏体间设备的组织方式不尽相同，给维护和管理带来许多问题。在现有的综合自动化设备中，厂家数量多，各厂不同系列的产品型号复杂，备品备件难以实现，设备运行率低。

2. 变电站自动化系统组织模式选择的问题

变电站自动化系统实现的方案随着变电站的规模、复杂性、变电站在电力系统中的重要

地位、所要求的可靠性以及变电层和过程层总线的数据流率的不同而变化。一个变电站自动化系统模式选择合适的话，不仅可以节省投资、节约材料，而且由于系统功能全、质量高，其可靠性高、可信度大，更便于运行操作。因此，把好变电站自动化系统的选择关意义重大。目前应用较广泛的变电站自动化系统的结构形式主要有集中式、分散与集中相结合和全分散式三种类型。变电站结构形式的选择应根据各种系统特点和变电站的实际情况，予以选配。

3. 现行的电力管理体制与变电站自动化系统关系问题

变电站自动化系统的建设，使得继电保护、远动、计量、变电运行等各专业相互渗透，传统的技术分工、专业管理已经不能适应变电站综合自动化技术的发展，变电站远动与保护专业虽然有明确的专业设备划分，但其内部联系已经成为不可分割的整体，一旦有设备缺陷均需要两个专业同时到达现场检查分析，有时会发生互相推诿责任的情况，造成极大的人力资源浪费，而且两专业衔接部分的许多缺陷问题成为“两不管地带”，不利于开展工作。

在专业管理上，综合自动化变电站设备的运行、检修、检测，尤其是远动系统的实时性、遥测精度、遥信变位响应速度、信号复归和事故总信号等问题仍需要规范和加强，对传动试验及通道联测的实现、软件资料备份等问题提出了新的课题内容。

4. 运行维护人员水平不高问题

解决好现行的变电站自动化系统管理体制和技术标准等问题的同时，还要培养出一批高素质的专业队伍。目前，变电站自动化系统绝大部分设备的维护依靠厂家，在专业管理上几乎没有专业队伍，出了设备缺陷即通知相应的厂家来处理，从而造成缺陷处理不及时等一系列问题。要想维护、管理好变电站自动化系统，首先要成立一支专业化的队伍，培养出一批跨学科的复合型人才，拓展相关专业之间的了解和学习。其次，变电站自动化专业的划分应尽快明确，杜绝各基层单位“谁都管谁都不管”的现象。变电站自动化专业的明确，对于加强电网管理水平，防止电网事故具有重大意义。

5. 硬件很快过时问题

由于电子技术和微机技术的不断发展，电子产品不断更新换代，从而也促使变电站综合自动化产品的硬件不断更新，使硬件很快过时。已运行几年的变电站综合自动化装置可能由于备品备件的不足而不得不需要更换新的装置。

不过，这些优缺点取决于技术方面，同时又与各国的技术经济发展状况有关。相信随着技术的不断更新和完善，以及运行人员技术水平的不断提高，变电站综合自动化技术必将发挥它应有的巨大作用。

（二）影响变电站综合自动化技术发展的主要因素

随着微电子技术、信息技术、网络通信技术的发展，变电站自动化系统飞速发展，促使变电站综合自动化技术发展的主要原因在于经济效益、技术能力、功能需求。

1. 经济效益

变电站综合自动化系统的经济效益主要体现在以下方面：一是功能合并。如重合闸集成在保护装置内部，减少了硬件投资和维护工作量，同时也减少了网络的数据维护。二是标准化解决方案。供应商越来越趋向于提供现成商业解决方案，如提供可配置平台技术，减少系统扩展的未来投资费用。三是总成本核算。变电站自动化系统建设至少有两方面因素需要考虑：（1）系统越大维护工作就越关键，维护策略逐渐成为系统初始建设需要考虑的重要部分；（2）为最大化系统的剩余生命周期，需要考虑系统升级改造方案，对于各种方案而言，系统的可扩展性解决能力成了关键因素。

2. 技术能力

变电站自动化技术的发展主要得益于两个方面：IED 的数字化应用；局域网通信技术的发展。微电子技术的发展使得保护和控制装置具有成本优化、集成度更高的解决方案。并且随着技术的发展，对变电站自动化系统本身的发展和技术标准带来较大影响，产生变电站自动化应用领域新的技术发展。

3. 功能需求

变电站综合自动化系统对于电网的安全运行起着支撑性的作用，随着变电站自动化技术的发展，电网的安全运行将越来越依赖于控制系统的可靠性和安全性，变电站自动化系统对于不同的环节功能需求越来越强。

技术实现能力对于功能需求的满足是一个逐渐发展的过程，对于变电站自动化功能需求的满足必须有技术实现能力的支撑；新的功能需求实现可以为应用带来经济价值，或者说只有符合经济效益的功能需求才有实现的价值；同时技术实现能力可以为变电站自动化系统带来经济价值。

（三）变电站综合自动化技术的发展趋势

1. 智能电子装置的发展及在变电站自动化领域的应用

所谓智能电子设备（IED），实际上就是一台具有微处理器、输入/输出部件以及串行通信接口，并能满足各种不同的工业应用环境的装置，它的软件则因应用场合的不同而不同，比较典型的智能电子装置如电子电能表、智能电量传感器、各类可编程逻辑控制器（PLC）等。按照这一定义，变电站自动化系统中的间隔层测控单元、继电保护装置、测控保护综合装置、RTU 等都可以看作 IED 装置。各种 IED 之间一般采用工业现场总线，也有采用工业以太网接口的，其信息交换的协议则因应用环境的不同而有所区别。随着计算机技术的发展，智能化电子装置或变电站自动化装置的硬件有“趋同”的发展趋势，其主要差别在于软件设计。

2. 非常规互感器的发展及应用

电力系统高电压、大容量的发展趋势，使电磁式电流互感器越来越难以满足这一发展态势的要求，且暴露出许多缺点：绝缘结构复杂、造价高；故障电流下铁芯易饱和；动态范围小；频带窄；易遭受电磁干扰；二次侧开路易产生高电压；易产生铁磁谐振；易燃易爆，占地面积大等。电磁式电流互感器正常输出为 5 A 或 1 A，故障可增大 20 倍，电压互感器输出为 100 V，而正在兴起与发展的变电站自动化的主要部件微机保护与监控只要求弱电信号的输入，为此不得不在测控和保护装置中增加电流和电压变换器以对 TA 或 TV 信号进行调节。

非常规互感器的出现为解决此类问题提供了条件。与传统电磁式电流互感器相比，非常规互感器具有以下优点：输出信号电平低，易于与变电站自动化系统接口；不含铁芯，无磁饱和和磁滞现象；测量范围大，可准确测量几十安到几千安的电流，故障条件下可反映几万甚至几十万安的电流；频率响应范围宽，可以从直流到几万赫兹；抗电磁干扰能力强；信号在光纤中传输，无二次侧开路产生高压的危险；结构简单，体积小，质量小，易于安装；不含油，无易燃易爆危险；距离一次侧大电流较近的 OCT 光路部分由绝缘材料组成，绝缘性能良好。

非常规互感器有两种基本类型：一种是电子式互感器，一种是电光效应互感器。其最大特点就是可以输出低电平模拟量和数字量信号，直接用于微机保护和电子式计量设备，去除了许多中间环节，适应电力系统数字化、智能化和网络化的需要，而且由于动态范围比较大，能同时适用于测量和保护两种功能。因此，非常规互感器对于变电站自动化系统的发展将具有革命性意义。

3. IEC61850 标准的应用

IEC61850《变电站网络与通信协议》标准是新一代的变电站网络通信体系，适应分层的 IED 和变电站自动化系统。该标准根据电力系统生产过程的特点，制定了满足实时信息传输要求的服务模型；采用抽象通信服务接口、特定通信服务映射，以适应网络发展；采用面向对象建模技术，面向设备建模和自我描述，以适应功能扩展，满足应用开放互操作要求；采用配置语言，配备配置工具，在信息源定义数据和数据属性；定义和传输元数据，扩充数据和设备管理功能，传输采样测量值等。该标准还包括变电站通信网络和系统总体要求、系统和工程管理、一致性测试等。

IEC61850 标准为电力系统自动化产品的“统一标准、统一模型、互联开放”的格局奠定了基础，使变电站信息建模标准化成为可能，信息共享具备了可实施的基础前提。该标准也将成为电力系统中从调度中心到变电站、变电站内、配电自动化无缝自动化标准。

4. 网络通信技术发展与应用

网络技术的发展是变电站自动化技术从集中式向分布式发展的基础，电力系统二次设备不再出现常规功能装置重复的 I/O 现场接口，通过网络真正实现数据共享、资源共享，常规的功能装置变成了逻辑的功能模块。以太网技术正被广泛引入变电站自动化系统过程层的采集、测量单元和间隔层保护、控制单元中，构成基于网络控制的分布式变电站自动化系统，系统的通信具有实时性、优先级、通信效率高等特点。

现场总线主要解决现场的智能电子装置、控制器、执行机构等现场设备间的数字通信以及这些现场控制设备与后台系统或高级控制系统之间的信息传递问题。现场总线是连接智能现场设备和自动化系统的数字式、双向传输、多分支结构的通信网络。

现场总线的应用给自动化领域带来了如下变革：① 用一对通信线连接多台数字仪表和装置取代一对信号线只能连接一台仪表；② 用多变量、双向、数字式通信方式取代单变量、单向、模拟传输方式；③ 变革传统的信号标准、通信标准和系统标准；④ 变革传统自动化系统体系结构、设计方法及安装调试方法。

5. 电气设备状态监测与故障诊断技术的发展与应用

电气设备状态监测与故障诊断技术包括：

（1）电容型电气设备的监测与诊断。电介质的耐电强度通常随其厚度的增加而下降，因此电力电容器常由一些极间介质厚度较小的电容元件串联组成。电容型套管、电容型电流互感器的绝缘中也设有一些均压电极，将较厚的绝缘分隔成若干份较薄的绝缘，形成电容串联结构。由于结构上的这一特点，电力电容器、耦合电容器、电容型套管、电容型电流互感器以及电容型电压互感器等统称为电容型电气设备。相对于其他电气设备，电容型电气设备的工作电场强度较高，长期工作后设备绝缘可能发生局部损坏，即绝缘老化，因此监测电容型电气设备的电流值变化、绝缘的介质损耗因数以及电容量的变化，即可判断电容型电气设备是否已存在绝缘问题。

（2）变压器的监测与诊断。电力变压器主要采用充油式绝缘，在需要防火、防爆的场合，也采用环氧树脂浇注绝缘（干式变压器）或 SF_6 气体绝缘。对于充油式变压器的绝缘诊断，油中溶解气体的分析得到广泛应用。对于各种类型的变压器绝缘，局部放电测量为其重要监测诊断手段，变压器的高压套管通常采用电容式绝缘，其监测诊断方法与电容型设备类似。

（3）断路器的监测与诊断。断路器结构复杂，现场解体维修不便，不适当的维修反而易造成故障的发生，更需要状态的监测。近年来发展了一种暂时性状态监测技术，即将断路器暂时退出运行，使其处于离线状态，但不需将其解体，然后运用体外检测技术诊断其内部故障。

除了上述三种主要设备的状态监测与诊断外，还有诸如交联聚乙烯电缆、金属氧化物避雷器、大型发电机等设备的监测与诊断也都属于这一范围。在实际应用中，有故障预报、故障诊断和状态监测等容易混淆的概念。一般来说，它们在内容上没有严格界限，采用的方法也差不多，都需要进行在线检测和数据分析，其最终目标也是一致的。但是，它们的任务不尽相同。

① 故障预报是根据故障征兆，对可能发生故障的时间、信号和程度进行预测。

② 故障诊断是根据故障特征，对已发生的故障进行定位及对故障发生程度进行判断。

③ 状态监测是对设备的运行状态进行记录、分类和评估，为设备维护、维修提供决策。

发达国家从 20 世纪 80 年代起就在电力系统各领域开展了各种关于设备状态监测的研究和应用，几十年来有了较大发展，主要表现在以下两个方面：① 已能够生产多种质量良好、性能稳定的传感器产品；② 状态检测应用比较普遍，有经济效益。在美国，已实现了变电站无人值班和设备状态检修管理。国内在这方面还有一定差距，一方面许多变电站的状态监测还没开展起来；另一方面，一些状态监测系统已具备规模的发电厂、变电站在软环境和管理体制上还不能适应发展要求，现场技术人员的培训和技术服务也存在一定问题。

6. 视频图像监视技术的发展与应用

变电站自动化系统并不包括视频图像监视系统，由于无人值班的要求以及对一些现场情景（如控制机房，主要一次设备现场）视觉的需要，推动了视频图像监视技术在变电站自动化中的发展与应用，使其越来越成为系统的重要组成部分。① 它不仅解决了无人值班变电站内对于安全保卫、消防等方面出现的问题，而且使远方运行控制人员能亲眼看到现场的实际情况；② 红外图像测量，利用红外摄像机可以实现黑暗环境下对环境的监视，也可以对相关设备的温度进行监察。这一功能还可以与电气设备状态监测与故障诊断相结合；③ 移动物体监测，除了监视静态图像外，对运动物体也能监视，其监视的灵敏度大范围可调，以满足不同场合的需求；系统在进行移动物体监测时，占用中央处理器（CPU）时间较少，不影响整个系统的运行速度；在每路监视画面上，可设定防范区域，当该区域有物体移动时，可自动录像，并在屏幕上提示有移动物体侵入。

7. 电能质量在线监测技术的发展与应用

由于电力市场机制的形成与规范，用电方对作为商品的电能质量的要求也在逐步提高，导致了对电网电能质量的监测与评估的重视。为了规范供用电双方对电能质量的共识，国家有关部门对电能质量相继颁布了 5 个相关国家标准，其中对电网频率允许偏差、供电电压允许偏差以及三相电压不平衡度等的监测实际上在传统的变电站自动化系统中已有所涉及，而对于谐波和电压闪变这两项指标的监测则需要配置附加设备来完成。这也是变电站自动化技术发展过程中应当考虑的，即如何利用本身资源，降低实施电能质量监测的成本，把二者有效地结合起来，这不仅解决了长期困扰供用电双方的技术难题，又丰富了变电站自动化技术的内涵。

第二节　变电站综合自动化系统的基本功能

一般来说，变电站综合自动化的内容包括变电站电气量的采集和电气设备（如断路器等）的状态监视、控制和调节，以实现变电站正常运行的监视和操作，保证变电站的正常运行和安全。当发生事故时，由继电保护装置和故障录波装置等完成瞬态电气量的采集、监视和控制，并迅速切除故障，完成事故后的恢复操作。从长远的观点来看，变电站综合自动化的内容还应包括高压电气设备本身的监视信息，如断路器、变压器、避雷器等的绝缘和状态监视等。

由于变电站有多种电压等级以及在电网中所起的作用不同，变电站综合自动化在实现的目标上可分为以下两种情况：

（1）对 220 kV 及以下中、低压变电站，采用自动化系统，利用现代计算机和通信技术，对变电站的二次设备进行全面的技术改造，取消常规的保护、监视、测量、控制屏，实现综合自动化，以全面提高变电站的技术水平和运行管理水平，并逐步实现无人值班或减人增效。

（2）对 220 kV 及以上的变电站，主要是采用计算机监控系统提高运行管理水平，同时采用新的保护技术和控制方式，促进各专业在技术上的协调，达到提高自动化水平和运行、管理水平的目的。

此外，变电站综合自动化的内容还应包括监视高压电气设备本身的运行（如断路器、变压器和避雷器等的绝缘和状态监视等），并将变电站所采集的信息传送给调度中心，必要时送给运行方式科和检修中心等，以便为电气设备监视和制订检修计划提供原始数据。

总之，变电站综合自动化系统实现的内容应包括：

（1）随时在线监视电网运行参数、设备运行状况，自检、自诊断设备本身的异常运行，发现变电站设备异常变化或装置内部异常时，立即自动报警并使相应的闭锁出口动作，以防止事故扩大。

（2）牵引网出现事故时，快速采样、判断、决策，迅速隔离和消除事故，将故障限制在最小范围。

（3）完成变电站运行参数在线计算、存储、统计、分析报表、远传和保证电能质量的自动和遥控调整。

实现变电站综合自动化的目标是提高变电站全面的技术水平和管理水平，提高安全、可靠、稳定运行水平，降低运行维护成本，提高经济效益，提高电能质量，促进配电系统自动化。实现变电站综合自动化是实现以上目标的一项重要技术措施。

变电站综合自动化是一门多专业性的综合技术，它以微型计算机为基础，实现了对变电站传统的继电保护、控制方式、测量手段、通信和管理模式的全面技术改造，实现了电网运行管理的一次变革。仅从变电站自动化系统的构成和所完成的功能来看，它是将传统变电站的监视控制、继电保护、自动控制和远动等装置所要完成的功能组合在一起，用一个以计算机硬件、模块化软件和数据通信网构成的完整系统来代替。

在变电站综合自动化系统的研究与开发过程中，对其应包括哪些功能和要求曾经有不同看法。经过几十年的实践和发展，目前这些看法趋于一致。这些功能分为 6 个功能组：

（1）远动功能，即传统“四遥”，遥测、遥信、遥控、遥调。

（2）自动控制功能，如电压无功控制装置（VQC），备用电源自动投入、故障隔离。

（3）计量功能。

（4）继电保护功能。

（5）保护相关功能，如接地选线、低频减载、故障录波和故障测距等。

（6）接口功能，如微机防误、GPS、站内空调和火警等其他系统的接口。

这一功能描述，将原变电站内的保护和安全自动装置等功能全部纳入了变电站自动化系统。因此，综合自动化系统的基本功能主要有以下几个方面。

一、测量、监视、控制功能

综合自动化系统应取代常规的测量装置，如变压器、录波器、指针式仪表等；取代常规的告警、报警装置，如中央信号系统、光字牌等。

变电站的各段母线电压、线路电压、电流、有功及无功功率、温度等参数均属模拟量，将其通过模拟量输入通道转换成数字量，由计算机进行识别和分析处理，最后所有参数均可在自动化装置的面板上或当地监控主机上随时进行查询。在变电站的运行过程中，监控系统对采集到的电压、电流、频率、主变压器油温等量不断地进行越限监视，如有越限立即发出告警信号，同时记录和显示越限时间和越限值；出现电压互感器或电流互感器断线、差动回路电流过大、单相接地、控制回路断线等情况时也发出报警信号；另外，还要监视自控装置本身工作是否正常。

变电站综合自动化系统应取代常规的操动机构；取代常规的电磁式和机械式防误闭锁设备；取代常规远动装置等。无论是无人值班还是少人值班变电站，操作人员都可以通过 CRT 屏幕对断路器和隔离开关进行分、合操作，对变压器分接头位置进行调节控制，对电容器组和电抗器组进行投、切控制；同时，要能接受遥控操作命令，进行远方操作。为防止计算机系统故障时无法操作被控设备，在设计上还应保留人工直接跳、合闸手段。

二、继电保护功能

变电站综合自动化系统中的继电保护主要包括输电线路保护、电力变压器保护、母线保护、电容器保护等。微机保护是综合自动化系统的关键环节，它的功能和可靠性如何，在很大程度上影响了整个系统的性能。各类装置能存储多套保护定值，能远方修改整定值并且可以根据要求选配有自带故障录波和测距系统。

三、自动控制智能装置的功能

变电站综合自动化系统必须具有保证安全、可靠供电和提高电能质量的自动控制功能。为此，典型的变电站综合自动化系统都配置了相应的自动控制装置，变电站的自动控制功能有系统接地保护、备用电源自投、低频减载、同期检测和同期合闸、电压和无功控制（此功能可分自动和手动两种方式实现，当在调度中心直接控制时，变压器分接开关调整和电容器组的切换直接接受远方控制；当调度中心给定电压曲线或无功曲线的情况下，可由变电站自动化系统就地进行控制）。

（1）电压、无功综合控制。变电站电压、无功综合控制是利用有载调压变压器和母线无功补偿电容器及电抗器进行局部的电压及无功补偿的自动调节，使负荷侧母线电压偏差在规定范围内。在调度（控制）中心直接控制时，变压器的分接头开关调整和电容器组的投切直接接受远方控制；当调度（控制）中心给定电压曲线或无功曲线的情况下，则由变电站自动化系统就地进行控制。

（2）低频减负荷控制。当电力系统因事故导致功率缺额而引起系统频率下降时，低频减载装置应能及时自动断开一部分负荷，防止频率进一步降低，以保证电力系统稳定运行和重要负荷的正常工作。当系统频率恢复到正常值后，被切除的负荷可逐步远方（或就地）手动恢复，或可选择延时分级自动恢复。

（3）备用电源自动投入控制（简称“备自投”）。当工作电源因故障不能供电时，自动装置应能迅速将备用电源自动投入使用或将用户切换到备用电源上去。典型的备自投有母线进线备自投、分段断路器备自投、变压器备自投、进线及桥路器备自投、旁路断路器备自投。

（4）小电流接地选线控制。小电流接地系统中发生单相接地时，接地保护应能准确地选出接地线路（或母线）及接地相并予以报警。

对于不接地系统，可采用零序功率方向、零序电流大小和方向等零序分量判据；对于经消弧线圈接地系统还应考虑其他判据（如 5 次谐波判据等）进行综合判断。

四、远动及数据通信功能

变电站综合自动化的通信功能包括系统内部的现场级间的通信和自动化系统与上级调度的通信两部分。

（1）综合自动化系统的现场级通信，主要解决自动化系统内部各子系统与上位机（监控主机）和各子系统间的数据和信息交换问题，它们的通信范围是变电站内部。对于集中组屏的综合自动化系统来说，实际是在主控室内部；对于分散安装的自动化系统来说，其通信范围扩大至主控室与子系统的安装地，最大的可能是开关柜间，即通信的距离加长了。

（2）综合自动化系统必须兼有远程终端单元（RTU）的全部功能，应该能够将所采集的模拟量和状态量信息，以及事件顺序记录等远传至调度端；同时应该能够接收调度端下达的各种操作、控制、修改定值等命令，即完成新型 RTU 等全部四遥功能。

五、自诊断、自恢复和自动切换功能

自诊断功能是指对变电站综合自动化监控系统的硬件、软件（包括前置机、主机、各种智能模块、通道、网络总线、电源等）故障的自动诊断，并给出自诊断信息供维护人员及时检修和更换。

在监控系统中设有自恢复功能。当由于某种原因导致系统停机时，能自动产生自恢复信号，将对外围接口重新初始化，保留历史数据，实现无扰动的软、硬件自恢复，保障系统的正常可靠运行。自动切换指的是双机系统中，当其中一台主机故障时，所有工作自动切换到另一台主机，在切换过程中所有数据不能丢失。

总体来说，变电站综合自动化系统的功能，可以用下列项目来描述：

（1）常规远动的“四遥”（遥信、遥测、遥控、遥调）功能。

（2）变电站所需的全部保护功能，输电线路保护和元件保护的配置可根据变电站主接线由用户自行选定，很方便。

（3）故障录波和故障点测距定位功能，并能给出断路器的事故遮断电流值。

（4）小电流接地选线功能。

（5）变电站所需的全部控制功能。

（6）测量电流、电压和功率因数角，计算有功和无功功率、电度值。

（7）1 ms 分辨率的事故顺序记录功能。

（8）变电站运行的监视功能。

（9）可与任何厂家生产控制中心的设备以任何通信规约接口。

（10）有开关操作闭锁，可防止误操作。

（11）可代替变电站中传统的集中控制台。

（12）可采用无线对时同步或与高一级控制站软件对时同步。

（13）具有友好的人机对话功能、显示、事件报警（声、光报警）、打印制表输出。

（14）自身的软、硬件在线监视。

（15）变电站所需的控制功能有：开关正常闭合和断开操作；同期并列操作；母线电压分析计算，并据此实行并联电容的投、切操作和变压器分接头调节；备用电源自动投入操作；低频自动减载操作；执行上一级调度中心的操作命令等。

总之，变电站综合自动化系统可以完成远动、保护、开关操作、测量、故障录波、事故顺序记录和运行参数自动记录功能，并且具有很高的可靠性，进而可以实现变电站无人值班运行。

第三节　综合自动化系统的结构形式与配置

随着计算机技术、通信技术、网络技术和集成电路技术的发展，变电站综合自动化系统的结构形式也在不断变化，其功能、性能和可靠性等也在不断提高。变电站综合自动化系统的结构主要可分为集中式、分层分布式、全分散式和集中与分散相结合式四种。

一、集中式变电站综合自动化系统

集中式变电站综合自动化系统通过集中组屏布置的方式采集变电站的模拟量和开关量等信息，并同时完成微机保护、自动控制以及调度通信等功能。多数集中式结构的微机保护、微机监控与调度等通信功能是由不同的微型计算机完成的，只是每台微型计算机承担的任务侧重点不同。集中式变电站综合自动化系统的基本结构如图 1-1 所示。

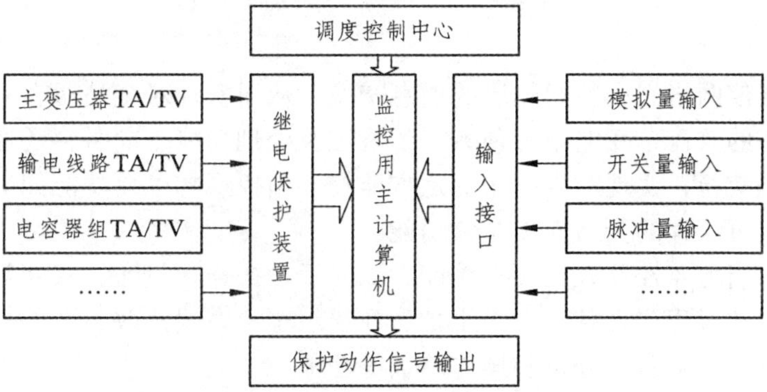

图 1-1　集中式变电站综合自动化系统基本结构

集中式系统的主要特点有：

（1）可以实时采集变电站的各种开关量、模拟量和脉冲量等，在所建立的数据库基础上，处理产生各种需要的信息，实现对变电站的数据采集和实时监控、制表、打印、时间顺序记录等功能。

（2）值班员可以通过画面操作变电站内的电气设备，同时检查操作的正确性。

（3）可以完成对变电站主要设备和进/出线的保护任务。

（4）系统具有自诊断和自恢复功能。

（5）体积小，结构紧凑，节省占地面积。

（6）适合对小型变电站的改造，造价低、适用性强。

集中式系统的主要缺点有：

（1）单台计算机功能集中，因此其故障后影响范围较大，需采用双机并联运行的结构才能提高系统的可靠性。

（2）集中式结构导致系统的软件系统极为复杂，修改和调试工作量巨大。

（3）由于系统结构所限，对不同规模和接线的变电站，软件和硬件系统均要重新设计，工作量大，不能批量生产，推广应用不利。

（4）与一对一保护相比，集中式保护不直观，不符合运行和维护人员的习惯，调试和维护不方便，只适用于较为简单的情况。

二、分层分布式变电站综合自动化系统

随着网络通信技术和计算机技术等的迅猛发展，变电站综合自动化系统出现了分层分布式结构。其中，分层是指系统按照变电站的控制层次和对象设置就地单元控制（间隔层）和全站控制（站控层）的二层式分布控制系统；分布是指在逻辑功能上站控层 CPU 和间隔层

CPU 按主从方式工作。这种系统将微机保护单元和数据采集单元按照一次回路对象设计，分别进行配置，这种结构虽然有多种形式，但归纳起来均为分层分布式的多 CPU 体系结构，每一层由不同的子系统组成，完成不同的功能。

（一）分层分布式变电站综合自动化系统的结构

分层分布式变电站综合自动化系统分为站控层、间隔层和过程层。

1. 站控层

站控层通过通信网络完成与间隔层的信息交换，从而实现对全站所有一次设备的当地监控以及间隔层设备的监控、变电站各种数据的管理及处理功能。同时，还通过通信设备实现与调度中心的信息交换，实现对变电站的远方监控。站控层的主要功能如下：

（1）具有在线可编程的全站操作闭锁功能。

（2）具有站内当地监控及人机交互功能，如显示、操作、打印、报警等功能。

（3）对间隔层和过程层设备有在线维护、在线组态、在线修改参数的功能。

（4）具有变电站故障自动分析和操作培训等功能。

（5）通过两级高速网络汇总全站的实时数据信息。

（6）按照既定规约将有关数据信息送向调度或控制中心。

（7）接收调度或控制中心有关控制命令并转间隔层和过程层执行。

2. 间隔层

间隔层通过各电子装置利用电压互感器、电流互感器、变送器和继电器等设备获取过程层各设备的运行信息（电压、电流、功率、温度等）以及断路器、隔离开关的位置状态，从而实现对过程层进行监视、控制和保护，并与站控层进行信息的交换，完成过程层设备的遥测、遥信、遥控和遥调等功能。概括如下：

（1）实施对一次设备的保护控制功能。

（2）实施本间隔操作闭锁功能。

（3）对数据采集、统计计算及控制命令的发出具有优先级别的控制。

（4）汇总本间隔层实时数据信息。

（5）实施操作同期及其他控制功能。

（6）承上启下的通信功能，同时高速完成过程层与站控层的网络通信功能。

3. 过程层

过程层是一次设备与二次设备的结合面，主要包括变电站内的一次设备，如母线、变压器、电容器、断路器等，它们是变电站综合自动化系统的监控对象。主要功能如下：

（1）系统运行的实时电气量检测。

（2）运行设备的状态参数检测。

（3）操作控制执行与驱动。

（二）分层分布式变电站综合自动化系统的分类

分层分布式变电站综合自动化系统根据变电站规模的不同，可分为两类：

1. 大规模变电站分层分布集中组屏式系统结构

适用于大规模变电站的集中组屏式系统结构如图 1-2 所示，它采用数据采集管理机管理各测量、监视单元和各保护单元，然后集中于变电站通信。变电站层设现场总线，供各主机之间和监控主机与间隔层之间交换信息。变电站层包括全站性的监控主机，有关的自动化设备一般安装于控制室内。

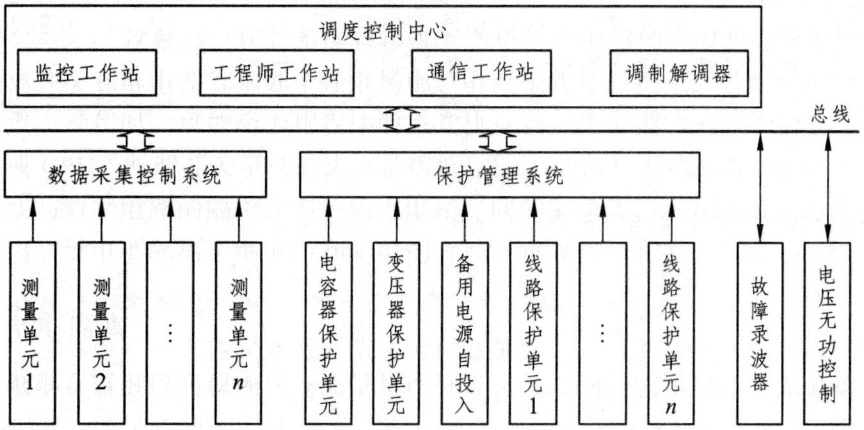

图 1-2　大规模变电站分层分布集中组屏式系统结构

2. 中小规模变电站分层分布集中组屏式系统结构

如图 1-3 所示，中小规模变电站分层分布式系统集中组屏结构是把整套综合自动化系统按其功能组装成多个屏（数据采集屏、线路保护屏、主变压器保护屏、出口屏等）。一般而言，这些屏均安装在主控室中，称为“分布集中式结构”。为了提高综合自动化系统整体的可靠性，该系统采用按功能划分的分布式多 CPU 系统，每个功能单元由一个或多个 CPU 组成。

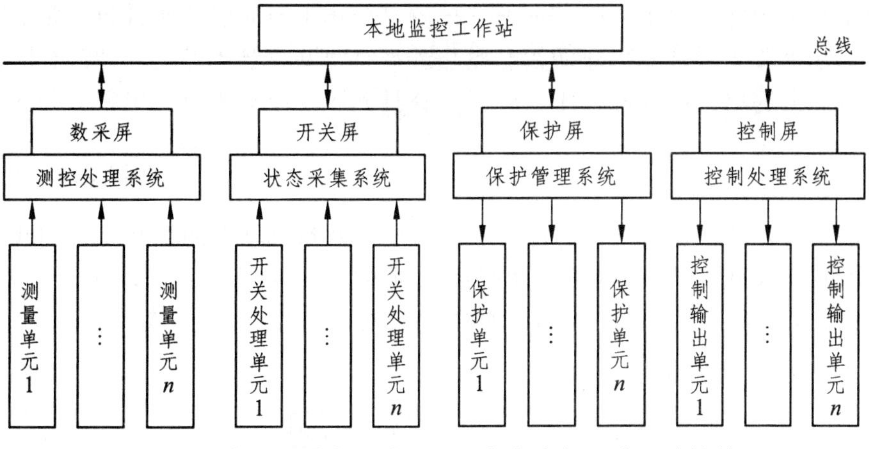

图 1-3　中小规模变电站分层分布集中组屏式系统结构

（三）分层分布式变电站综合自动化系统的主要特点

分层分布式集中组屏结构的变电站综合自动化系统主要特点如下：

（1）继电保护相对独立。各保护单元均设置独立的电源，保护的输入仍由电流互感器和电压互感器通过电缆连接。这使得继电保护装置的可靠性极高，相对独立，其功能不依赖于通信网络或其他设备。输出跳闸命令也通过常规的控制电缆送至断路器的跳闸线圈，保护的启动、测量和逻辑功能独立实现。

（2）具有与系统控制中心的通信功能。系统本身具有对开关量、模拟量和脉冲量进行数据采集与处理的功能，也具有收集继电保护动作信息、事件顺序记录等功能，因此，不必设置独立的 RTU 装置，也不必为调度中心单独采集信息。

（3）功能尽量下放，可以就地完成的功能不依赖于通信网，因此设备故障只影响局部，大大增强了系统的可靠性。软件简单，可扩展性强、灵活性高。

（4）管理维护方便，工作环境良好，全部安装于室内，电磁干扰相对开关柜附近较弱。

三、全分散式变电站综合自动化系统

全分散式变电站综合自动化系统结构如图 1-4 所示，它以一次设备（如变压器、母线和开关等）为安装单位，将闭锁、I/O、保护和控制等单元就地安装在一次设备屏柜上，在现场的各个一次设备通过串行接口与控制室内的站控单元相连，通过以太网与上位机和远方调度中心进行通信。

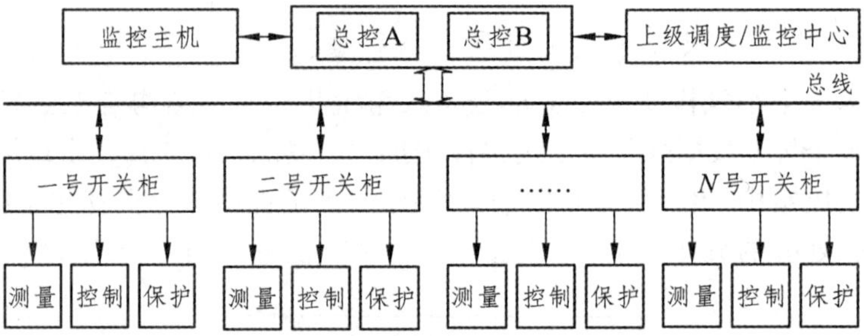

图 1-4　全分散式变电站综合自动化系统结构

全分散式变电站综合自动化系统主要有以下特点：

（1）简化了现场施工和安装调试等工作，这是因为开关柜中的保护与测试控制单元出厂前已经进行了相关工作，现场铺设的电缆等较少。

（2）全分散式结构使得各单元分散安装，减小了电流互感器的负担，各模块与监控主机之间的电缆数量大大减少，组态灵活，抗干扰能力强。

（3）有利于无人值班的实现，间隔层分布式配置于站内，相关设备可直接下放到开关场，且相对独立，减少了大量接线。

四、分散与集中相结合的变电站综合自动化系统

变电站综合自动化系统的第四类结构形式为分散与集中相结合的方式，按照集中与分散的不同结合方式，又可以分为以下两种：

（一）高压集中-配电分散的结构形式

如果将高压线路保护和主变压器保护装置等集中组屏，同时将配电线路的保护和测控单元分散安装在开关柜内，就形成了高压集中-配电分散的变电站综合自动化系统结构形式，如图 1-5 所示。以电网元件（变压器、电容器、出线等）为对象，集测量、保护和控制为一体设计机箱，分散安装于各个开关柜中，然后通过监控主机进行信息交换和管理，从而形成分散式结构。高压部分仍采用集中组屏安装在控制室内。

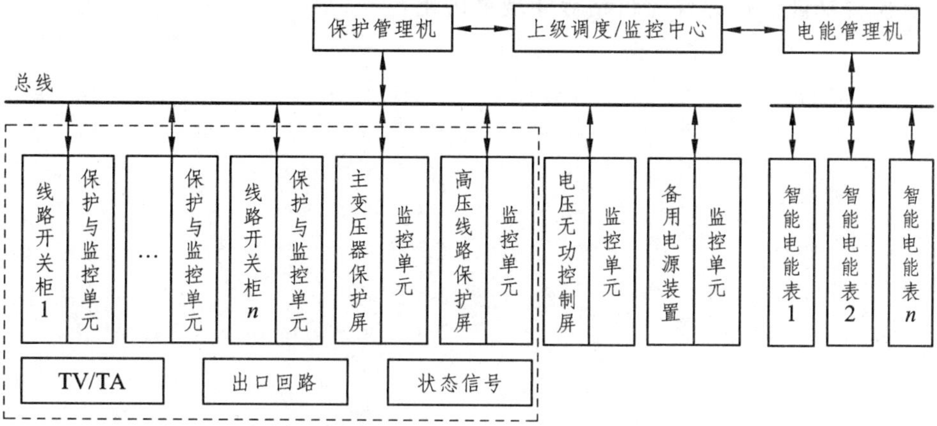

图 1-5　高压集中-配电分散的变电站综合自动化系统结构

（二）局部集中-总体分散的结构形式

对于进出线路多或不同电压等级母线多的变电站（例如枢纽级 220 kV 变电站和 500 kV 变电站），需要测量、保护和控制的设备较多，如果采用全分散式结构，在通信和管理等方面困难较大。一种比较好的解决办法是根据等级和规模，设置若干设备小间，将测量、保护和控制等单元集中组屏，安装于内，这些小间由站级总控单元集中管理，这样就形成了局部集中-总体分散的形式，如图 1-6 所示。

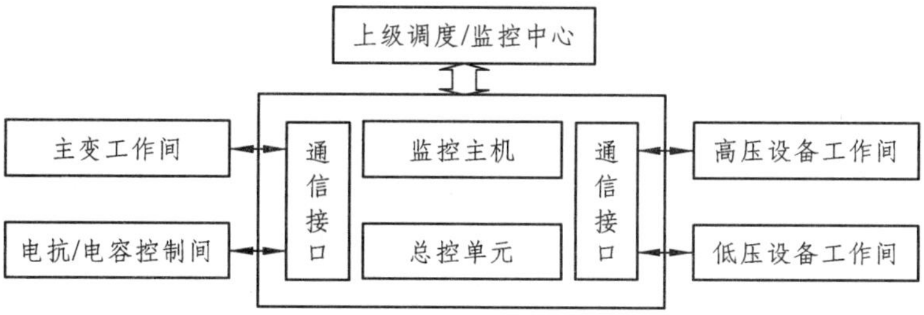

图 1-6　局部集中-总体分散的变电站综合自动化系统结构

集中与分散相结合的结构方式主要有以下特点：

（1）结构可靠性高，组态灵活，检修方便。

（2）配电线路的保护和测控单元分散安装于开关柜内，简化了二次部分的配置，缩小了控制室的面积。

（3）高压线路和变压器保护采用集中组屏结构，保护屏安装在控制室中，使得其工作环境较好，提高了系统可靠性。

（4）各模块与监控主机之间通过现场总线或局域网连接，二次设备之间的互联也有大量简化，因此，抗干扰能力强，可靠性高。

以上各种形式的综合自动化系统，具有不同的信息共享程度和保护独立性程度，在综合功能、通信结构、通信介质、人机接口和可维护性等方面也有很大区别。与此对应，变电站的等级和在电网中的位置也有不同。总而言之，变电站综合自动化系统结构的选择要考虑各方面因素，使得功能、可靠性、价格等实现最优化。

第二章　微机保护硬件原理

第一节　模拟量的采集与处理

变电站的模拟量主要有三种类型：①工频变化的交流电气量，如交流电压、交流电流等；②变化缓慢的直流电气量，如直流系统电压、电流等；③变化缓慢的非电气量，如温度等。这些模拟量都是随时间连续变化的物理量。由于 CPU 只能识别数字量，因此模拟量信号必须通过模拟量输入模块转换成相应的数字量信号后才能输入 CPU 进行处理。

一、模拟量输入电路简述

间隔层装置采集变电站测控对象的电流、电压、有功功率、无功功率、温度等都属于模拟量。模拟量的输入电路是自动化装置中很重要的电路，自动化装置的动作速度和测量精度等性能都与该电路密切相关。模拟量输入电路的主要作用是隔离、规范输入电压及完成模数变换，以便与 CPU 接口，完成数据采集任务。

根据模数变换原理的不同，自动化装置中模拟量输入电路有两种方式：一是基于逐次逼近型 A/D 转换方式（ADC），也就是直接将模拟量转变为数字量的变换方式；二是利用电压/频率变换（VFC）原理进行模数变换的方式，它是将电压模拟量先转换为频率脉冲量，通过脉冲计数变换为数字量的一种变换形式。

另外，计算机输出的信号是以数字的形式给出的，而有的执行元件要求提供模拟的电流或电压，故必须采用模拟量输出通道来实现。下面分别说明上述问题。

二、基于逐次逼近型 A/D 变换的模拟量输入电路

一个模拟量从测控对象的主回路到微机系统的内存，中间要经过多个转换环节和滤波环节。典型的模拟量输入电路的结构框图如图 2-1 所示。主要包括电压形成回路、低通滤波回路、采样保持、多路转换开关及 A/D 变换芯片 5 部分。下面分别叙述这些部分的工作原理及作用。

（一）电压形成回路

自动化装置常从电流互感器（TA）和电压互感器（TV）取得信息，但这些互感器的二次侧电流或电压量不能适应模数变换器的输入范围要求，故需对它们进行变换。其变换原理图如图 2-2 所示。

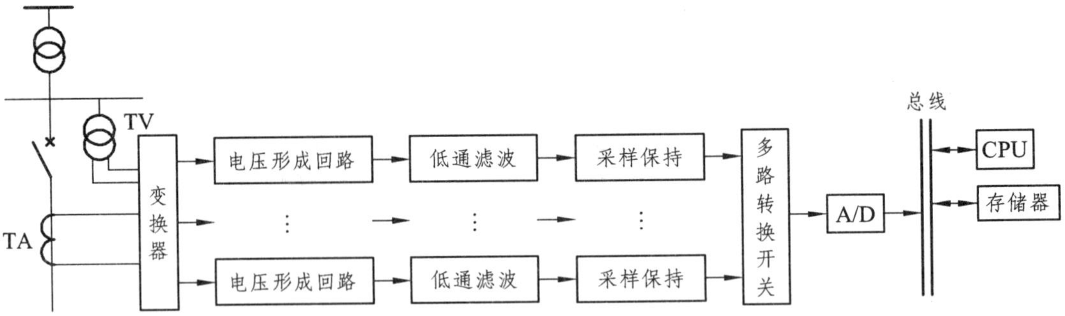

图 2-1 逐次逼近型 A/D 变换的模拟量输入电路结构框图

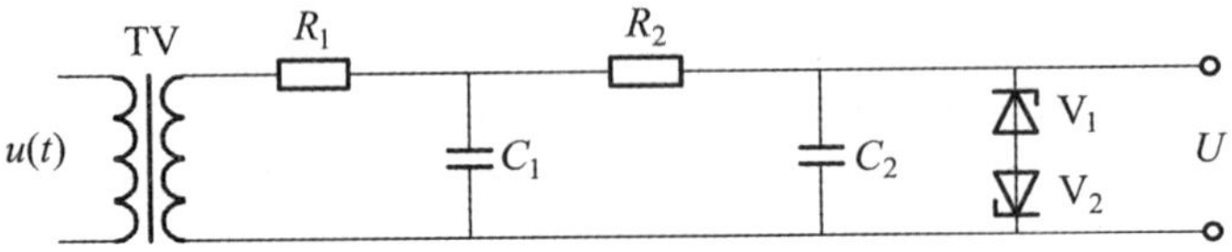

（a）电压接口原理图

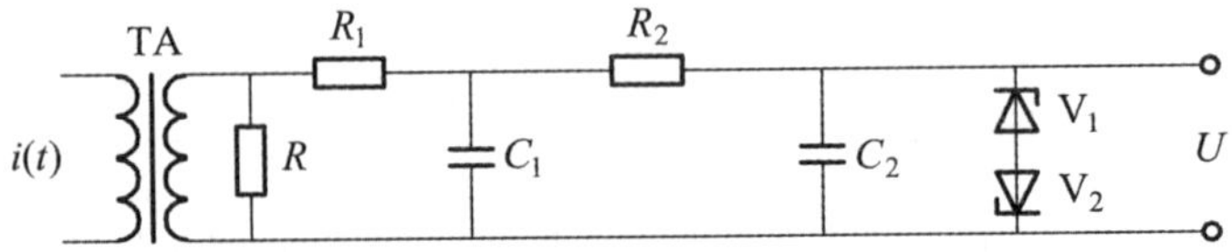

（b）电流接口原理图

图 2-2 模拟量输入电压变换原理图

一般采用中间变换器将由一次设备电压互感器二次侧引来的电压进一步降低，将一次设备电流互感器二次侧引来的电流变成交流电压。再经低通滤波器及双向限幅电路将经中间变换器降低或转换后的电压变成后面环节中 A/D 转换芯片所允许的电压。

一般模数转换芯片要求输入信号电压为 ± 5 V 或 ± 10 V，由此可以决定上述各种中间变换器的变比。

电压形成回路除了起电量变换作用外，另一个重要作用是将一次设备的电流互感器（TA）、电压互感器（TV）的二次回路与微机 A/D 转换系统完全电气隔离，提高电路的抗干扰能力。图 2-2 所示电路中的稳压管组成双向限幅，使后面环节的采样保持器、A/D 变换芯片的输入电压限制在峰-峰值 ± 10 V（或 ± 5 V）以内。

图 2-3 所示为典型的间隔层保护装置电压形成回路三相电流、三相电压、零序电流及输电线路抽取电压等的输入。U_x 为重合闸中检无压、检同期元件用的线路侧抽取电压输入。如果重合闸不投或无同期问题，该电压可以不接入。

（二）低通滤波器与采样定理

1. 连续时间信号的采样

微机处理的都是数字信号，所以必须将随时间连续变化的模拟信号变成数字信号，为达到这一目的，首先要对模拟量进行采样。采样是将一个连续的时间信号 $x(t)$ 变成离散的时间信号 $x'(t)$，采样过程可用图 2-4 表示。

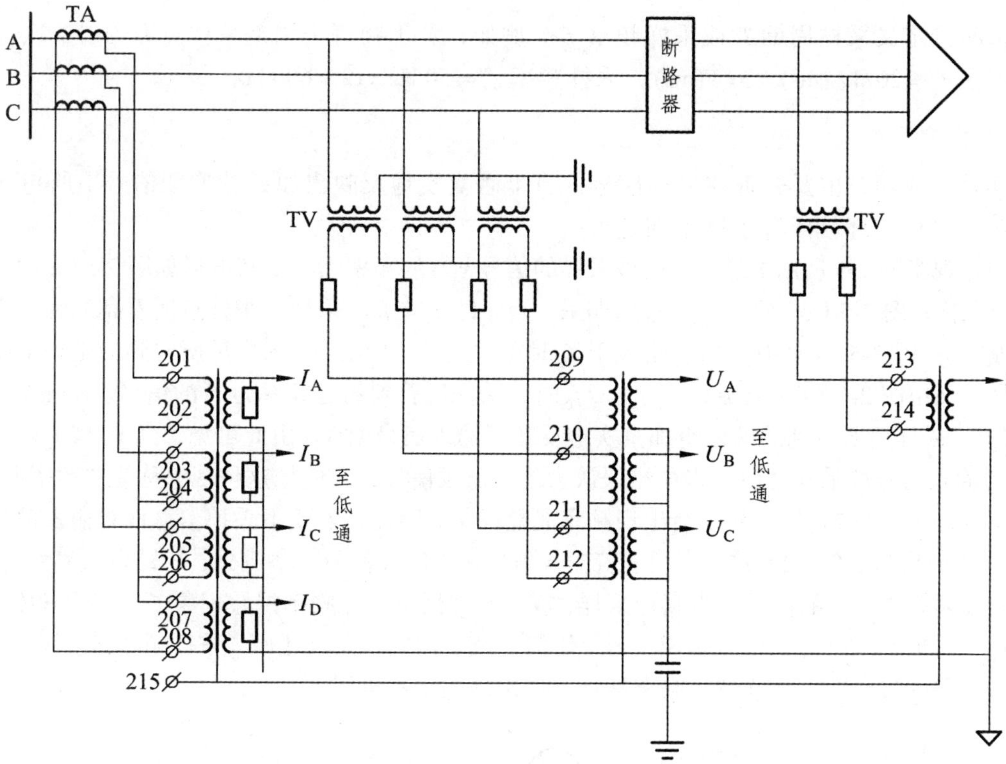

图 2-3　典型的间隔层保护装置电压形成回路

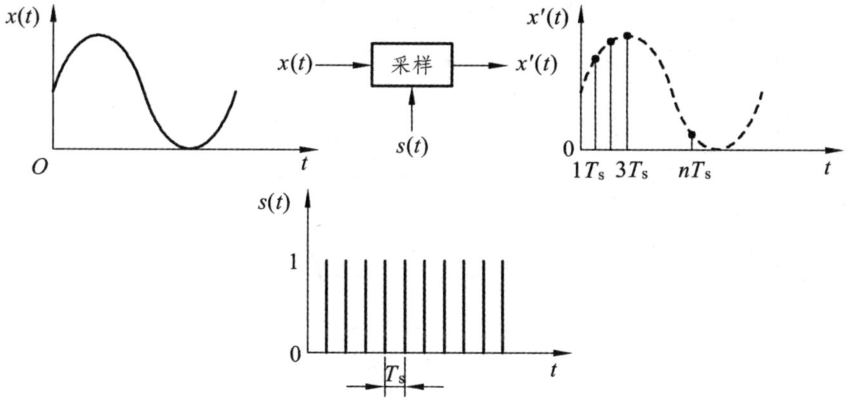

图 2-4　采样过程示意图

采样时间间隔由采样控制脉冲 $s(t)$ 来控制，相邻两个采样时刻的时间间隔称为采样周期，通常用 T_s 表示。采样仅是每隔 T_s 时间就取一次模拟信号的即时幅值，显然它在各个采样点上 $(0, T_s, 2T_s, \cdots)$ 的幅值与输入的连续信号 $x(t)$ 的幅值是相同的。在自动化装置中，对电压、电流量的采样是以等采样周期间隔来表示的。采样周期 T_s 的倒数就是采样频率 f_s，即

$$f_s = \frac{1}{T_s} \tag{2-1}$$

输入模拟信号 $x(t)$ 经过理想采样变成 $x'(t)$ 后可以用式（2-2）表示

$$x'(t) = x(t)\big|_{t=nT_s} \tag{2-2}$$

在自动化装置中，被采样的信号 $x(t)$ 主要是工频 50 Hz 信号，通常以工频每个周期的采

样点数来间接定义采样周期 T_s 或采样频率 f_s。例如，若工频每个周期采样点数为 12 次，则采样周期是 $T_s = 20/12\,(\text{ms}) = 5/3\,(\text{ms})$，采样频率 $f_s = 50\ \text{Hz} \times 12 = 600\ \text{Hz}$。

2. 采样定理

采样是否成功，主要表现在采样信号 $x'(t)$ 能否真实地反映出原始的连续信号中所包含的重要信息。采样定理就回答了这个问题。

我们先观察图 2-5 所示的波形。设被采样的信号 $x(t)$ 的频率为 f_0，其波形如图 2-5（a）所示。对其进行采样，图 2-5（b）是对 $x(t)$ 每周期采一点，即 $f_s = f_0$，采样后采样点所看到的为一直流量（见虚线）；图 2-5（c）中，当 f_s 略大于 f_0 时（这里 $f_s = 1.5f_0$），采样后所看到的是一个差拍低频信号；又由图 2-5（d）可见，当 $f_s = 2f_0$ 时，采样所看到的是频率为 f_0 的信号。不难想象，当 $f_s > 2f_0$，采样后所看到的信号更加真实地反映了输入信号 $x(t)$。由此可见，当 $f_s < 2f_0$ 时，频率为 f_0 的输入信号被采样之后，将被错误认为是一低频信号，我们把这种现象称为“频率混叠”现象。显然，在 $f_s \geqslant 2f_0$ 后，将不会出现频率混叠现象。因此，若要不丢掉信息地对输入信号进行采样，就必须满足 $f_s \geqslant 2f_0$ 这一条件。若输入信号 $x(t)$ 含有各种频率成分，其最高频率为 f_{max}，若要对最高频率为 f_{max} 的信号不失真地采样，或者采样后不产生频率混叠现象，采样频率必须不小于 2 f_{max}，即 $f_s \geqslant 2f_{max}$。也就是说，为了使信号被采样后不失真还原，采样频率必须不小于 2 倍的输入信号的最高频率，这就是奈奎斯特采样定理的基本思想。

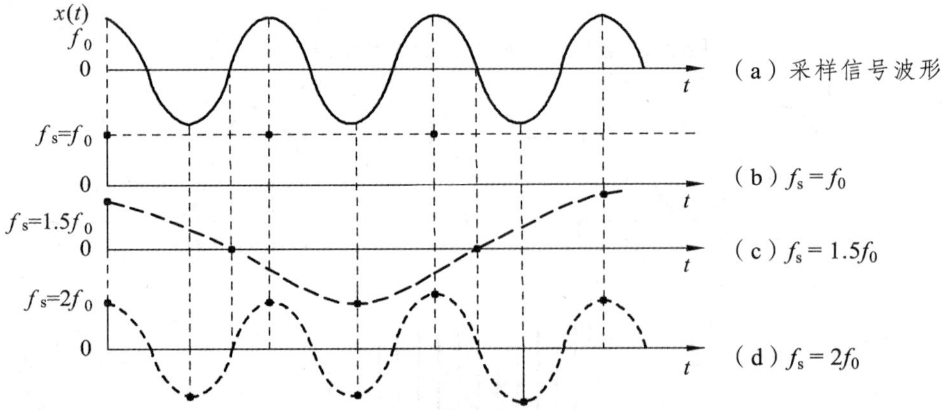

图 2-5　采样频率选择示意图

举例来说，小电流接地系统检测装置，要采样的信号是 5 倍频的电流信号，即 $f_0 = 5 \times 50\ \text{Hz} = 250\ \text{Hz}$，采样频率至少应选 $f_s \geqslant 2 \times 250\ \text{Hz}$ 才能保证采样的 5 倍频电流信号不失真地还原。

3. 低通滤波器的设置

电力系统在故障的暂态期间，电压和电流含有较高的频率成分，如果要对所有的高次谐波成分均不失真地采样，依据采样定理，那么其采样频率就要取得很高，这将对硬件速度提出很高要求，使装置成本增高，这是不现实的。实际上，目前大多数自动化装置原理都是反映工频分量的，或者是反映某种高次谐波（例如 5 次谐波分量），故可以在采样之前将最高信号频率分量限制在一定频带内，即限制输入信号的最高频率，以降低采样频率 f_s，这样一方面降低了对硬件的速度要求，另一方面对所需的最高频率信号的采样不至于发生失真。

要限制输入信号的最高频率，只需要在采样前用一个模拟低通滤波器（ALF），将 $f_s/2$ 以上的频率分量滤去即可。模拟低通滤波器可以做成无源或者有源的。图 2-2 所示是常用的 *RC* 低通滤波器，滤波器的阶数则根据具体的要求来确定。

模拟低通滤波器的幅频特性的最大截止频率，必须根据采样频率 f_s 的取值来确定。例如，当采样频率是 1 000 Hz 时，即交流频率为 50 Hz 时，每周期采 20 个点，则要求模拟低通滤波器必须滤除输入信号大于 500 Hz 的高频分量；而采样频率是 600 Hz 时，则要求必须滤除输入信号大于 300 Hz 的高频分量。

（三）采样保持器

连续时间信号的采样及其保持是指在采样时刻上，把多个输入模拟信号的瞬时值同时采集并记录下来，并按所需的要求准确地保持一段时间，供模数转换器 A/D 使用。对于采用逐次逼近型模数转换器 A/D 的数据采集系统，因模数转换器 A/D 的工作需要一定的转换时间，因此，需要使用采样保持器。

（四）模拟量多路转换开关（MPX）

在实际的数据采集模块中，被测量往往可能是几路或者几十路，对这些回路的模拟量进行采样和 A/D 转换时，为了共用 A/D 转换器而节省硬件，可以利用多路开关轮流切换各被测量与 A/D 转换电路的通路，达到分时转换的目的。在模拟输入通道中，其各路开关是“多选一”，即其输入是多路待转换的模拟量，每次只选通一路，输出只有一个公共端接至 A/D 转换器。

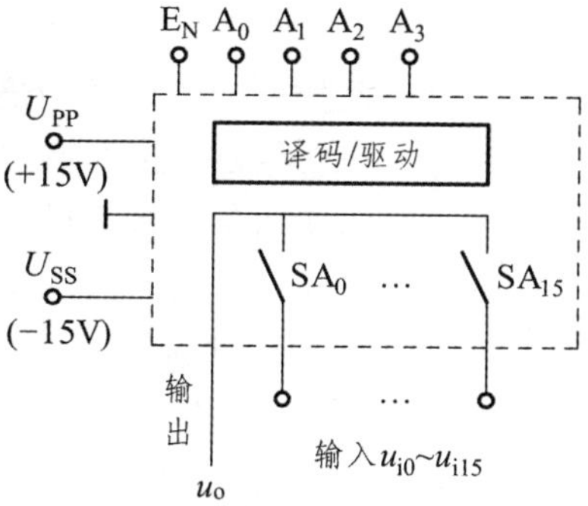

图 2-6　多路转换开关芯片 AD7506 的内部结构

下面以常用的 16 路多路转换开关芯片 AD7506 为例，说明多路转换开关的工作过程。AD7506 的内部结构如图 2-6 所示，其引脚的功能分述如下：

A_0、A_1、A_2、A_3：通道数选择，由 CPU 赋值，赋予不同的二进制码可选通 16 路中对应电子开关 SA，当某一路被选中，此路的 SA 闭合，将此路输入接通到输出端。

u_{i0}、…、u_{i15}：输入端，共 16 路，可以接入 16 个输入量。

u_0：输出端。

E_N：使能端，只有当 E_N 为高电位时，AD7506 才能工作。

各引脚的配合见表 2-1，其中，“×”表示取任意值。

表 2-1　AD7506 内部结构引脚配合表

E_N	A_0	A_1	A_2	A_3	选通通道	选中开关	输出 u_o
1	0	0	0	0	0	SA_0	$u_o=u_{i0}$
1	0	0	0	1	1	SA_1	$u_o=u_{i1}$
…	…				…	…	…
1	1	1	1	1	15	SA_{15}	$u_o=u_{i15}$
0	×	×	×	×	显示	无	无输出

从引脚配合表可以看出，当 CPU 按顺序赋予不同的二进制地址，多路转换开关通过译码电路选通相应的地址时，就将相应路径接通，使输出电压 u_o 等于相应路径的输入量 u_{in}。

在实际中，采用的多路开关有双四选一模拟开关，如美国 RCA 公司的 CD4052、AD 公司的 AD7052；有八选一多路开关，如 CD4051、AD7051、AD7053 等；有 16 路选一路开关，如 CD4067 和 AD7506 等。

目前已有不少贴片的多路模拟开关芯片，体积很小，用于变电站综合自动化系统可使装置的体积减小，尤其适合分散式的单元模块。

（五）模/数变换（A/D）

微机型系统只能对数字量进行运算或逻辑判断，而牵引供电系统中的电流、电压等信号均为模拟量。因此，必须用模/数变换器（ADC）将连续变换的模拟信号转换为数字信号，以便微机系统或数字系统进行处理、存储、控制和显示。

由于应用特点和要求的不同，需要采用不同工作原理的 A/D 变换器。A/D 变换器主要有以下几种类型：逐次逼近型、积分型、计数型、并行比较型等。在选用 A/D 变换器时，主要应根据使用场合的具体要求，按照转换速度、精度、价格、功能以及接口条件等因素而决定选用哪种类型。

1. 模/数变换器（ADC）的工作原理

在微机监控和微机保护中最常用的是逐次逼近型原理实现的 A/D 转换器，其原理框图如图 2-7 所示。它主要由逐次逼近寄存器 SAR、D/A 转换器、比较器以及时序和控制逻辑等部分组成。它的实质是逐次把设定的 SAR 寄存器中的数字量经 D/A 转换后得到的电压 U_c 与待转换的模拟电压 U_x 进行比较。比较时，先从 SAR 的最高位开始，逐次确定各位的数码是“1”还是“0”，其工作过程如下。

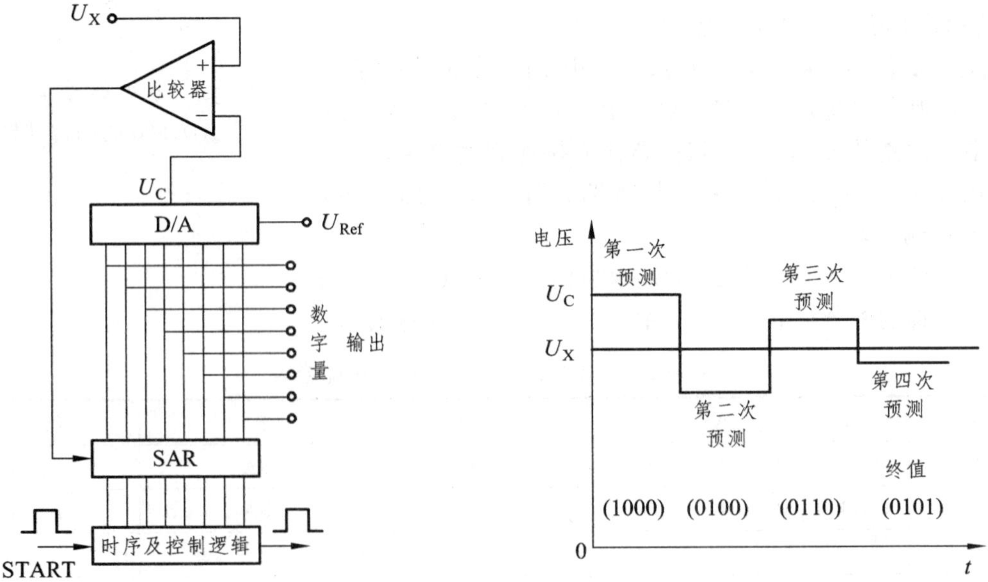

（a）原理框图　　（b）逐次逼近过程

图 2-7　逐次逼近型 A/D 转换器工作原理

在进行转换时，先将 SAR 寄存器各位清零。转换开始时，控制逻辑电路先设定 SAR 寄存器的最高位为“1”，其余各位为“0”，此试探值经 D/A 转换成电压 U_c，然后将 U_c与模拟输入电压 U_x 比较。如果 $U_x \geqslant U_c$，说明 SAR 最高位的“1”应予保留；如果 $U_x<U_c$，说明 SAR 该位应予清零。然后再对 SAR 寄存器的次高位置“1”,依上述方法进行 D/A 转换和比较。如此重复上述过程，直至确定 SAR 寄存器的最低位为止。过程结束后，状态线 EOC 改变状态，表明已完成一次转换。最后，逐次逼近寄存器 SAR 中的内容就是与输入模拟量 U_x 相对应的二进制数字量。显然 A/D 转换器的位数 N 取决于 SAR 的位数和 D/A 的位数。图 2-7（b）表示四位 A/D 转换器的逐次逼近过程。转换结果能否准确逼近模拟信号，主要取决于 SAR 和 D/A 的位数。位数越多，越能准确逼近模拟量，但转换所需的时间也越长。

逐次逼近 A/D 转换器的主要特点是：

（1）转换时间固定，不随输入信号的变化而变化。

（2）转换速度较快，一般在 1 ~ 100 μs 以内。分辨率可以达 18 位，特别适用于工业系统。

（3）抗干扰能力相对积分型的差。例如，对模拟信号采样过程中，若在采样时刻有一个干扰脉冲叠加在模拟信号上，则采样时，包括干扰信号在内，都被采样和转换为数字量，这就会造成较大的误差，所以有必要采取适当的滤波措施。

2. A/D 转换器的主要技术性能指标

（1）分辨率。分辨率反映 A/D 转换器对输入微小变化响应的能力，通常用数字输出最低位（LSB）所对应的模拟输入的电平值表示。例如，8 位 A/D 转换器能对模拟量输入满量程的 $1/2^8=1/256$ 的增量做出反映。N 位 A/D 能反映 $1/2^N$ 满量程的模拟量输入电压。由于分辨率直接与转换器的位数有关，所以一般也简单地用数字量的位数来表示分辨率，即 N 位二进制数最低位所具有的权值就是它的分辨率。表 2-2 列出了几种位数与分辨率的关系。

表 2-2 位数与分辨率的关系

位数	分辨率（分数）	位数	分辨率（分数）
4	$1/2^4=1/16$	12	$1/2^{12}=1/4\,096$
8	$1/2^8=1/256$	16	$1/2^{16}=1/65\,536$
10	$1/2^{10}=1/1024$		

（2）精度。精度有绝对精度（Absolute Accuracy）和相对精度（Relative Accuracy）两种表示方法。绝对精度以数字量的最小有效位（LSB）的分数值来表示绝对精度，例如 ± 1LSB、$\pm\frac{1}{2}$LSB、$\pm\frac{1}{4}$LSB 等。绝对误差包括量化误差和其他所有误差。相对精度是指整个转换范围内，任一数字量所对应的模拟输入量的实际值与理论值之差，用模拟电压满量程的百分比表示。例如：满量程为 10 V 的 10 位 A/D 芯片，若其绝对精度为 $\pm\frac{1}{2}$LSB，则其最小有效位的量化单位 $\Delta E = 9.77\ \text{mV}$，其绝对精度为 $\frac{1}{2}\Delta E = 4.88\ \text{mV}$，其相对精度为 $\frac{4.88\ \text{mV}}{10\ \text{V}} = 0.048\%$。

值得注意的是，分辨率与精度是两个不同的概念，不要把两者混淆。精度是指转换或所得结果对于实际值的准确度，而分辨率是指能对转换结果产生影响的最小输入量。即使分辨率很高，也可能由于温度漂移、线性度等原因而使精度不够高。

（3）电源灵敏度。电源灵敏度是指 A/D 转换芯片的供电电源的电压发生变化时产生的转换误差，一般用电源变化 1%时相当的模拟量变化的百分数来表示。

（4）转换时间。转换时间是指完成一次 A/D 转换所需的时间，即由发出启动转换命令信号到转换结果信号开始有效的时间间隔。转换时间的倒数称为转换速率。例如 AD574 的转换时间为 25 μs，其转换速率为 40 kHz。

（5）输出逻辑电平。多数 A/D 转换器的输出逻辑电平为 5 V，与 TTL 电平兼容，因为 CPU 数据通信总线的电平就是 5 V。故在考虑数字量输出与微处理器的数据总线接口时，应注意是否要三态逻辑输出，是否要对数据进行锁存等。

（6）工作温度范围。由于温度会对比较器、运算放大器、电阻网络等产生影响，故只在一定的温度范围内才能保证额定精度指标。一般 A/D 转换器的工作温度范围为 0 ~ 70 °C，军用品的工作温度范围为 – 55 ~ + 125 °C。

（7）量程。量程是指所能转换的模拟输入电压的范围，分单极性、双极性两种类型。例如，单极性量程为 0 ~ + 5 V、0 ~ + 10 V、0 ~ + 20 V；双极性量程为 – 2.5 ~ + 2.5 V、– 5 ~ + 5 V、-10 ~ + 10 V。

目前，常用的 A/D 转换芯片为 AD574，是快速 12 位逐次比较型 A/D 转换器，由美国模拟器件公司生产，28 脚双列直插式标准封装，其内部包括快速 12 位 D/A 转换器、高性能比较器、逐次比较逻辑寄存器、时钟电路、逻辑控制电路及三态输出数据锁存器等。一次转换时间为 25 μs，工作电源为 ± 15 V 和 + 5 V。

三、基于 V/F 转换的模拟量输入电路

通过了解逐次逼近式 A/D 变换原理可知，这种 A/D 变换过程中，CPU 要使采样保持、多路转换开关及 A/D 变换器三个芯片之间协调好，因此接口电路复杂。而且 ADC 芯片结构较复杂，成本高。目前，许多微机应用系统采用电压-频率变换技术进行 A/D 变换。

（一）VFC 型 A/D 变换简述

电压-频率变换技术（VFC）的原理是将输入的电压模拟量 u_{in}，线性地变换为数字脉冲式的频率 f，使产生的脉冲频率正比于输入电压的大小，然后在固定的时间内用计数器对脉冲数目进行计数，使 CPU 读入，其原理框图如图 2-8 所示。

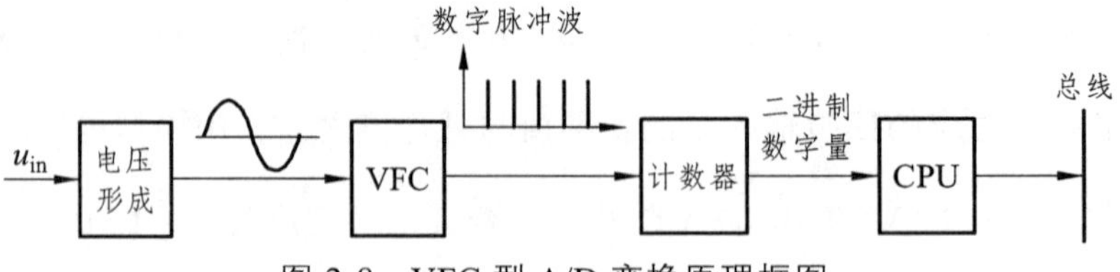

图 2-8　VFC 型 A/D 变换原理框图

图中 VFC 可采用 AD654 芯片，计数器可采用 8031 或内存计数器，也可采用可编程的集成电路计数器 8253。CPU 每隔一个采样间隔时间 T_s，读取计数器的脉冲计数值，并根据比例关系算出输入电压 u_{in} 对应的数字量，从而完成模数转换。

VFC 型的 A/D 变换方式及与 CPU 的接口，要比 ADC 型变换方式简单得多，CPU 几乎不需要对 VFC 芯片进行控制。装置采用 VFC 型的 A/D 变换，建立了一种新的变换方式，为微机系统带来很多好处，其优点可归纳如下：

（1）工作稳定，线性好，电路简单。

（2）抗干扰能力强，VFC 是数字脉冲式电路，因此它不受脉冲和随机高频噪声干扰。可以方便地在 VFC 输出和计数器输入端之间接入光隔元件。

（3）与 CPU 接口简单，VFC 的工作不需要 CPU 控制。

（4）可以方便地实现多 CPU 共享一套 VFC 变换。

（二）典型的 VFC 芯片 AD654 的结构及工作原理

1. VFC 芯片 AD654 的结构

AD654 芯片是一个单片 VFC 变换芯片，中心频率为 250 kHz。它是由阻抗变换器 A、压控振荡器和驱动输出级回路构成，其内部结构如图 2-9（a）所示。压控振荡器是一种由外加电压控制振荡频率的电子振荡器件，芯片只需外接一个简单 *RC* 网络，经阻抗变换器 A 变换输入阻抗可达到 50 MΩ。振荡脉冲经驱动级输出可带 12 个 TTL 负载或光合耦合器件。要求光隔器具有高速光隔性能。

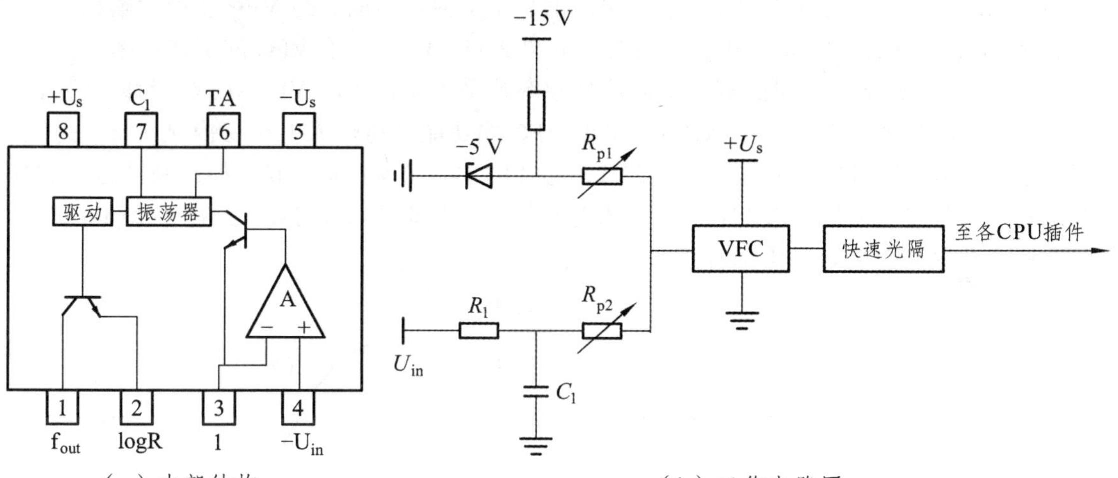

（a）内部结构　　（b）工作电路图

图 2-9　AD654 芯片结构及电路图

2. AD654 的工作电路

AD654 芯片的工作方法有两种方式，即正端输入方式和负端输入方式。在装置上大多采用负端输入方式。因此 4 端接地，3 端输入信号，见图 2-9（b）。由于 AD654 芯片只能转换单极性信号，所以对于交流电压的信号输入，必须有个负的偏置电压，它在 3 端输入。此偏置电压为 – 5 V，其压控振荡频率与网络电阻的关系如下式

$$f_{\text{out}}=\frac{1}{10C_{\text{T}}}\left[\frac{5}{(R+R_{\text{P1}})}+\frac{u_{\text{in}}}{R_1+R_{\text{P2}}}\right] \quad (2\text{-}3)$$

式中：u_{in}为输入电压；C_T为外接振荡电容。

可见输出频率 f_{out} 与输入电压 u_{in} 呈线性关系。R_{P1} 用来调整偏置值，使外部输入电压为零时输出频率为 250 kHz，从而使交流电压的测量控制范围控制在 ± 5 V 的峰值内，这也叫零漂调整。各通道的平衡度及刻度比可用电位器 R_{P2} 来调整。R_1 和 C_1 设计为浪涌吸收回路，不是低通滤波器。VFC 的变换特性与输入交流信号的变换关系见图 2-10。通常整套微机装置的调整只有 R_{P1} 和 R_{P2} 可调，并在出厂时都已调好，一般可以不加调整，需要调整时也只要稍做一些微调即可。

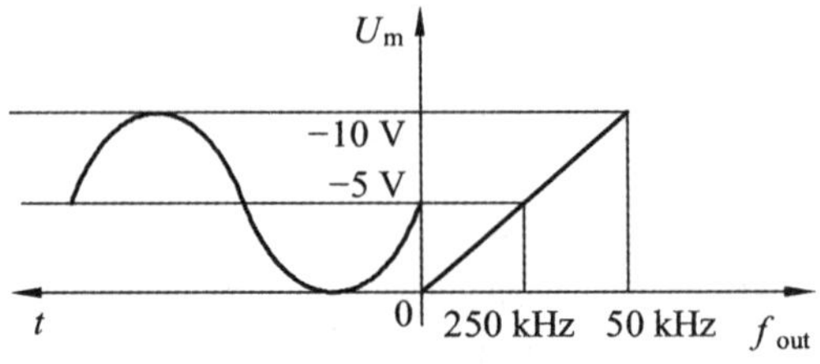

图 2-10　VFC 变换关系图

3. VFC 的工作原理

当输入电压 u_{in}=0 时，由于偏置电压 – 5 V 加在输入端 3 上，输出信号是频率为 250 kHz 的等幅等宽的脉冲波，见图 2-11（a）。当输入信号是交流信号时，经 VFC 变换后输出的信号是被 u_{in} 交变信号调制了的等幅脉冲调频波，见图 2-11（b）。由于 VFC 的工作频率远远高于工频 50 Hz，因此就某一瞬间而言，交流信号频率几乎不变，所以 VFC 在这一瞬间变换输出的波形是一连串频率不变的数字脉冲波，可见 VFC 的功能是将输入电压变换成一连串重复频率正比于输入电压的等幅脉冲波。而且，VFC 芯片的中心频率越高，其转换的精度也就越高。在新型的自动装置中采用 VFC110 芯片，该芯片的中心频率为 2 MHz，是 AD654 的 8 倍，因此变换精度及保护的精工电流都有了较大提高。

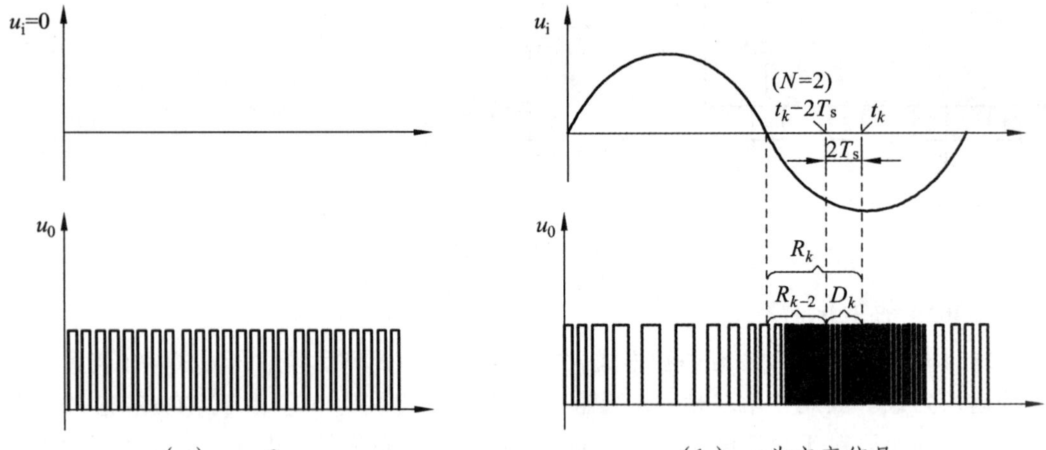

（a）$u_{in}=0$　　（b）u_{in} 为交变信号

图 2-11　VFC 工作原理和计数采样

4. 采样计数

计数器对 VFC 输出的数字脉冲计数值是脉冲计数的累计值，如 CPU 每隔一个采样间隔 T_s

读取计数器的计数值，并计作 $\cdots R_{k-1}$、R_k、$R_{k+1}\cdots$，则在 $t_k - NT_s$ 至 t_k 的这一段时间内计数器计到的脉冲数为 $D_k = R_k - R_{(k-N)}$，如图 2-11（b）所示。如果每个脉冲数对应的电压值（V）为 K_b 系数，则输入电压 u_{in} 可用下式表示

$$u_{in} = (D_k - D_0) \times K_b \tag{2-4}$$

式中：D_0 为 250 kHz 中心频率对应的脉冲常数[见图 2-10 和图 2-11（a）]。

增大 N 值可提高分辨率和精度，但也增加了采样时间。数据采集系统可以根据要求，用软件自动改变 N 值，以兼顾速度和精度。

在自动化装置的定值整定清单中，式（2-4）中的 K_b 常用 U_p 表示电压比例系数，用 I_p 表示电流比例系数。这些系数是厂家给定并已调整好的，用户不必整定调整。

值得注意的是，式（2-4）表示的 u_{in} 是在 $t_k - 2T_s \sim t_k$ 极短时间内的瞬时值，并不是有效值。如果要计算有效值还必须对该交变信号连续采样，然后由软件按一定算法计算。

（三）逐次逼近式和电压-频率变换式两种数据采集系统的特点分析

以上我们介绍了两种数据采集系统的构成及工作原理，通过分析我们可以看出两者都具有各自的工作特点，在使用时，应根据需要加以选择。两种数据采集系统的特点，主要体现在以下几个方面：

（1）逐次逼近式数据采集系统的模数转换数字量对应于模拟输入电压信号的瞬时采样值，可直接将此数字量用于数字算法；而电压-频率变换式数据采集系统在每一个采样时刻读出的计数器数值不能直接使用，必须采用相隔一定时间间隔的计数器读值之差后才能用于各种算法，且此计数器读值之差对应于在一定时间内模拟输入电信号的积分值。对于要求动作速度较快的微机型装置应采用逐次逼近式数据采集系统。

（2）逐次逼近式数据采集系统，一旦转换芯片选定后，其输出数字量的位数不可变化，即分辨率不能再改变。而电压-频率变换式 VFC 数据采集系统则可以通过增大计算脉冲时间间隔来提高其转换精度或分辨率。

（3）对于逐次逼近式数据采集系统，对芯片的转换时间有严格的要求，必须满足在一个采样时间间隔内快速完成数据采集，以留给微型机时间去执行软件程序。而电压-频率变换式 VFC 数据采集系统则不存在转换速度的问题，它是利用输入计数器的脉冲的计数值来获取模拟输入信号在某一时间内的积分值对应的数字量。在使用时应注意到计数芯片的输入脉冲频率不能超出极限计数频率。

（4）逐次逼近式数据采集系统中需要由定时器按规定的采样时刻，定时给采样保持芯片发出采样和保持的脉冲信号，而电压-频率变换式数据采集系统则只需按采样时刻读出计数器的数值。

四、输入数据的前置处理

计算机采集的模拟量种类繁多，通过 A/D 转换器变换成数字量后送计算机。经过 A/D 转换读入的数据，以不同的通道号代表不同的物理量，存入指定的存储单元。上述数据还要进行一系列简单处理（即前置处理），然后存入数据库保存。数据前置处理流程如图 2-12 所示。

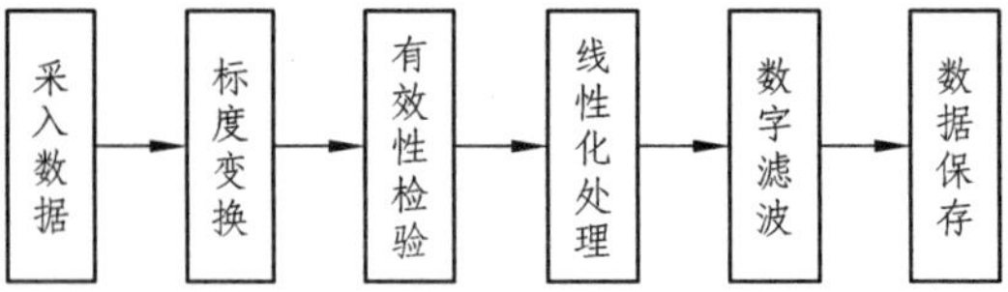

图 2-12　数据前置处理流程

（一）标度变换

进入 A/D 的信号一般是电平信号，但其意义却有所不同，例如同样是 5 V 电压，可以代表 90°变压器温度，也可以代表 500 A 电流或 110 kV 电压等。因此，经 A/D 转换后的同一数字量所代表的物理意义是很不相同的。所以要由计算机乘上不同的系数进行标度变换，把它们恢复到原来的量值。

（二）数据的有效性检验

数据有效性检验的目的是判断采入的数据是否有明显的出错或人为干扰信号等。可根据物理量的特性来判断，例如：

（1）变化缓慢的参数，可用同一参数前、后周期的变化量来判断。如果后一周期内的量变化超过一定范围，与规律不符，则可认为该数据是不可信的“坏”数据。

（2）利用相关参数间的关系互相校核。例如励磁电压与励磁电流之间有较强的相关性，可以相互校核。当励磁电压升高时，励磁电流必定按一定关系上升，不符合这种情况的数据是不可信的。

（3）对于一些重要参数，可以用两个测点或在同一测点上装两台变送器，用它们之间的差值进行校核。差值超过一定数值的数据是不可信的。对于可疑数据，需进一步判别。

（4）限制判断。各种数据，当超过其可能最大变化范围时，该数据为不可信的。

可见，根据量值的类型，选择合适的判断方法，达到可信目的，是数据有效性检验的任务。

（三）线性化处理

有的变送器的输出信号与被测参数之间可能呈非线性关系，为了提高测量精度，可采取线性拟合措施，以消除传感器或转换过程引起的非线性误差。

（四）数字滤波

输入的信号中常混杂有各种频率的干扰信号。因此，在采集的输入端通常加入 *RC* 低通滤波器，用于抑制某些干扰信号。*RC* 滤波器易实现对高频干扰信号的抑制，但欲抑制低频干扰信号（如频率为 0.01 Hz 的干扰信号）则要求 *C* 值太大，不易实现。而数字滤波器可以对极低频率的干扰信号进行滤波，从而弥补了 *RC* 滤波器不足。

数字滤波就是在计算机中用一定的计算方法对输入信号的量化数据进行数学处理，减少干扰在有用信号中的比重，提高信号的真实性。这是一种软件方法，对滤波算法的选择、滤波系数的调整都有极大的灵活性，因此在模拟量的处理上广泛采用。

第二节　开关量的输入与输出

一、开关量的隔离和检测识别

开关量的隔离是基于以下考虑：一是变电所断路器、隔离开关的辅助触点距离主控室一般较远（约几十米），同时为了克服辅助触点的接触电阻，作为开关信号的电压一般都较高（采用 110 V 或 220 V），这种高电压是不能直接接进入微机接口电路的，因此必须加以隔离。二是断路器、隔离开关和继电器等常处于强电场中，电磁干扰比较严重，若不采取隔离措施，则当开关（触点）动作时，可能会干扰程序的正常执行，产生所谓“飞车”的软故障，甚至损坏接口芯片或 CPU。所谓开关量的隔离，是指低压输入电路与大功率电源的隔离、外部现场器件及传输线与数字电路的隔离、多个输入电路之间的隔离等。常用的开关量的隔离方法主要有光电隔离、继电器隔离、继电器和光电耦合器双重隔离三种。

（一）光电隔离

利用光电耦合器可以实现现场开关量与计算机总线之间的完全隔离。光电耦合器的原理接线如图 2-13 所示。光电耦合器由发光二极管和光敏三极管组成，集成在一个芯片内，发光二极管和光敏三极管之间完全绝缘且分布电容极少，这样就极大地削弱了外部接线回路对微机系统的干扰。在光电耦合器里，信息传送介质为光，输入和输出都是电信号，由于信息的传送和转换的过程都是在不透光的密闭环境中进行的，因而排除了外界电磁信号的干扰和外界光的影响。

图 2-13　光电耦合器的原理接线

光电耦合器的工作原理为：光电隔离是通过输入信号使光电耦合器中的发光二极管发光，其光线又使光敏三极管饱和导通产生电信号输出，从而既完成了信号的传递又实现电气上的隔离。光电耦合的时间一般不超过几微秒。光电耦合器的输入端和输出端在电气上是完全绝缘的，且输入端对输出端也无反馈，因此具有隔离和抗干扰两方面的独特性能。

（二）继电器隔离

对于发电厂、变电所现场的断路器、隔离开关、继电器的辅助触点和主变压器分接开关位置等开关信号，输入至微机系统时，也可以通过继电器隔离，其原理接线图如图 2-14 所示。

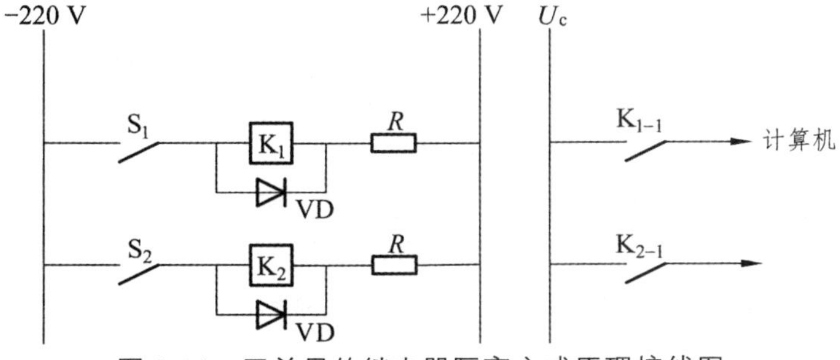

图 2-14　开关量的继电器隔离方式原理接线图

利用现场断路器或隔离开关的辅助触点 S_1、S_2 接通，去启动小信号继电器 K_1、K_2。然后由 K_1、K_2 的触点 $K_{1\text{-}1}$、$K_{2\text{-}1}$ 等输入至微机系统，这样做可起到很好的隔离作用。

（三）继电器和光电耦合器双重隔离

在线路比较长、干扰比较严重的场合，可以采用继电器和光电耦合器双重隔离，以增强隔离的效果，即现场开关的辅助触点先经过继电器隔离，继电器的辅助触点再经过光电耦合器隔离，然后再输入至计算机。这种双重隔离对提高抗干扰能力和消除开关动作时的抖动具有很好的效果。

二、开关量输入电路

开关量输入电路包括断路器和隔离开关的辅助触点、跳合闸位置继电器接点、有载调压变压器的分接头位置等输入、外部装置闭锁重合闸触点输入、装置上连接片位置输入等回路，这些输入可分成两大类：

（1）安装在装置面板上的接点。这类接点包括在装置调试时用的或运行中定期检查装置用的键盘接点以及切换装置工作方式用的转换开关等。

（2）从装置外部经过端子排引入装置的接点。例如需要由运行人员不打开装置外盖在运行中切换的各种压板、转换开关以及其他装置和操作继电器等。

对于装在装置面板上的接点，可直接接至微机的并行口，如图 2-15 所示。只要在可初始化时规定图中可编程的并行口的 PA_0 为输入端，则 CPU 就可以通过软件查询，随时知道图 2-15 外部接点 K_1 的状态。

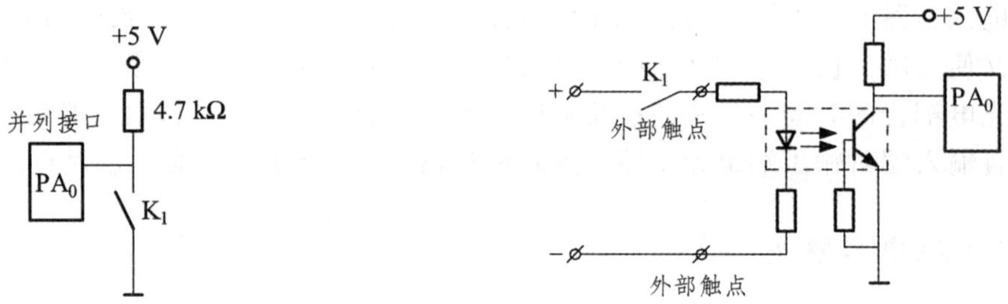

（a）装置内接点输入回路　　（b）装置外接点输入回路

图 2-15　开关量输入电路原理图

对于从装置外部引入的接点，如果也按图 2-15（a）接线，将给微机引入干扰，故应经光电隔离，如图 2-15（b）所示。图中虚线框内是一个光电耦合器件，集成在一个芯片内。当外部触点 K_1 接通时，有电流通过光电器件的发光二极管回路，使光敏三极管导通。K_1 打开时，则光敏三极管截止。因此，三极管的导通与截止完全反映了外部接点的状态，如同将 K_1 接到三极管的位置一样，不同点是可能带有电磁干扰的外部接线回路和微机的电路部分之间无直接的电联系，而光电耦合芯片的两个互相隔离部分的分布电容只有几个皮法，因此可大大削弱干扰。

三、开关量输出电路

开关量输出（简称开出）主要包括保护的跳闸出口、本地和中央信号以及通信接口、打印机接口等，一般都采用并行接口的输出来控制有接点继电器（干簧或密封小中间继电器）的方法，但为提高抗干扰能力，最好也经过一级光电隔离。

对于通信接口、打印机接口等装置内部的数字信号，可以采取如图 2-16（a）所示的接法。由于不是直接控制跳、合闸，实时性和重要性的要求并不是很高，所以可用一个输出逻辑信号控制输出数字信号。这里光电耦合器的作用是既实现两侧电气的隔离，提高抗干扰能力，又可以实现不同逻辑电平的转换。

对于保护的跳闸出口、本地和中央信号等，微机保护装置通过数字量输出的“0”或“1”状态来控制执行回路（如报警信号或跳闸回路继电器触点的“通”或“断”）。开关量输出接口的作用是为正确地发出开关量操作命令提供输出通道，并在数字式装置内、外部之间实现电气隔离，以保证内部弱电电子电路的安全且减少外部干扰。一种典型的使用光电耦合器件的开关量输出接口电路如图 2-16（b）所示（仅绘出一路）。由软件使并行口输出“0”，发光二极管导通，光敏三极管导通，出口继电器 KCO 励磁，提供一副空触点输出。

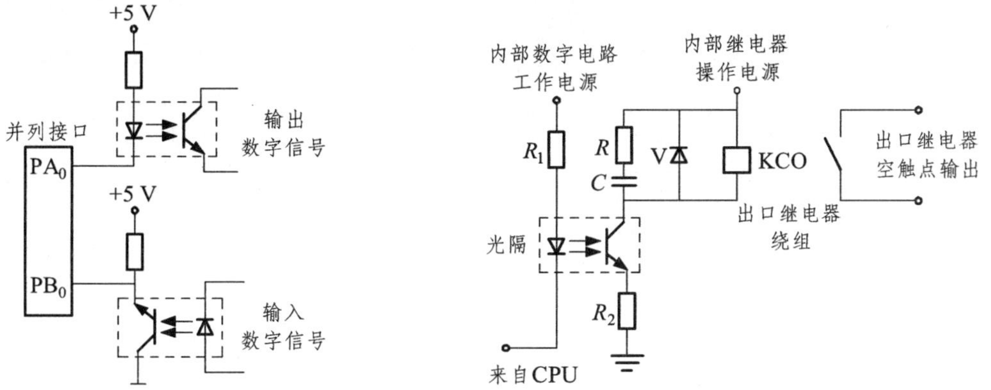

（a）数字信号输入/输出接口　　（b）使用光电耦合器件的接口电路

图 2-16　开关量输出电路

继电器线圈两端并联的二极管称为续流二极管。它在 CPU 输出由“0”变为“1”，光敏晶体管突然由“导通”变为“截止”时，为继电器线圈释放储存的能量提供电流通路。这样一方面加快继电器的返回，另一方面避免突变产生较高的反向电压而引起相关元件的损坏和产生强烈的干扰信号。

为了防止因保护装置上电（合上电源）或工作电源不正常通断在输出回路出现不确定状态时导致装置发生误动，对控制用的光隔导通回路采用异或逻辑控制，其电路如图 2-17 所示。

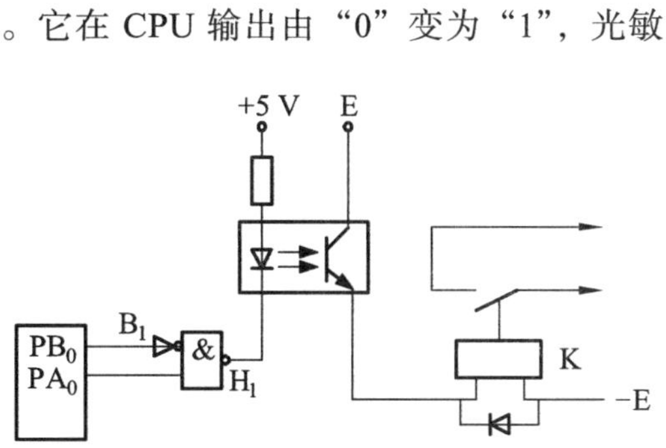

图 2-17　装置开关输出回路接线图

只要通过软件使并行口的 PB_0 输出“0”、PA_1 输出“1”，便可使与非门 H_1 输出低电平，光敏三极管导通，继电器 K 被吸合。

在初始化和需要继电器 K 返回时，应使 PB_0 输出“1”或 PA_1 输出“0”。

设置反相器 B_1 及与非门 H_1 而不将发光二极管直接同并行口相连，一方面是因为并行口带负载能力有限，不足以驱动发光二极管，另一方面是因为采用与非门后要满足两个条件才能使 K 动作，增加了抗干扰能力。为了防止拉合直流电源的过程中继电器 K 的短时误动，将 PB_0 经一反相器输出，而 PA_1 不经反相器输出。因为在拉合直流电源的过程中，当 5 V 电源处于某一个临界电压值时，可能由于逻辑电路的工作紊乱而造成自动装置误动作，特别是自动装置的电源往往接有大量的电容器，所以拉合直流电源时，无论是 5 V 电源还是驱动继电器 K 用的电源 E，都可能相当缓慢地上升或下降，从而完全可能来得及使继电器 K 的接点短时闭合。采用上述接法后，由于两个反相条件的互相制约，可以可靠地防止误动作。

第三章　牵引供电微机保护

第一节　保护的概念及要求

一、保护的作用及概念

电力系统在运行中，可能出现各种故障和不正常运行状态，最常见同时也是最危险的故障是发生各种形式的短路。表 3-1 列出了输电线路各种短路故障的示意图、表示符号及一般情况下的概率。除了短路故障外，还可能发生输电线路的断线故障，或在不同地点同时发生上述某几种故障的所谓复故障。

表 3-1　短路故障的示意图、表示符号及一般情况下的概率

短路类型	示意图	符号	概率
三相短路		$k^{(3)}$	5%
两相短路		$k^{(2)}$	10%
两相接地短路	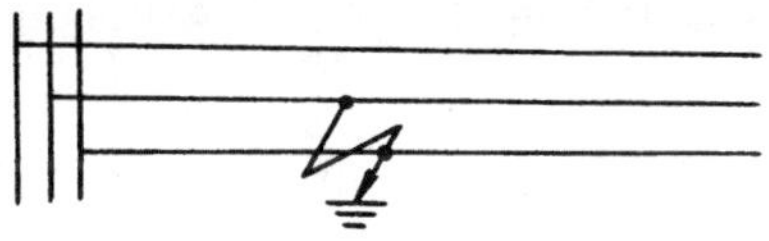	$k^{(1,1)}$	20%
不同地点两相接地短路	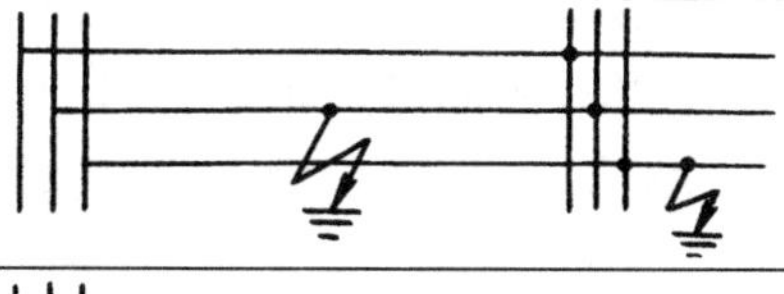		
单相接地短路	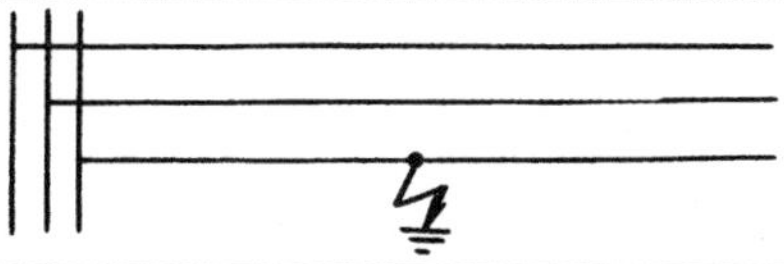	$k^{(1)}$	65%

电力系统发生短路时可能产生以下后果：

（1）短路点通过很大的短路电流，此电流形成的电弧有可能烧毁发生故障的元件。

（2）短路电流通过其他非故障元件时，产生很大的热量和电动力，使这些元件的使用寿

命缩短或使其损坏。

（3）电力系统发生故障处附近的电压急剧下降，影响用户的正常用电。

（4）使电力系统各发电厂之间并联运行的稳定性受到破坏，引起系统振荡，甚至可能使整个电力系统解列。

电力系统中电气元件的正常工作遭到破坏，但没有发生故障，这种情况属于不正常运行状态。例如，因负荷超过电气设备的额定值而引起的电流升高（一般又称过负荷），就是一种最常见的不正常运行状态。由于过负荷，使元件载流部分和绝缘材料的温度不断升高，加速绝缘的老化和损坏，就可能发展成故障。此外，系统中出现功率缺额而引起的频率降低，发电机突然甩负荷而产生的过电压，以及电力系统发生振荡等，都属于不正常运行状态。

故障和不正常运行状态，都可能在电力系统中引起事故。事故，就是指系统或其中一部分的正常工作遭到破坏，并造成对用户少送电或电能质量变坏到不能容许的地步，甚至造成人身伤亡和电气设备的损坏。

电力系统是一个整体，系统中的各元件之间有着密切的联系，当某个元件发生故障时，会立即影响到其他非故障元件的正常运行，使故障范围扩大，甚至可能发展成为严重的事故，因此，一旦发生故障，应迅速切除故障元件。切除故障元件的时间，常常要求小到十分之几秒，甚至百分之几秒。在这样短暂的时间内，由运行人员来发现故障元件并将故障元件从电力系统中切除是不可能的，因此，目前普遍利用继电保护装置来完成这个任务。所谓“继电”，是指电路的相互更替和延续，利用电路的这种相互更替和延续而构成的电力系统的保护措施称为继电保护。继电保护装置是指能够对电力系统元件故障和不正常运行状态做出反应，并能使断路器跳闸或发出信号的一种自动装置。这种装置的主要作用是：

（1）自动、迅速、有选择性地将故障元件从电力系统中切除，使故障元件免于继续遭到破坏，保证其他无故障部分迅速恢复正常运行。

（2）反映电气元件的不正常运行状态，并根据运行维护的条件（例如有无经常值班人员）而动作于发出信号、减少负荷或跳闸。此时一般不要求保护迅速动作，而是根据对电力系统及其元件的危害程度规定一定的延时，以免不必要的动作和由于干扰而引起的误动作。

（3）与自动重合闸配合，恢复由于瞬时自消性故障引起的保护动作跳闸，迅速恢复供电，提高供电可靠性。

常规的继电保护装置是由单个继电器或继电器及其附属设备的组合构成的，而微机继电保护装置是由计算机取代了单个的继电器，它的特性主要由程序决定。微机保护装置的出现很好地解决了常规继电保护装置难以解决的诸多难题。目前微机保护在电力系统中的普遍应用，极大地提高了电力系统的安全性，并保证了供电的可靠性。

二、继电保护的基本原理

为完成继电保护所担负的任务，显然应该要求它能够正确地区分系统正常运行与发生故障或不正常运行状态之间的差别，以实现保护。为实现这两点要求，保护装置需要对电力系统发生故障前后电气物理量的变化进行识别。准确识别被保护设备的电气量在故障前后的突变信息，是继电保护装置的基本要求。

电力系统发生故障后，工频电气量变化的主要特征如下：

（1）电流增大：短路时故障点与电源之间的电气设备和输电线路上的电流将急剧增加，大大超过正常运行时的负荷电流。

（2）电压降低：当发生相间短路和接地短路故障时，系统各点的相间电压或相电压值下降，且越靠近短路点，电压越低。

（3）电流与电压之间的相位角改变：正常运行时电流与电压间的相位角是负荷的功率因数角，一般约为 20°；三相短路时，电流与电压之间的相位角是由线路的阻抗角决定的，一般为 60° ~ 85°；而在保护相反方向短路时，电流与电压之间的相位角则是 180° +（60° ~ 85°）。

（4）测量阻抗发生变化：测量阻抗的值为保护安装处电压与电流之比。正常运行时，测量阻抗为负荷阻抗；金属性短路时，测量阻抗为线路阻抗。故障后测量阻抗显著减小，而阻抗角增大。不对称短路时，出现负序分量，如两相及单相接地短路时，出现负序电流和负序电压；单相接地时，出现负序和零序电流和电压分量，这些分量在正常运行时是不出现的。

继电保护就是以这些变化的物理量为基础，及时反应电力系统故障。根据反应物理量的不同，可构成以下各种不同类型的继电保护：

（1）反应电流变化，如瞬时电流速断保护、定时限过电流保护、反时限过电流保护及零序电流保护等。

（2）反应电压改变，如低电压保护和过电压保护。

（3）既反应电流又反应电流、电压间相位变化，如方向过电流保护。

（4）反应电压与电流的比值，即反应故障点至保护安装处的阻抗，如距离保护。

（5）反应输入电流、输出电流差，如差动保护。

如图 3-1 所示为定时限过电流保护原理图。图中 TA 为电流互感器，KA 为电流继电器，KT 为时间继电器，KS 为信号继电器，KOF 为出口继电器，右侧回路中的 QF 为断路器的常开辅助触点，YR 为断路器的跳闸线圈。正常时，由于负荷电流流经电流互感器变流后流入电流继电器的电流小于 KA 的动作值，所以各继电器均处于正常状态，常开触点断开。断路器处于合闸位置的动作状态，其常开辅助触点 QF 闭合。

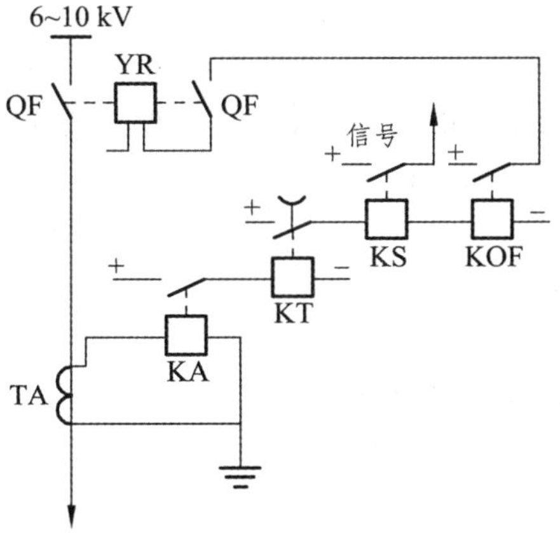

图 3-1　定时限过电流保护原理图

当一次电路发生故障时，一次测电流增大，TA 的二次电流也随之增大，电流继电器 KA 的常开触点接通时间继电器 KT，KT 通电延时后，延时触点 KT 闭合，接通信号继电器 KS 的线圈和出口继电器 KOF 的线圈，出口继电器 KOF 动作，触点 KOF 闭合，使断路器 QF 的分闸线圈 YR 得电，使断路器分闸。另一方面信号继电器 KS 动作，使其常开触点闭合，KS 信号继电器的光字牌亮，发出灯光信号指示。

除上述反应于各种电气量的保护以外，还有根据电气设备的特点实现反应于非电量的保护。例如，当变压器油箱内部的绕组短路时，反应于油被分解所产生的气体而构成的瓦斯保护；反应于电动机绕组的温度升高而构成的过负荷或过热保护等。

以上各种原理的保护，可以由继电保护装置来实现。

三、继电保护装置的构成

通常继电保护装置由测量部分、逻辑部分和执行部分组成，其原理结构如图 3-2 所示。

图 3-2　继电保护装置原理结构图

1. 测量部分

测量部分是测量被保护对象输入的有关电气量，并与已给定的整定值进行比较，根据比较的结果，判断保护是否应该启动。如根据比较结果，给出“是”“非”“大于”“不大于”等具有“0”或“1”性质的一组逻辑信号，从而判断保护是否应该启动。

2. 逻辑部分

逻辑部分是根据测量部分各输出量的大小、性质、输出的逻辑状态、出现的顺序或它们的组合，使保护装置按特定的逻辑关系工作，最后确定是否应该使断路器跳闸或发出信号，并将有关命令传给执行部分。继电保护中常用的逻辑回路有“与”“或”“非”“延时启动”“延时返回”以及“记忆”等回路。

3. 执行部分

执行部分是根据逻辑部分输出的信号，最后完成保护装置所担负的任务。如故障时，动作于跳闸；不正常运行时，发出信号；正常运行时，不动作等。

四、对继电保护的基本要求

完善的继电保护装置应满足四个技术性能的要求，即选择性、速动性、灵敏性和可靠性。

（一）选择性

继电保护的选择性是指保护装置动作时，应在可能最小的区间内将故障从供电系统中断开，最大限度地保证系统中无故障部分仍能继续安全运行。它包含两种意思：其一是指应由装在故障元件区段内断路器上的继电保护装置动作切除故障；其二是当供电系统的保护装置或断路器拒动时，仍应保证在停电范围最小的原则下切除故障。

在供电系统中，为了使故障能可靠地被切除，一个电气元件通常装有多套保护装置，这些保护分别是主保护、后备保护和辅助保护，现分述如下。

主保护：反应被保护元件上的故障，并能在较短时间内将故障切除。

后备保护：在主保护不能动作时，该保护动作将故障切除。根据保护范围和装置的不同，有近后备和远后备两种方式。

（1）近后备保护：一般和主保护一起装在所要保护的电气元件上，只有当本元件主保护拒绝动作时，它才动作，将所保护元件上的故障切除。

（2）远后备保护：当相邻电气元件上发生故障，相邻电气元件主保护或近后备保护拒绝动作时，远后备动作将故障切除。显然近后备（和主保护装在相同元件上）和远后备分别装在不同的元件上。

（3）辅助保护：为补充主保护某种性能的不足或加速切除某部分故障而装设的简单保护，如断路器失灵保护。

在图 3-3 所示的网络中，断路器 QF_1 ~ QF_7 上均装设有继电保护装置 1 ~ 7，每套保护通常还装设有多套保护装置，即主保护和后备保护，图中仅在保护 6 中表示出来。当线路 AB 上 k_1 点短路时，应由线路 AB 的保护动作跳开断路器 QF_1 和 QF_2，故障线路被切除。B 母线、线路 BC、CD 及变压器回路由 QF_3、QF_4 接通提供电源，停电范围仅限于 AB 线路。而在线路 CD 上 k_3 点短路时，由线路 CD 的保护动作断开断路器 QF_6，只有变电所 D 停电。故障元件上的保护装置如此有选择性地切除故障，可以使停电范围最小。

对继电保护动作有选择性的要求，同时还必须考虑继电保护装置或者断路器由于自身故障等原因而拒动的可能性，因而需要考虑后备保护的问题。例如，当 k_3 故障时，若主保护装置 6（1）由于可靠性原因而拒动，则可经一定的延时后由后备保护 6（2）动作跳开 QF_6，这种后备保护称之为近后备保护。可见近后备保护动作造成的停电范围不会扩大，但切除故障的时间比主保护长。再考虑当 k_3 点故障时，由于种种原因造成断路器 QF_6 跳不开（拒动），相邻线路 BC 的保护动作跳开断路器 QF_5，相邻线路的保护对它起到了远后备作用。可见，远后备保护动作会造成停电范围扩大，且切除故障时间比相邻元件的主保护和近后备保护的时间都长。但不管是近后备保护还是远后备保护，其动作都是有选择性的。若线路 BC 的保护本来能够动作跳开 QF_5，而线路 AB 的保护抢先跳开断路器 QF_1 和 QF_3，则该保护动作是无选择性的。

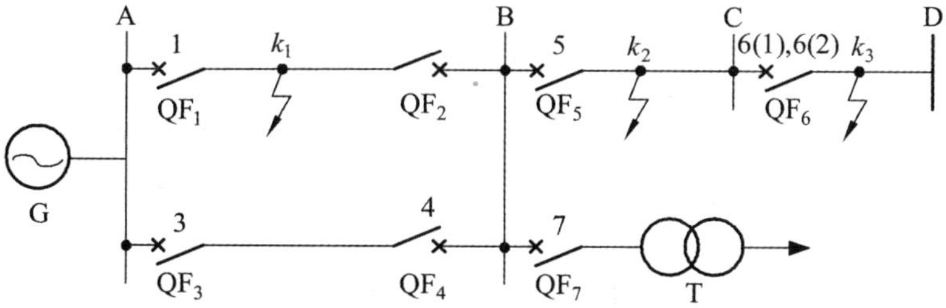

图 3-3　选择性说明原理图

这种选择性的保证，除利用一定的延时使本线路的后备保护与主保护正确配合外，还必须注意相邻元件后备保护之间的正确配合。其一是上级元件后备保护的灵敏度要低于下级元件后备保护的灵敏度；其二是上级元件后备保护的动作时间要大于下级元件后备保护的动作时间。这两点缺一不可。

（二）速动性

速动性是指故障发生后，继电保护装置应能尽快地动作切除故障，以减少设备及用户在大电流、低电压状态下的运行时间，降低设备的损坏程度，提高系统并列运行的稳定性。动作迅速而又能满足选择性要求的保护装置，一般结构都比较复杂，价格昂贵，对大量的中、低压电力设备来说，不一定都有必要采用高速动作的保护。对保护速动性的要求应根据电力系统的接线和被保护设备的具体情况来确定。

一般必须快速切除的故障有以下几种情况：

（1）根据维持系统稳定的要求，必须快速切除的高压输电线路上发生的故障。

（2）使发电厂或重要用户的母线电压低于允许值（一般为 0.7 倍额定电压）的故障。

（3）大容量的发电机、变压器以及电动机内部发生的故障。

（4）1 ~ 10 kV 线路导线截面过小，为避免过热不允许延时切除的故障等。

（5）可能危及人身安全、对通信系统或铁道信号系统有强烈干扰的故障等。

故障切除的总时间包括保护装置和断路器动作时间。一般的快速保护的动作时间为 0.04 ~ 0.08 s，最快的可达 0.01 ~ 0.02 s；一般的断路器的动作时间为 0.06 ~ 0.15 s，最快的可达 0.02 ~ 0.06 s。

继电保护装置快速切除故障元件有以下优点：

（1）可以提高电力系统中发电机并联运行的稳定性。如图 3-4 所示，由于短路点 k 距发电机 G_1 较近，G_1 中的母线电压接近于零而卸载，而汽轮机的调速系统又来不及做相应的调整，故发电机 G_1 的转速迅速升高。相反，此时发电机 G_2 的转速却升高较小。这样，两电厂的发电机将产生转速差，亦称转角差。如果短路持续的时间较长，则等到断路器 QF_3 将短路故障切除时，两发电厂同步发电机的转速已相差很大，即所谓失去同步，并使系统产生振荡。此时系统中各点的电流、电压都将随时间发生很大的脉动，影响正常供电，严重时甚至会造成系统解列。如果 QF_3 能迅速切除故障元件，则两发电厂同步发电机的转角差将很小，发电机可以自动拉入同步而恢复到稳定运行状态。因此，快速切除故障是提高系统稳定性、防止系统发生事故的一项重要措施。

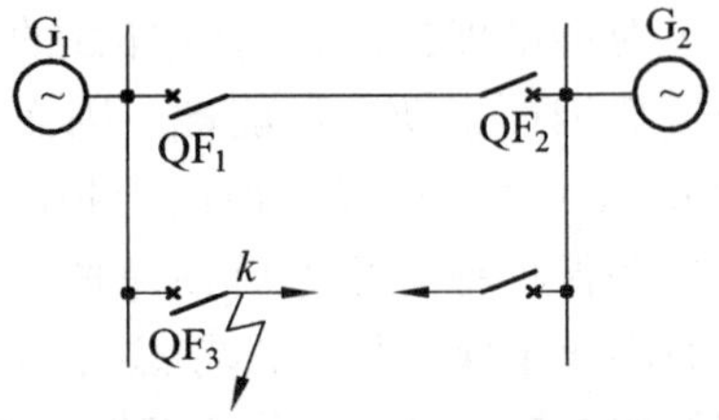

图 3-4　短路对并联运行影响说明图

（2）可以减轻短路电流使电气设备损坏的程度，并缩短用户在低电压状态下的工作时间，从而使电动机容易自启动。实际上，快速切除故障元件后，所有未切除的电动机都可以继续运行。

（3）可以防止故障扩大，提高自动重合闸动作的成功率。由于短路点将产生很大的电弧，短路持续的时间愈长，就有可能使设备绝缘损坏，这样，本来是临时性的故障就可能变为永久性的故障。因此，快速切除故障，不但可以防止事故扩大，而且由于故障点绝缘损坏较小，自动重合闸的成功率就较高。

（三）灵敏性

继电保护的灵敏性，是指对于其保护范围内发生故障或不正常运行状态的反应能力。满足灵敏性要求的保护装置，应该是在事先规定的保护范围内部故障时，不论短路点的位置、短路的类型如何以及短路点是否有过渡电阻，都能敏锐感觉、正确反应。即要求在系统最大运行方式下发生三相短路时能可靠动作，在系统最小运行方式下发生经过较大的过渡电阻的两相或单相短路故障时也能可靠动作。

保护装置的灵敏性，通常用灵敏系数来衡量，它主要取决于被保护元件和电力系统的参数和运行方式。灵敏系数应根据常见的不利方式和不利的短路形式计算。

保护装置灵敏与否，受电力系统运行方式的影响较大，通常在保护装置的整定计算中，只考虑系统运行方式的两种极端情况，即最大运行方式和最小运行方式。

所谓最大运行方式，就是供电系统中的发电机、并联线路、变压器等都投入时的运行方式，如图 3-5（a）所示。此时系统的发电机容量最大，电压较稳定，而且系统等值阻抗最小，短路电流最大。

所谓最小运行方式，就是供电系统中的发电机、并联线路、变压器等投入最少的一种运行方式，如图 3-5（b）所示。此时系统的发电机容量最小，电压不够稳定，而且系统等值阻抗最大，短路电流最小。

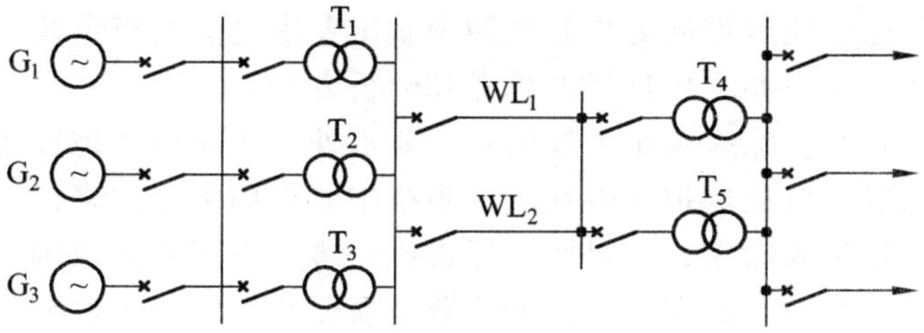

（a）最大运行方式

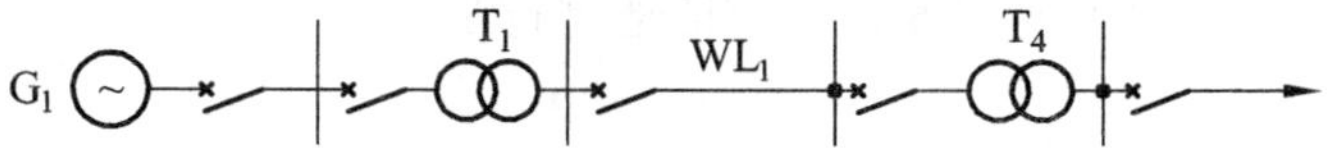

（b）最小运行方式

图 3-5　系统运行方式

反应故障系数增加的保护装置（如电流保护），其灵敏系数为

$$K_{sen}=\frac{I_{k.\min}}{I_{act}} \tag{3-1}$$

式中　$I_{k.\min}$——保护区末端金属性短路时保护安装处故障参数的最小值；

I_{act}——保护装置的动作参数。

反应故障参数降低的保护装置（如低电压保护），其灵敏系数为

$$K_{sen}=\frac{U_{act}}{U_{k.\max}} \tag{3-2}$$

式中　$U_{k.\max}$——保护区末端金属性短路时保护安装处故障参数的最大值。

U_{act}——保护装置的动作参数。

（四）可靠性

可靠性是对继电保护最根本的要求，是指被保护范围内发生故障时，保护装置动作的可靠程度，即不拒动、不误动。不拒动指在该保护装置规定的保护范围内发生了它应该动作的故障

时，它不应该拒绝动作；不误动是指在任何该保护不应该动作的情况下，它不应该误动作。

可靠性取决于保护的工作原理、装置本身的制造质量、保护回路的连接和运行维护水平。一般说来，保护装置组成元件的质量越高、接线越简单、回路中继电器的触点数量越少，保护装置的工作就越可靠。同时，精细的制造工艺、正确的调整试验、良好的运行维护以及丰富的运行经验，对于提高保护的可靠性也具有重要的作用。

继电保护装置的误动作和拒绝动作都会给电力系统造成严重的危害。但提高其不误动的可靠性和不拒动的可靠性的措施常常是互相矛盾的。由于电力系统的结构和负荷性质的不同，误动和拒动的危害程度有所不同，因而提高保护装置可靠性的着重点在各种具体情况下也应有所不同，应根据电力系统和负荷的具体情况采取适当的措施。例如，母线保护，由于它的误动将会给电力系统带来严重后果，因此更强调其不误动的安全性，一般是以两套保护出口触点串联后启动跳闸回路的方式。

以上四个基本要求是分析研究继电保护性能的基础，也是贯穿全课程的一条基本线索。它们之间既有矛盾的一面，又有在一定条件下统一的一面。当统一的条件不满足时，必然催生一个继电保护的新原理来满足“四性”的要求。继电保护的科学研究、设计、制造和运行的绝大部分工作，都是围绕着如何处理好这四个基本要求之间的辩证统一关系而进行的，在学习这门课程时应注意学习和运用这样的思考和分析方法。

选择继电保护方式时，除应满足上述的基本要求外，还应该考虑经济条件。首先应从国民经济的整体利益出发，按被保护元件在电力系统中的作用和地位来确定保护方式，而不能只从保护装置本身的投资来考虑，这是因为保护不完善或不可靠而给国民经济造成的损失，一般都远远超过即使是最复杂的保护装置的投资。但要注意对较为次要的数量很多的电气元件（如低压配电线、小容量电动机等），也不应该装设过于复杂和昂贵的保护装置。因此，根据电力系统的结构和用户的重要程度，要辩证地进行统一。

五、继电器的分类及其图形符号

继电器是所有继电保护装置中的基本组成元件。所谓继电器，是指具有“继电特性”的电器元件。当控制它的物理量达到一定值或物理量时，它能够使被控制的物理量发生突然的变化，在上述两个物理量中，应至少有一个是电气量。在现代继电保护技术中所使用的继电器（在静态继电保护电路中，有时又称为“元件”，例如电流继电器称为电流元件，阻抗继电器称为阻抗元件等）可以按照下述不同方法来分类。

（一）按接入的方法分

继电器按照接入被保护元件的方法可以分为两种：一次式继电器、二次式继电器。

（1）一次式继电器，其线圈直接接入一次回路。

（2）二次式继电器，其线圈通过电流互感器 TA 而接于 TA 的二次侧。目前广泛采用的都是这种类型的继电器，因为它与一次回路没有直接的联系，运行检修方便，也没有高压的危险。此外它的灵敏度高，体积小，还可以按统一标准由继电器制造厂大规模生产。

（二）按作用于断路器的跳闸方法分

继电器按照作用于断路器跳闸的方法可以分为两种：直接作用式继电器、间接作用式继电器。

（1）直接作用式继电器动作后直接作用于断路器的跳闸机构，需要消耗很大的功率，体积笨重，不够灵敏。

（2）间接作用式继电器动作后利用触点闭合一个辅助操作回路接通断路器的跳闸线圈，然后由操作机构使断路器跳闸，其优点是精确性较高和功率消耗小。在继电保护装置中，二次式间接作用的继电器获得了最广泛的应用。

（三）按工作原理分

继电器按照工作原理可以分为 5 种：电磁型继电器、感应型继电器、电动型继电器、整流型继电器、静态型继电器。

静态型继电器是晶体管型、集成电路型和微机型继电器的统称。

关于继电器的表示方法，现在都采用一个方框上面带有触点的图形，继电器所反应的参数在方框里用一个在电工中通用的字母表示，如电流用 I、电压用 U、时间用 t、阻抗用 Z 等。常用继电器和触点的表示方法见表 3-2。

表 3-2　常用继电器及触点的表示方法

名　称	图形符号	名　称	图形符号
电流继电器	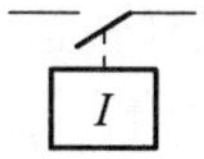	继电器及接触器线圈	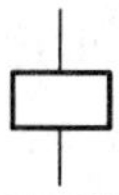
电压继电器	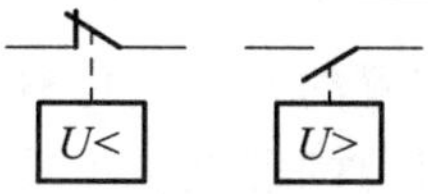	动合触点	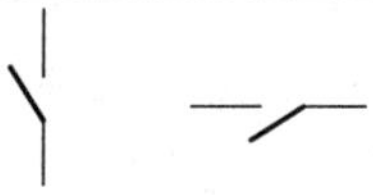
功率方向继电器	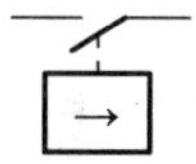	动断触点	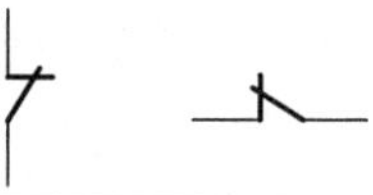
阻抗继电器	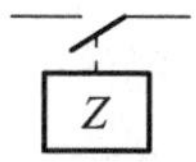	延时闭合的动合触点	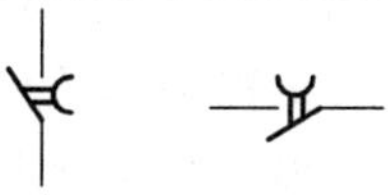
差动继电器	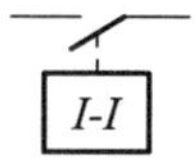	延时断开的动断触点	
时间继电器	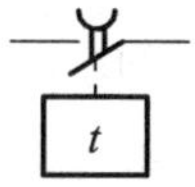	信号继电器的动合触点	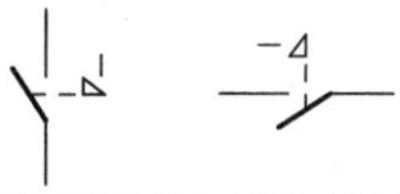
信号继电器	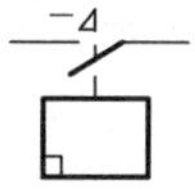	断路器	
中间继电器	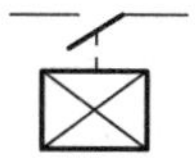	隔离开关	
反时限电流继电器	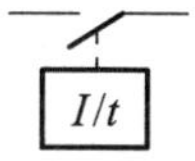	气体（瓦斯）继电器	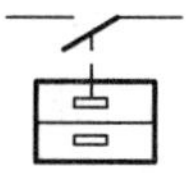

六、继电保护的发展

继电保护技术是随着电力系统的发展而发展起来的。最早的继电保护，是当短路故障发生时，对反应线路电流增大的电流保护。通常采用的熔断器（保险丝）就是一种最简单的电流保护，时至今日这种保护方式仍广泛应用于低压线路和用电设备。但是随着电力系统的发展，用电设备的功率、发电机的容量不断增大，发电厂、变电站和供电网的接线不断复杂化，电力系统中正常工作电流和短路电流都不断增大，熔断器已不能满足选择性和速动性的要求，于是出现了作用于专门的断流装置（断路器）的过电流继电器。19 世纪 90 年代出现了装于断路器上并直接作用于断路器的一次式（直接反应于一次短路电流）电磁型过电流继电器。20 世纪初，随着电力系统的发展，继电器才开始广泛应用于电力系统的保护。这个时期可认为是继电保护技术发展的开端。1901 年出现了感应型过电流继电器。1908 年提出了比较被保护元件两端电流的电流差动保护原理。1910 年，方向性电流保护开始得到应用，在此时期也出现了将电流与电压相比较的保护原理，并导致了 20 世纪 20 年代初更高级的保护装置的出现。随着电力系统载波通信的发展，在 1927 年前后，出现了利用高压输电线上高频载波电流传送和比较输电线两端功率方向或电流相位的高频保护装置。在 20 世纪 50 年代，微波中继通信开始应用于电力系统，从而出现了利用微波传送和比较输电线两端故障电气量的微波保护。早在 20 世纪 50 年代就出现了利用故障点产生的行波实现快速继电保护的设想，经过 20 余年的研究，终于诞生了行波保护装置。显然，随着光纤通信在电力系统中的大量采用，利用光纤通道的继电保护必将得到广泛的应用。

在继电保护原理飞速发展的同时，构成继电保护装置的元件、材料、保护装置的结构形式和制造工艺也发生了巨大的变革。20 世纪 50 年代以前的继电保护装置都是由电磁型、感应型或电动型继电器组成的。这些继电器都具有机械转动部件，统称为机电式继电器。由这些继电器组成的继电保护装置称为机电式保护装置。近 30 年来，机电式继电器所采用的元件、材料、结构形式和制造工艺经历了重大的改进，积累了丰富的运行经验，工作比较可靠，因而目前仍是电力系统中应用很广的保护装置。但这种保护装置体积大，消耗功率大，动作速度慢，机械转动部分和触点容易磨损或粘连，调试维护比较复杂，不能满足超高压、大容量电力系统的要求。

20 世纪 50 年代，随着晶体管的发展，出现了晶体管式保护装置。这种保护装置体积小，功率消耗小，动作速度快，无机械转动部分，称为电子式静态保护装置。晶体管保护装置易受电力系统中或外界电磁干扰的影响而误动或损坏，当时其工作可靠性低于机电式保护装置。但经过 20 余年的研究和实践，抗干扰问题从理论上和实践上都得到了满意的解决，使晶体管继电保护装置的正确动作率达到了和机电式保护装置同样的水平。20 世纪 70 年代是晶体管继电保护装置在我国大量应用的时期，满足了当时电力系统向超高压、大容量方向发展的需要。

20 世纪 80 年代后期，静态继电保护从第一代（晶体管式）向第二代（集成电路式）过渡，20 世纪 90 年代开始向微机保护过渡。目前，微机保护装置已取代集成电路式继电保护装置，成为静态继电保护装置的主要形式。

进入 20 世纪 90 年代以来，由于微机保护具有巨大的计算、分析和逻辑判断能力，有存储记忆功能，因而可用以实现任何性能完善且复杂的保护原理。微机保护可连续不断地对本身的工作情况进行自检，其工作可靠性很高。此外，微机保护可用同一硬件实现不同的保护原理，这使保护装置的制造大为简化，也容易实现保护装置的标准化。微机保护除了保护功能外，还可兼有故障录波、故障测距、事件顺序记录和调度计算机交换信息等辅助功能，这对简化保护的调试、事故分析和事故后的处理等都有重大意义。微机保护装置由于具有巨大优越性和潜力，因而受到运行人员的欢迎，在我国得到大量应用，已成为继电保护装置的主要形式，成为电力系统保护、控制、运行调度及事故处理的计算机系统的组成部分。

计算机网络的发展和在电力系统中的大量应用，给微机保护提供了无可估量的发展空间。微机硬件和软件功能的空前强大、变电站综合自动化和调度自动化的兴起以及电力系统光纤通信网络的逐步形成，使得微机保护不能也不应再是一个个孤立的、任务单一的、“消极待命”的装置，而应是积极参与、共同维护电力系统整体安全稳定运行的计算机自动控制系统的基本组成单元。因而1993年前后出现了测量、保护、控制和数据通信一体化的设想和研究工作。在此设想中，微机保护作为一体化装置，将就近装设在室外变电站被保护设备或元件的附近，直接采集其电流和电压，将其数字化后一方面用于保护功能的运算，另一方面通过计算机网络送到本站主机和系统调度。同时，微机保护不仅能根据故障情况实行被保护设备的切除或自动重合，还作为自动控制系统的终端，具有接受调度命令实行跳、合闸等控制操作，以及故障诊断、稳定预测、安全监视、无功调节、负荷控制等监控功能。

此外，由于计算机网络提供的数据信息共享的优越性，微机保护可以占有全系统的运行数据和信息，应用自适应原理和人工智能方法使保护原理、性能和可靠性得到进一步的发展和提高，使继电保护技术沿着网络化、智能化、自适应和保护、测量、控制、数据通信一体化的方向不断前进。

继电保护是电力学科中最活跃的分支，在20世纪50年代至20世纪90年代的40年时间里走过了机电式、整流式、晶体管式、集成电路式和微机式5个发展阶段。电力系统的快速发展给继电保护技术带来了艰巨的任务，电子技术、计算机技术、通信技术又为继电保护技术的发展不断注入新的活力，因此可以预计，继电保护技术将向着网络化、智能化、自适应和保护、测量、数据通信于一体的方向不断发展。

第二节　三段式电流保护

对于单侧电源网络的相间短路保护主要采用三段式电流保护，即第一段为无时限电流速断保护，第二段为限时电流速断保护，第三段为定时限过电流保护。其中第一段、第二段共同构成线路的主保护，第三段作为后备保护。

一、电流速断保护

在保证选择性和可靠性要求的前提下，根据对继电保护快速性的要求，原则上应装设快速动作的保护装置，使切除故障的时间尽可能短。反应电流增加且不带时限（瞬时）动作的电流保护称为无时限电流速断保护，简称电流速断保护。

（一）工作原理

对于图 3-6 所示的单侧电源辐射形电网，为切除故障线路，需在每条线路的电源侧装设断路器和相应的保护装置，即无时限电流速断保护分别装设在线路 L_1、L_2 的电源侧（也称为线路的首端）。当线路上任一点发生三相短路时，通过被保护元件（即线路）的电流为

$$I_k^{(3)}=\frac{E_S}{Z_S+Z_1L_k} \tag{3-3}$$

式中　E_S——系统等效电源的相电势，也可以是母线上的电压，单位 kV；

Z_S——保护安装处到系统等效电源之间的阻抗，即系统阻抗，单位Ω；

Z_1——线路单位长度的正序阻抗，单位Ω/km；

L_k——短路点至保护安装处之间的距离，单位 km。

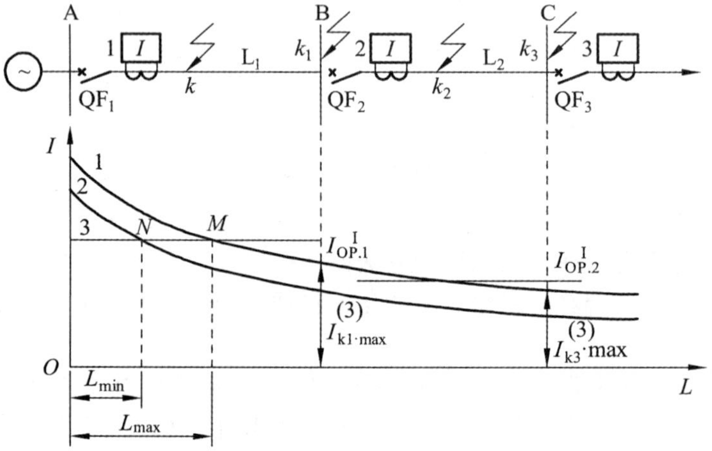

图 3-6　单侧电源辐射形电网电流速断保护工作原理

若 E_S 和 Z_S 为常数，则短路电流将随着 L_k 的减小而增大，经计算后可绘出其变化曲线，如图 3-6 所示。若 Z_S 变化，即当系统运行方式变化时，短路电流都将随着变化。

当系统阻抗最小时，流经被保护元件短路电流最大的运行方式称为最大运行方式。图 3-6 中曲线 1 表示系统在最大运行方式下短路点沿线路移动时三相短路电流的变化曲线。

短路时系统阻抗最大，流经被保护元件短路电流最小的运行方式称为最小运行方式。在最小运行方式下，发生两相短路时通过被保护元件的电流最小，即最小短路电流为

$$I_{k\cdot\min}^{(2)}=\frac{\sqrt{3}}{2}\frac{E_S}{Z_{S\cdot\max}+Z_1L_k} \tag{3-4}$$

式中，$Z_{S\cdot\max}$ 为最小运行方式下的系统阻抗；L_k 为短路点至保护安装处的距离。图 3-6 中曲线 2 表示系统在最小运行方式下短路点沿线路移动时最小短路电流的变化曲线。

对于线路 L_1 的无时限电流速断保护 1，当本线路上任一点 k 发生短路时，保护 1 为瞬动保护。为保证选择性，在下一线路首端 k_2 点短路时，保护 1 不应动作，即保护 1 的电流速断保护的动作电流 $I_{OP\cdot 1}^{I}$ 应该大于最大运行方式下 k_2 点三相短路时流过被保护元件的短路电流 $I_{k2\cdot\max}^{(3)}$，即 $I_{OP\cdot 1}^{I}>I_{k2\cdot\max}^{(3)}$。由于 k_2 点短路时与本线路末端 k_1 点三相短路时流经被保护元件的短路电流相等，因此 $I_{OP\cdot 1}^{I}$ 也可按大于最大运行方式下 k_1 点三相短路时流经被保护元件的短路电流 $I_{k1\cdot\max}^{(3)}$ 来整定，即

$$I_{OP\cdot1}^{\mathrm{I}} = K_{rel}^{\mathrm{I}} \cdot I_{k1\cdot max}^{(3)} \tag{3-5a}$$

式中　K_{rel}^{I}——电流速断保护的可靠系数，一般取 1.2 ~ 1.3。

引入可靠系数的原因是由于理论计算与实际情况之间存在着一定的差别，即必须考虑实际上存在的各种误差影响，如实际的短路电流可能大于计算值；对瞬时动作的保护还应考虑非周期分量使总电流变大的影响；保护装置中电流继电器的实际启动电流可能小于整定值；考虑一定的裕度，从最不利的情况出发，即使同时存在以上几种因素的影响，也可能保证在预定的保护范围以外故障时保护装置不误动，因而必须乘以大于 1 的可靠系数，一般取 1.2 ~ 1.3。

同理，保护 2 电流速断保护的动作电流应为

$$I_{OP\cdot2}^{\mathrm{I}} = K_{rel}^{\mathrm{I}} \cdot I_{k3\cdot max}^{(3)} \tag{3-5b}$$

动作电流整定后是不变的，如图 3-6 中的直线 3，它与曲线 1、2 各有一个交点 M 和 N。在交点以前的线路上发生短路故障时，由于 $I_k > I_{OP\cdot1}^{\mathrm{I}}$，保护 1 的电流速断保护能够动作；在交点以后的线路上短路时，由于 $I_k < I_{OP\cdot1}^{\mathrm{I}}$，保护不能动作。因此电流速断保护不能保护本线路的全长，而且保护的范围随运行方式和故障类型的变化而变化。

（二）保护范围校验

电流速断保护的灵敏系数通常用保护范围来衡量，保护范围越长，表明保护越灵敏。由图 3-6 可见，最大运行方式下三相短路时，保护范围最大为 L_{max}；最小运行方式下两相短路时，保护范围最小为 L_{min}。保护范围通常用线路全长的百分数表示，一般要求最大保护范围≥50%，最小保护范围≥15%。

电流速断保护的保护范围可通过下面的方法求得：在最大运行方式下（$Z_S = Z_{S\cdot min}$），保护范围末端（$L_k = L_{max}$）发生三相短路时，短路电流 $I_{k\cdot max}^{(3)}$ 与动作电流 I_{OP}^{I} 相等，即

$$I_{k\cdot max}^{(3)} = \frac{E_S}{Z_{S\cdot min} + Z_1 L_{max}} = I_{OP}^{\mathrm{I}}$$

解之，得

$$L_{max} = \frac{1}{Z_1}\left(\frac{E_S}{I_{OP}^{\mathrm{I}}} - Z_{S\cdot min}\right) \tag{3-6}$$

在最小运行方式下（$Z_S = Z_{S\cdot max}$），保护范围末端（$L_k = L_{min}$）发生两相短路时，短路电流 $I_{k\cdot min}^{(2)}$ 与动作电流 I_{OP}^{I} 相等，即

$$I_{k\cdot min}^{(2)} = \frac{\sqrt{3}}{2}\frac{E_S}{Z_{S\cdot max} + Z_1 L_{min}} = I_{OP}^{\mathrm{I}}$$

解之，得

$$L_{min} = \frac{1}{Z_1}\left(\frac{\sqrt{3}}{2}\cdot\frac{E_S}{I_{OP}^{\mathrm{I}}} - Z_{S\cdot max}\right) \tag{3-7}$$

（三）电流速断保护的构成

电流速断保护的单相原理接线如图 3-7 所示。电流继电器 KA 接于电流互感器 TA 的二次侧，当流过它的电流大于它的动作电流后，电流继电器 KA 动作，启动中间继电器 KM，KM 触点闭合后，经信号继电器 KS 线圈、断路器辅助触点 QF 接通跳闸线圈 YR，使断路器跳闸。

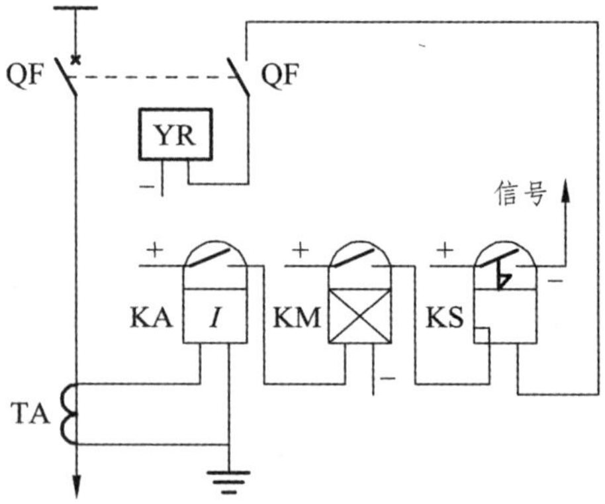

图 3-7　电流速断保护原理接线

接入中间继电器 KM 的作用：

（1）增大触点容量，防止由 KA 触点直接接通跳闸回路时因容量过小而被破坏。

（2）当线路上装有管型避雷器时，利用中间继电器来增大保护装置的固有动作时间，以防止管型避雷器放电时引起电流速断保护误动作。

信号继电器 KS 的作用是，在整套保护装置动作后，指示并记录该保护的动作，供运行人员查找和分析故障。跳闸回路中接入断路器 QF 的辅助触点 QF，在断路器跳闸时，其辅助触点随之打开，切断跳闸回路电流。否则，由中间继电器的触点切断跳闸回路，将会烧坏中间继电器的触点。

电流速断保护的主要优点是动作迅速、简单可靠；缺点是不能保护线路的全长，且保护范围受系统运行方式和线路结构的影响。当系统运行方式变化很大或被保护线路很短时，甚至没有保护范围。

二、限时电流速断保护

由于有选择性的电流速断保护不能保护本线路的全长，为快速切除本线路其余部分的短路，应增设第二套保护。为保证选择性和速动性，该保护应与下一线路的电流速断保护在保护范围和动作时限上相配合，即保护范围不超过下一线路电流速断保护的保护范围，动作时限比下一线路电流速断保护高出一个时限级差 Δt。这种带有一定延时的电流速断保护称为限时电流速断保护。

（一）工作原理与动作电流

现以图 3-8 中的保护 1 为例，来说明限时电流速断保护的整定计算。

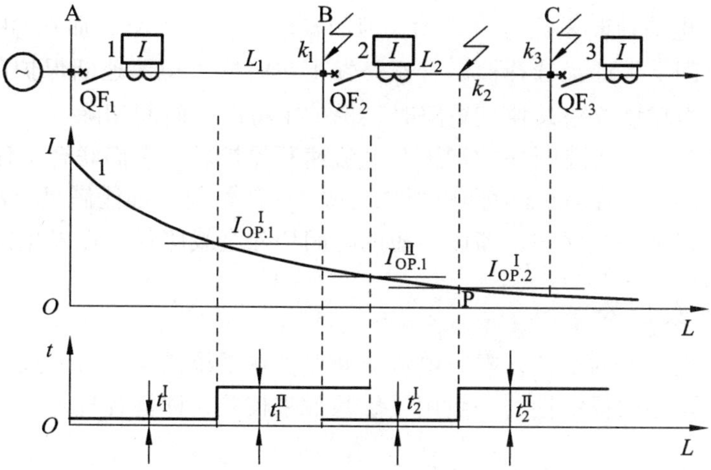

图 3-8　限时电流速断保护工作原理及时限特性

假设保护 2 装有电流速断保护，其动作电流整定为 $I_{\mathrm{OP}\cdot 2}^{\mathrm{I}}=K_{\mathrm{rel}}^{\mathrm{I}}\cdot I_{k3\cdot\max}^{(3)}$，它与最大短路电流变化曲线 1 的交点为 P，这就是它的保护范围。而保护 1 限时电流速断保护的保护范围不能超过保护 2 电流速断保护的保护范围，而 P 点所对应的短路点在 k_2 之前，所以在单侧电源供电的情况下，保护 1 的限时电流速断保护的保护范围应在 k_1 点和 k_2 点之间。为什么？因为：若在 k_1 点之前，则不能保护本线路的全长；若在 k_2 点之后，则失去与保护 2 电流速断保护的选择性配合。所以保护 1 限时电流速断保护的动作电流应整定为 $I_{\mathrm{OP}\cdot 1}^{\mathrm{II}}>I_{\mathrm{OP}\cdot 2}^{\mathrm{I}}$，考虑到各种误差的影响，则有

$$I_{\mathrm{OP}\cdot 1}^{\mathrm{II}}=K_{\mathrm{rel}}^{\mathrm{II}}I_{\mathrm{OP}\cdot 2}^{\mathrm{I}} \tag{3-8}$$

式中　$K_{\mathrm{rel}}^{\mathrm{II}}$——限时电流速断保护的可靠系数，取 1.1 ~ 1.2。

（二）动作时限的整定

由图 3-8 可知，保护 1 限时电流速断保护的保护范围已延伸至下一线路电流速断保护的保护范围，为保证选择性，要求限时电流速断保护的动作时限 t_1^{II} 要高于下一线路电流速断保护的动作时限 t_2^{I} 一个时限级差 Δt，即

$$t_1^{\mathrm{II}}=t_2^{\mathrm{I}}+\Delta t \tag{3-9}$$

对于时限级差 Δt，从尽快切除故障的角度出发，应越小越好，但为了保证两套保护动作的选择性，Δt 又不能选择过小。影响 Δt 的主要因素有：

（1）前一级保护动作的负偏差 Δt_1，即保护可能提前动作。

（2）后一级保护动作的正偏差 Δt_2，即保护可能延后动作。

（3）保护装置的惯性误差 Δt_3，即断路器跳闸时间，是指从接通跳闸回路到触头间电弧熄灭的时间。

（4）为保证有选择性，再加上一个时间裕度 $\Delta t_4=(0.1\sim 0.15)\,\mathrm{s}$，则时限级差为

$$\Delta t=\Delta t_1+\Delta t_2+\Delta t_3+\Delta t_4 \tag{3-10}$$

由此确定的 Δt 一般为 0.35 ~ 0.5 s，实际应用中取 $\Delta t=0.5\,\mathrm{s}$。

保护 1 与保护 2 的配合关系，即保护动作时间与短路点至保护安装处之间距离的关系，用 $t=f(L)$ 来描述，如图 3-8 所示。在保护 2 电流速断保护范围内的短路，将以 t_2^{I} 的时间切除，

此时保护 1 的限时电流速断虽然可以启动，但因 $t_1^{\rm II}$ 较 $t_2^{\rm I}$ 大一个 Δt，而在 QF_2 跳闸后，保护 1 将返回，所以从时间上保证了选择性。若短路发生在保护 1 电流速断保护范围内时，保护 1 将以 $t_1^{\rm I}$ 时间切除，而在该线路其他点短路时，保护 1 将以 $t_1^{\rm II}$ 时间切除。

所以，当线路装设电流速断保护和限时电流速断保护后，它们联合工作就可以保证全线路范围内的短路故障都能在 0.5 s 时间内予以切除，一般情况下都能满足速动性的要求。它们共同作用，构成了线路的主保护，即以最短的时间切除全线路任一点发生的短路。

（三）灵敏系数校验

为了能够保护本线路的全长，限时电流速断保护在系统最小运行方式下线路末端发生两相短路时，应具有足够的灵敏性，一般用灵敏系数来校验，即规程规定

$$K_{\rm sen}^{\rm II}=\frac{I_{k\cdot\min}^{(2)}}{I_{\rm OP}^{\rm II}}\geqslant 1.3\sim 1.5 \tag{3-11}$$

式中　$I_{k\cdot\min}^{(2)}$——最小运行方式下被保护线路末端发生两相金属性短路时，流过本线路保护的电流；

$I_{OP}^{\rm II}$——本线路限时电流速断保护的动作电流。

必须进行灵敏系数校验的原因，主要是考虑下列因素：

（1）故障点存在过渡电阻，使实际短路电流比计算电流小，不利于保护动作。

（2）实际的短路电流由于计算误差或其他原因而小于计算值。

（3）由于电流互感器的负误差，使实际流入保护装置的电流小于计算值。

（4）继电器实际动作电流比整定电流值高，即存在正误差等。

（5）考虑一定的裕度。

当灵敏系数不能满足要求时，在保护范围内发生短路时，在上述不利因素的影响下，将导致保护拒动，达不到保护线路全长的目的。这时可采用降低保护动作值的办法来提高灵敏系数，即使之与下级线路的限时电流速断相配合。如保护 1 的动作电流 $I_{\rm OP\cdot1}^{\rm II}$ 与下一条线路保护 2 的限时电流速断保护的动作电流 $I_{\rm OP\cdot2}^{\rm II}$ 配合，则

$$I_{\rm OP\cdot1}^{\rm II}=K_{\rm rel}^{\rm II}\cdot I_{\rm OP\cdot2}^{\rm II} \tag{3-12}$$

此时

$$t_1^{\rm II}=t_2^{\rm II}+\Delta t=t_2^{\rm I}+2\Delta t \tag{3-13}$$

可见，保护范围的伸长（即灵敏性的提高），必然导致动作时限的升高。

（四）原理接线图

限时电流速断保护的单相原理接线如图 3-9 所示。其动作过程与图 3-7 所示的电流速断保护基本相同，不同的是用时间继电器 KT 代替了中间继电器 KM。

当电流继电器 KA 动作后，需经 KT 建立延时 $t^{\rm II}$ 后才能动作于跳闸。若在 $t^{\rm II}$ 之前故障已被切除，则

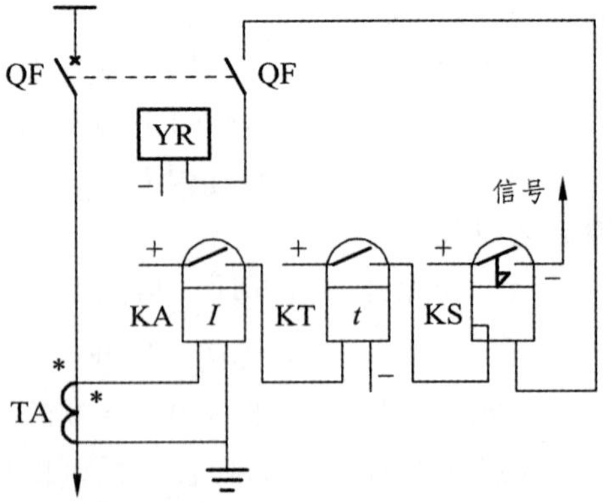

图 3-9　限时电流速断保护的单相原理接线

已经启动的 KA 返回，使 KT 立即返回，整套保护装置不会误动作。

三、定时限过电流保护

过电流保护通常是指其动作电流按躲过最大负荷电流来整定的保护，它分为两种类型：一种是保护启动后出口的动作时间是固定的整定时间，称为定时限过电流保护；另一种是出口动作时间与过电流的倍数有关，电流越大，出口动作越快，称为反时限过电流保护。本节只介绍定时限过电流保护。

定时限过电流保护（也可简称为过电流保护）在正常运行时不会动作，当电网发生短路时，则能反应于电流的增大而动作。由于短路电流一般比最大负荷电流大得多，所以保护的灵敏性较高，不仅能保护本线路的全长，作本线路的近后备保护，而且还能保护相邻线路全长，作相邻线路的远后备保护。

（一）工作原理和动作电流

为保证在正常情况下各条线路上的过电流保护绝对不动作，过电流保护的动作电流应大于该线路上可能出现且通过保护装置的最大负荷电流，即 $I_{OP}^{Ⅲ} > I_{L\cdot max}$；同时还必须考虑在外部故障切除后电压恢复时负荷自启动电流作用下保护装置必须能够可靠返回，即返回电流应大于负荷自启动电流。

如图 3-10 所示，当 k 点短路时，保护 1 和保护 2 的过电流保护将同时启动，但根据选择性要求，应由保护 2 动作切除故障，此时保护 1 由于电流已减小应立即返回。而这时通过保护 1 的可能的最大电流不再是正常运行时的最大负荷电流 $I_{L\cdot max}$ 了，这是因为短路时，变电所 B 母线电压降低，接在该母线上的电动机的转速会降低或停转，在故障切除后电压恢复时，电动机将自启动，而电动机的自启动电流要大于它正常工作时的电流。

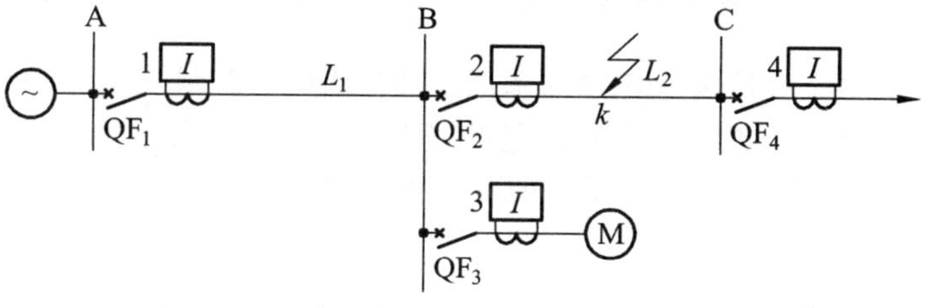

图 3-10　过电流保护动作电流整定说明图

电动机最大自启动电流 $I_{SS\cdot max}$ 与正常运行时最大负荷电流 $I_{L\cdot max}$ 的关系为

$$I_{SS\cdot max} = K_{SS} \cdot I_{L\cdot max} \tag{3-14}$$

式中　K_{SS}——自启动系数，其数值由负载的性质及电网的具体接线决定，一般取 1.5 ~ 3。

为使保护 1 在此电流下能可靠返回，其返回电流应满足关系式 $I_{re} > I_{SS\cdot max}$，引入可靠系数则有

$$I_{re} = K_{rel}^{Ⅲ} \cdot K_{SS} \cdot I_{L\cdot max} \tag{3-15}$$

式中　$K_{rel}^{Ⅲ}$——定时限过电流保护的可靠系数，一般取 1.15 ~ 1.25。

由电流继电器动作电流与返回电流的关系 $I_{OP}=\dfrac{I_{re}}{K_{re}}$，可得过电流保护的动作电流为

$$I_{OP}^{Ⅲ}=\frac{K_{rel}^{Ⅲ}\cdot K_{SS}\cdot I_{L\cdot max}}{K_{re}} \tag{3-16}$$

由式（3-16）可知，返回系数越小，则过电流保护的动作电流越大，保护的灵敏性就越差，所以要求继电器的返回系数应尽可能大。

（二）动作时限的整定

如图 3-11 所示的网络，假设各条线路都装有过电流保护，且均按躲过各自的最大负荷电流来整定动作电流。当 k 点短路时，保护 1 ~ 4 在短路电流的作用下，都可能启动，为满足选择性要求，应该只有保护 4 动作切除故障，而保护 1 ~ 3 在故障切除后应立即返回。如何满足这个要求呢？只能依靠选择不同的动作时限来保证。

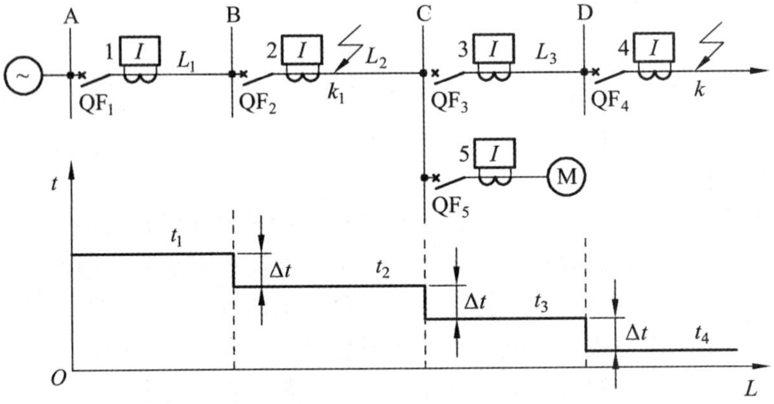

图 3-11 单侧电源辐射形电网过电流保护动作时限选择说明图

过电流保护的动作时限是按阶梯原则来选择的。从离电源最远的保护开始，如图 3-11 中保护 4 处于电网的末端，只要发生故障，它不需要任何选择性方面的配合，可以瞬时动作切除故障，所以 t_4 只是保护装置的固有动作时间，即 $t_4\approx 0$ s。为保证选择性，保护 3 的动作时间 t_3 应比 t_4 高一个时间级差 Δt，即

$$t_3=t_4+\Delta t=0.5\text{ s} \tag{3-17}$$

依此类推，可以得到 t_2、t_1。可以看出，保护的动作时间向电源侧逐级增加至少一个 Δt，只有这样才能充分保证动作的选择性。

但必须注意，过电流保护的动作时限在按上述阶梯原则整定的同时，还需要与各线路末端变电所母线上所有出线保护动作时限最长者配合。如图 3-11 中，若保护 5 的动作时间大于保护 3 的动作时间，则保护 2 的动作时间应按 $t_2=t_5+\Delta t$ 来整定。

（三）灵敏系数校验

过电流保护的灵敏系数校验类似于限时电流速断保护，即

$$K_{\text{sen}}^{\text{Ⅲ}}=\frac{I_{k\cdot\min}^{(2)}}{I_{\text{OP}}^{\text{Ⅲ}}} \tag{3-18}$$

当过电流保护作本线路近后备保护时，$I_{k\cdot\min}^{(2)}$ 取最小运行方式下本线路末端两相金属性短路电流来校验，要求 $K_{\text{sen}}^{\text{Ⅲ}}\geqslant 1.3\sim1.5$；当过电流保护作相邻线路的远后备保护时，$I_{k\cdot\min}^{(2)}$ 应取最小运行方式下相邻线路末端两相金属性短路电流来校验，要求 $K_{\text{sen}}^{\text{Ⅲ}}\geqslant 1.2$。

此外应注意，各过电流保护之间还应在灵敏系数上进行配合，即对同一故障点来说，要求靠故障点越近的保护，灵敏系数应越高，否则将失去选择性。如图 3-11 中的过电流保护 1 和 2，由于通过同一最大负荷电流，所以动作电流相同，假定为 100 A。实际上，若保护 2 的电流继电器动作值有正误差，如 105 A（一次值），而保护 1 刚好有负误差，如 95 A，那么，当 k_1 点短路时流过保护 1、2 的短路电流为 102 A，保护 2 不动作，而保护 1 却要动作，将失去选择性。

当图 3-11 中的 k 点短路时，要求各过电流保护的灵敏系数应满足如下关系，即

$$K_{\text{sen}\cdot4}^{\text{Ⅲ}}>K_{\text{sen}\cdot3}^{\text{Ⅲ}}>K_{\text{sen}\cdot2}^{\text{Ⅲ}}>K_{\text{sen}\cdot1}^{\text{Ⅲ}} \tag{3-19}$$

在单侧电源的网络接线中，由于越靠近电源端时，负荷电流越大，从而保护装置的整定值越大，而发生故障后，各保护装置均流过同一个短路电流，因此上述灵敏系数应相互配合的要求是能够满足的。

所以，对于过电流保护，只有在灵敏系数和动作时限都能相互配合时，才能保证选择性。当过电流保护的灵敏系数不能满足要求时，可采用电压启动的电流保护、负序电流保护或距离保护等。

过电流保护的单相原理接线与图 3-9 相同。

四、电流保护的接线方式

电流保护的接线方式，是指电流保护中电流继电器线圈和电流互感器二次绕组之间的连接方式。前面所讲的电流保护单相原理接线图，实际上不能用来反应各种相间短路故障，而应根据需要采用合适的接线方式。流入电流继电器的电流 I_k 与电流互感器的二次侧流出电流 I_2 的比值称为接线系数 K_c。对于相间短路的电流保护，主要有以下四种方式：三相三继电器接线方式、两相两继电器接线方式、两相三继电器接线方式和两相电流差接线方式。

（一）三相三继电器接线

三相三继电器接线又称完全星形接线，如图 3-12 所示。它是将三个电流互感器与三个电流继电器分别按相连接在一起，互感器和继电器均接成星形。三个继电器的触点并联连接，继电器线圈中的电流就是互感器的二次电流，故其接线系

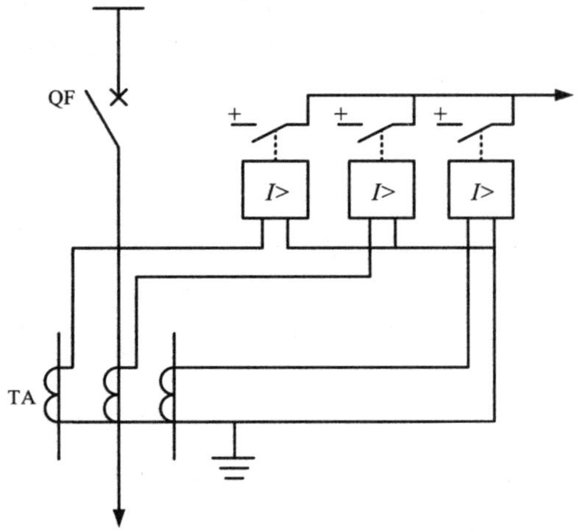

图 3-12　三相三继电器接线方式

数 K_c=1。由于在每相上均装设有电流继电器，因此它可以反应各种相间短路和中性点直接接地系统中的单相接地短路。这种接线方式用的设备较多，投资较大，所以只用在某些重要元件的保护。例如在牵引变压器的保护中，为提高保护动作的灵敏性和可靠性，采用三相完全星形接线方式。

（二）两相两继电器接线和两相三继电器接线

两相两继电器接线和两相三继电器接线又称不完全星形接线，如图 3-13 所示。采用不完全星形接线时，各处保护装置的电流互感器都应装设在同名的两相，一般装设在 A 相和 C 相。两种接线都能反应各种相间短路，但不能反应中性点直接接地系统中无电流互感器的那一相（B 相）的单相接地短路故障。

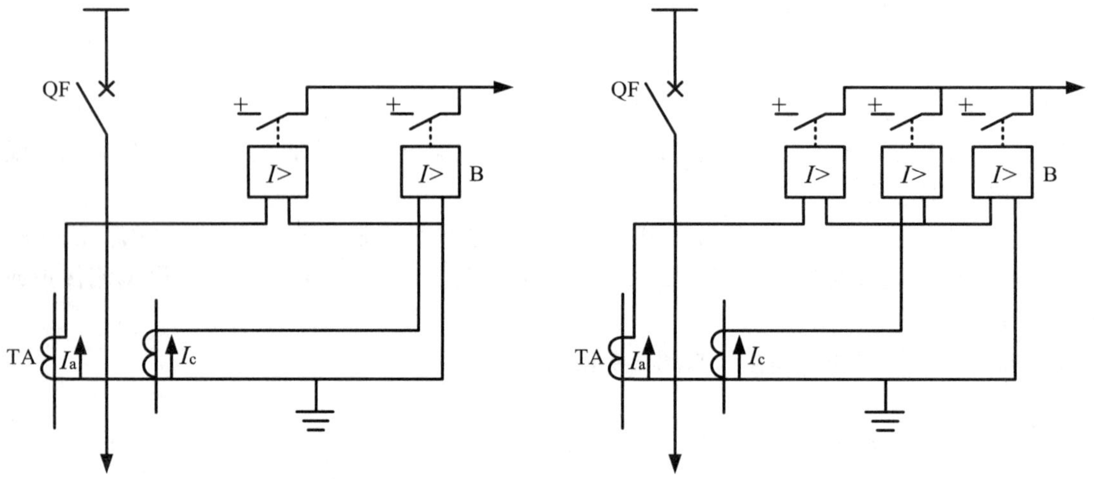

（a）两相两继电器接线　　（b）两相三继电器接线

图 3-13　两相两继电器接线和两相三继电器接线

两相两继电器接线方式能满足相间短路保护的要求，接线简单，在 10 kV 及以下电压等级的电网中应用很广。但在线路上装有 Y/d 或 D/y 接线的变压器时，若采用这种接线方式，当变压器后面发生某两相短路时，灵敏度将会大大降低。下面以在电力系统中应用较多的 Y/d11 接线的降压变压器为例进行分析。

当变压器的三角形侧发生两相短路而其主保护拒动时，应由后备保护即接于变压器星形侧的过电流保护动作切除故障。

如图 3-14 所示，当在变压器三角形侧发生 a、b 两相短路时，短路电流经两条并联支路形成回路。其中第一条回路的阻抗是第二条回路阻抗的 2 倍，因而第二条回路的电流也仅为第一条回路的 $\frac{1}{2}$。反应到原边后，星形侧 A 相和 C 相中的电流只是 B 相电流的 $\frac{1}{2}$。也就是说，Y/d11 接线的变压器后两相发生短路时，和三相完全星形接线相比，两相两继电器不完全星形接线方式流过保护装置的电流要减小一半，因而电流保护的灵敏度也要降低一半。

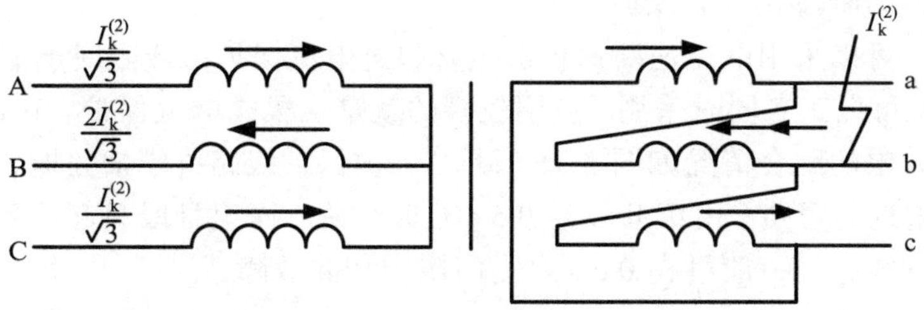

图 3-14　Y/d11 接线的降压变压器后两相短路时的电流分布

因此，在线路上装有 Y/d 或 D/y 接线的变压器，并要求该线路的保护用作变压器的后备保护时，就不能采用两相两继电器不完全星形接线方式，而应采用两相三继电器不完全星形接线方式。即在两相两继电器不完全星形接线的中性线上再接入一个电流继电器，此时所接入的第三个继电器流过的电流是 A、C 两相的和，能够反应最大相电流值，使保护装置的灵敏度提高了一倍，相当于三相完全星形接线。显然，这种接线既经济，又保证了保护的灵敏度。

（三）两相电流差接线

两相电流差接线如图 3-15 所示。此种接线采用两个电流互感器和一个电流继电器，电流互感器也装设在 A 相和 C 相，流过继电器的电流等于 A、C 两相电流差。

此种接线方式虽然简单，但有以下缺点：

（1）灵敏系数低。

（2）在 Y/d 或 D/y 接线的变压器后两相发生短路时，保护可能拒动。

（3）对于不同的故障，K_c 数值不同，三相短路时 $K_c=\sqrt{3}$，AC 两相短路时 $K_c=2$，AB、BC 两相短路时 $K_c=1$。

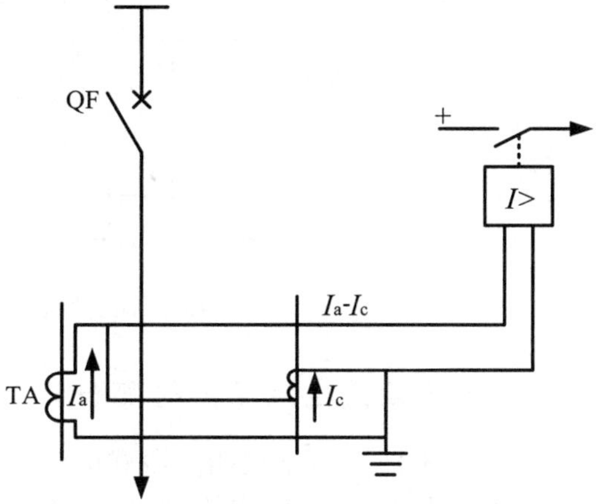

图 3-15　两相电流差接线

两相电流差接线方式主要用于灵敏系数较易满足的低压线路和电动机保护上。

五、阶段式电流保护的应用

（一）阶段式电流保护的构成

无时限电流速断保护、限时电流速断保护和过电流保护都是反应于电流增大而动作的保护，它们之间的区别主要在于按照不同的原则来整定动作电流。电流速断保护是按照躲过本线路末端的最大短路电流来整定，它虽然无延时动作，但却不能保护本线路全长；限时电流速断保护是按照躲开下级线路各相邻元件电流速断保护的最大动作范围来整定，它虽然能保护本线路的全长，却不能作为相邻线路的后备保护；而定时限过电流保护则是按照躲开本线路最大负荷电流来整定，可作为本线路及相邻线路的后备保护，但动作时间较长。

为保证迅速、可靠而有选择性地切除故障，可根据需要将这三种电流保护组合在一起构成一整套保护，称为阶段式电流保护。

具体应用时，可以采用电流速断保护加定时限过电流保护，或限时电流速断保护加定时限过电流保护，也可以三者同时采用。应用较多的就是三段式电流保护，其各段的动作电流、保护范围和动作时限的配合情况如图 3-16 所示。当被保护线路终端短路时，由第Ⅰ段瞬时切除；该线路末端附近的短路，由第Ⅱ段经 0.5 s 延时切除；而第Ⅲ段只起后备作用，所以装有三段式电流保护的线路，一般可在 0.5 s 左右时限内切除故障。

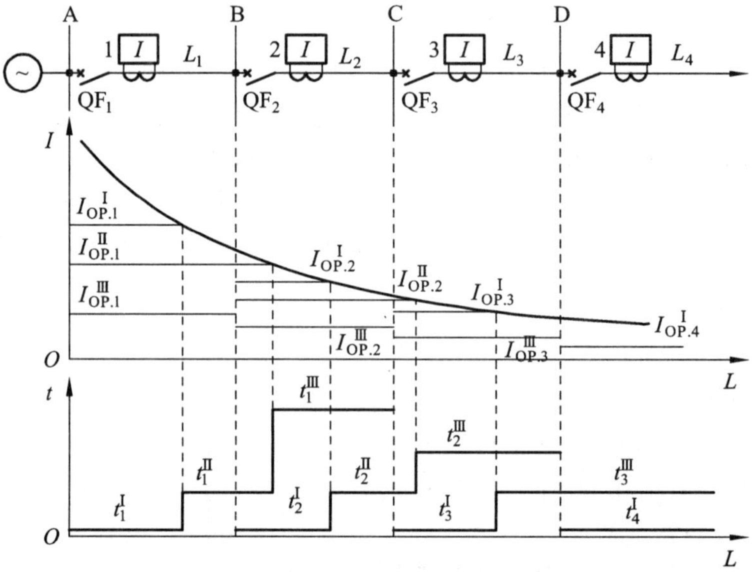

图 3-16　阶段式电流保护的配合说明图

（二）阶段式电流保护的配合

现以图 3-16 为例来说明阶段式电流保护的配合。在电网最末端的线路上，保护 4 采用瞬时动作的过电流保护即可满足要求，其动作电流按躲过本线路最大负荷电流来整定，与电网中其他保护的定值和时限上都没有配合关系。在电网的倒数第二级线路上，保护 3 应首先考虑采用 0.5 s 动作的过电流保护；如果在电网中线路 CD 上的故障没有提出瞬时切除的要求，则保护 3 只装设一个 0.5 s 动作的过电流保护也是完全允许的；但如果要求线路 CD 上的故障必须快速切除，则可增设一个电流速断保护，此时保护 3 就是一个速断保护加过电流保护的两段式保护。而对于保护 2 和 1，都需要装设三段式电流保护，其过电流保护要和下一级线路的保护进行配合，因此动作时限应比下一级线路中动作时限最长的再长一个时限级差，一般要整定为 1 ~ 1.5 s。所以，越靠近电源端，过电流保护的动作时限就越长。因此必须装设三段式电流保护。

（三）三段式电流保护整定计算举例

例 3.1　如图 3-17 所示的网络，试对保护 1 进行三段式电流保护整定计算，并计算继电器的动作电流。已知 $Z_1 = 0.4\,\Omega/\text{km}$，$K_{rel}^{\mathrm{I}} = 1.3$，$K_{rel}^{\mathrm{II}} = 1.1$，$K_{rel}^{\mathrm{III}} = 1.2$，$K_{SS} = 2$，$K_{re} = 0.85$，$K_{TA} = 600/5$。

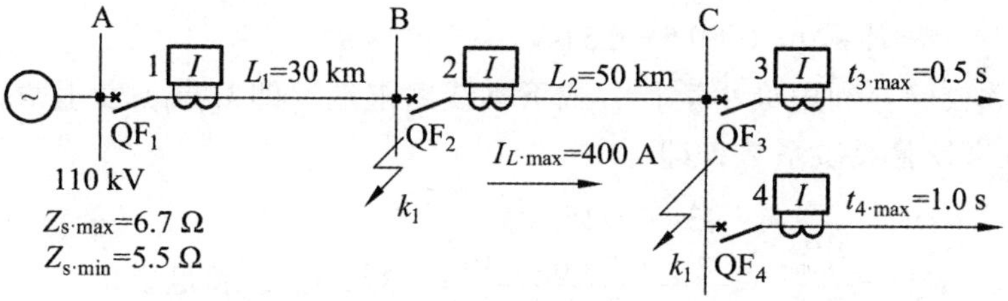

图 3-17　三段式电流保护网络图

解：（1）保护 1 电流 I 段整定计算。

① 求动作电流 $I_{\text{OP}\cdot 1}^{\text{I}}$。按躲过最大运行方式下本线路末端（即 k_1 点）三相短路时流过保护的最大短路电流来整定，即

$$I_{\text{OP}\cdot 1}^{\text{I}}=K_{\text{rel}}^{\text{I}}\cdot I_{k1\cdot\max}^{(3)}=K_{\text{rel}}^{\text{I}}\cdot\frac{E_{\text{S}}}{Z_{\text{S}\cdot\min}+Z_1L_1}=1.3\times\frac{115/\sqrt{3}}{5.5+0.4\times 30}=4.93\ \text{(kA)}$$

注意：计算时，母线电压应考虑 5%的裕量。

采用两相不完全星形接线方式时，流过继电器的动作电流为

$$I_{\text{OP}\cdot\text{J}}^{\text{I}}=\frac{I_{\text{OP}\cdot 1}^{\text{I}}}{K_{\text{TA}}}=\frac{4.93}{120}=41.08\ \text{(A)}$$

② 动作时限。第 I 段为电流速断，动作时间为保护装置的固有动作时间，即 $t_1^{\text{I}}=0\ \text{(s)}$。

③ 灵敏系数校验，即求保护范围。

在最大运行方式下发生三相短路时的保护范围为

$$L_{\max}=\frac{1}{Z_1}\left(\frac{E_{\text{S}}}{I_{\text{OP}\cdot 1}^{\text{I}}}-Z_{\text{S}\cdot\min}\right)=\frac{1}{0.4}\times\left(\frac{115/\sqrt{3}}{4.93}-5.5\right)=20.0\ \text{(km)}$$

则
$$L_{\max}\%=\frac{L_{\max}}{L_1}\times 100\%=\frac{20.0}{30}\times 100\%=66.67\%>50\%\text{，满足要求。}$$

在最小运行方式下的保护范围为

$$L_{\min}=\frac{1}{Z_1}\left(\frac{\sqrt{3}}{2}\cdot\frac{E_{\text{S}}}{I_{\text{OP}\cdot 1}^{\text{I}}}-Z_{\text{S}\cdot\max}\right)=\frac{1}{0.4}\times\left(\frac{\sqrt{3}}{2}\times\frac{115/\sqrt{3}}{4.93}-6.7\right)=12.41\ \text{(km)}$$

则
$$L_{\min}\%=\frac{L_{\min}}{L_1}\times 100\%=\frac{12.41}{30}\times 100\%=41.37\%>15\%\text{，满足要求。}$$

（2）保护 1 电流Ⅱ段整定计算。

①求动作电流 $I_{\text{OP}\cdot 1}^{\text{II}}$。按与相邻线路保护 I 段动作电流相配合的原则来整定，即

$$I_{\text{OP}\cdot 1}^{\text{II}}=K_{\text{rel}}^{\text{II}}\cdot I_{\text{OP}\cdot 2}^{\text{I}}=1.1\times 1.3\times\frac{115/\sqrt{3}}{5.5+0.4\times(30+50)}=2.53\ \text{(kA)}$$

采用两相不完全星形接线方式时流过继电器的动作电流为

$$I_{\text{OP}\cdot\text{J}}^{\text{II}}=\frac{I_{\text{OP}\cdot 1}^{\text{II}}}{K_{\text{TA}}}=\frac{2.53}{120}=21.08\ \text{(A)}$$

② 动作时限。应比相邻线路保护 I 段动作时限高一个时限级差 Δt，即

$$t_1^{\mathrm{II}} = t_2^{\mathrm{I}} + \Delta t = 0 + 0.5 = 0.5\ (\mathrm{s})$$

③ 灵敏系数校验。利用最小运行方式下本线路末端（即 k_1 点）发生两相金属性短路时流过保护的电流来校验灵敏系数，即

$$K_{\mathrm{sen}}^{\mathrm{II}} = \frac{I_{k_1\cdot\min}^{(2)}}{I_{\mathrm{OP}\cdot 1}^{\mathrm{II}}} = \frac{\dfrac{\sqrt{3}}{2} \times \dfrac{115/\sqrt{3}}{6.7 + 0.4 \times 30}}{2.53} = 1.32 > 1.3\text{，满足要求。}$$

（3）保护 1 电流Ⅲ段整定计算。

① 求动作电流 $I_{\mathrm{OP}\cdot 1}^{\mathrm{III}}$。按躲过本线路可能流过的最大负荷电流来整定，即

$$I_{\mathrm{OP}\cdot 1}^{\mathrm{III}} = \frac{K_{\mathrm{rel}}^{\mathrm{III}} \cdot K_{\mathrm{SS}}}{K_{\mathrm{re}}} \cdot I_{L\cdot\max} = \frac{1.2 \times 2}{0.85} \times 400 = 1129.42\ (\mathrm{A})$$

采用两相不完全星形接线方式时流过继电器的动作电流为

$$I_{\mathrm{OP}\cdot \mathrm{J}}^{\mathrm{III}} = \frac{I_{\mathrm{OP}\cdot 1}^{\mathrm{III}}}{K_{\mathrm{TA}}} = \frac{1129.4}{120} = 9.41\ (\mathrm{A})$$

② 动作时限。应比相邻线路保护的最大动作时限高一个时限级差 Δt，即

$$t_1^{\mathrm{III}} = t_{2\cdot\max} + \Delta t = (t_{4\cdot\max} + \Delta t) + \Delta t = (1.0 + 0.5) + 0.5 = 2.0\ (\mathrm{s})$$

③ 灵敏系数校验。

作近后备保护时，利用最小运行方式下本线路末端（即 k_1 点）发生两相金属性短路时流过保护装置的电流来校验灵敏系数，即

$$K_{\mathrm{sen}}^{\mathrm{III}} = \frac{I_{k_1\cdot\min}^{(2)}}{I_{\mathrm{OP}\cdot 1}^{\mathrm{III}}} = \frac{\dfrac{\sqrt{3}}{2} \times \dfrac{115/\sqrt{3}}{6.7 + 0.4 \times 30}}{1129.4/1\,000} = 2.72 > 1.5\text{，满足要求。}$$

作远后备保护时，利用最小运行方式下相邻线路末端（即 k_2 点）发生两相金属性短路时流过保护装置的电流来校验灵敏系数，即

$$K_{\mathrm{sen}}^{\mathrm{III}} = \frac{I_{k_2\cdot\min}^{(2)}}{I_{\mathrm{OP}\cdot 1}^{\mathrm{III}}} = \frac{\dfrac{\sqrt{3}}{2} \times \dfrac{115/\sqrt{3}}{6.7 + 0.4 \times (30 + 50)}}{1129.4/1\,000} = 1.32 > 1.2\text{，满足要求。}$$

第三节　电压速断及低电压启动过电流保护

三段式电流保护虽然具有选择性好、动作速度快及后备作用好等优点，但当系统运行方式变化较大时，瞬时电流速断保护的保护范围，有可能小于被保护线路全长的 15%，尤其对于短路电流曲线变化平坦或距离较短的线路，甚至没有保护范围。同时，对于重负荷且距离又较长的线路，过电流保护的灵敏度也难以满足要求。为此，通常还采用电压速断和低电压启动过电流保护（又称低电压闭锁过电流保护）。

由短路计算得知，当线路发生短路故障时，母线电压下降的幅度往往较短路电流增大的幅度还要大，因此，采用反应电压降低的电压保护，可以大大提高保护的灵敏度。

电压速断保护和低电压启动过电流保护还广泛应用于变电所的变压器、补偿电容等的保护中。

一、电压速断保护

反应电压下降而瞬时动作的保护称为电压速断保护。电压速断保护的原理接线如图 3-18 所示。当线路发生短路故障时，保护装置安装处母线电压下降，电压互感器 TV 二次侧的电压下降，因而低电压继电器 KV 动作，其常闭接点闭合，并通过中间继电器 KM 的常开接点瞬时跳开断路器 QF。

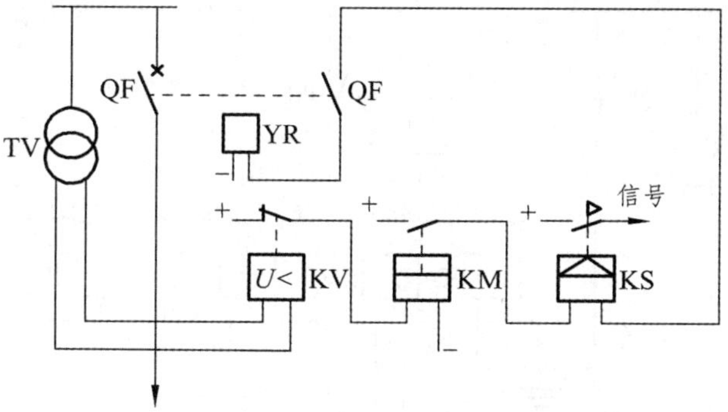

图 3-18 电压速断保护原理接线图

为了进行电压速断保护装置的整定计算，需要作出沿线路各点短路时的母线残压曲线，如图 3-19 所示。图中注有字母“U”的方框，代表电压速断保护装置，曲线 1 和曲线 2 分别为最大运行方式和最小运行方式下母线残压曲线。按照选择性要求，电压速断保护应按最小运行方式下，躲过被保护线路末端两相短路时保护装置安装处母线最小残压 $U_{k\cdot min}$ 来整定，即动作电压为

$$U_{op}=\frac{U_{k\cdot min}}{K_{rel}} \tag{3-20}$$

式中，K_{rel} 为可靠系数，取 1.1 ~ 1.2。

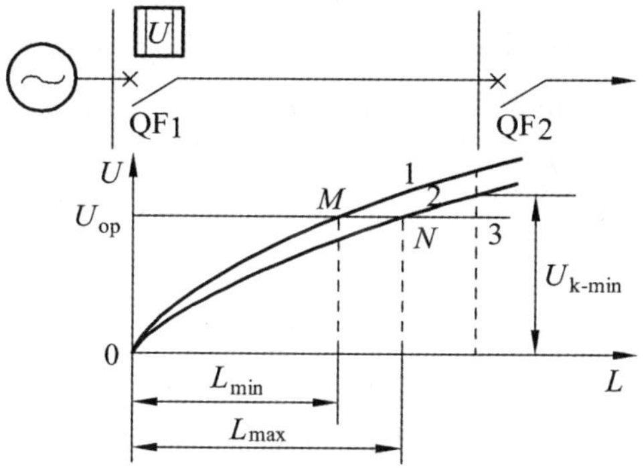

图 3-19 电压速断保护整定原理说明图

图 3-19 中的直线 3 为动作电压 U_{op}，且分别交曲线 1 和曲线 2 于 M、N 两点，所对应的距离 L_{min}、L_{max} 分别为最大和最小运行方式下的保护距离。可以看出，电压速断保护也不能保护线路全长，且在最大运行方式下保护范围最小。

当同一母线上接有两回以上线路时，其中任一回线路发生故障，母线电压都要下降，接于该母线上的所有电压速断保护装置都将失去选择性而同时动作。同时，电压互感器二次回路断线时，电压速断保护装置也会误动作。为了保证保护装置的选择性，并防止电压互感器

二次回路断线时保护装置误动作，常利用电流继电器实行闭锁，如图 3-20 所示。当其他线路故障或电压互感器二次回路断线时，低电压继电器失电，其常闭接点虽然闭合，但电流继电器不会动作，其常开接点处于断开位置，故保护装置不会误动作。只有当本线路发生故障时，电压继电器和电流继电器都动作，保护装置才会动作。这种保护装置称为电流闭锁的电压速断保护装置。该保护装置中电流继电器的动作电流，按躲过线路的最大负荷电流整定。电压继电器的动作电压仍按式（3-20）整定。

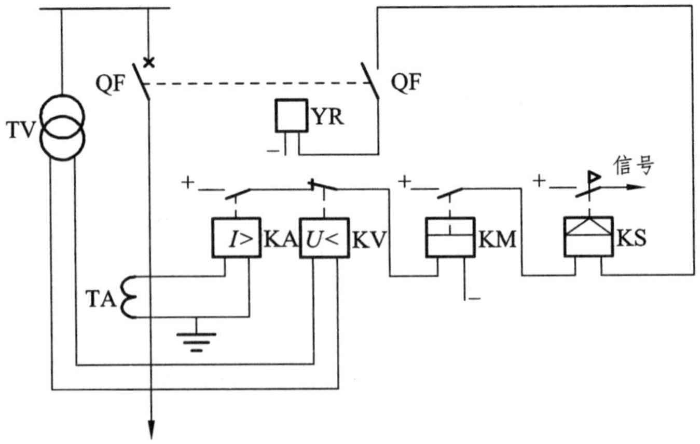

图 3-20　电流闭锁的电压速断保护单相原理示意图

二、低电压启动过电流保护

因为过电流保护装置的动作电流是根据线路的最大负荷电流整定的，因而动作电流的数值较大，灵敏度较低。为此，可以采用适当降低电流继电器动作电流的方法来提高过电流保护装置的灵敏度，而采用低电压继电器进行闭锁，以防止负荷电流较大时保护装置误动作，这样构成的保护装置称为低电压闭锁的过电流保护。图 3-21 所示为低电压闭锁的过电流保护单相原理示意图。图中电流继电器 KA 的动作电流，按被保护线路的额定电流 I_N 进行整定，即

$$I_{op\cdot k}=\frac{K_{rel}K_{ss}K_{\omega}}{K_{re}}I_N \tag{3-21}$$

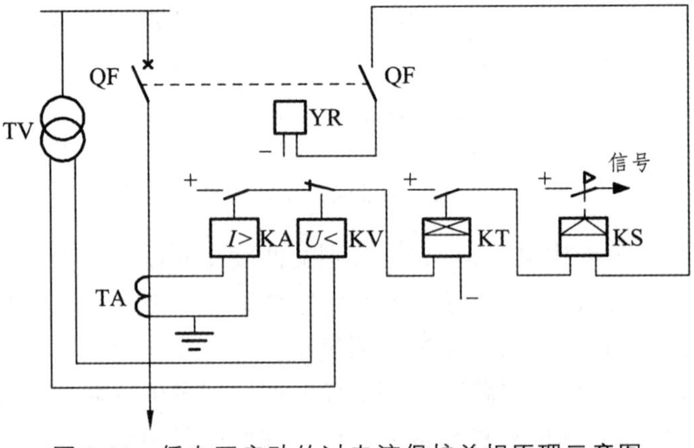

图 3-21　低电压启动的过电流保护单相原理示意图

低电压继电器的整定原则是：保证在正常工作条件下的母线最低电压$U_{\omega\cdot\min}$时，保护装置能够可靠返回，即返回电压的一次值$U_{re}<U_{\omega\cdot\min}$，引入大于 1 的可靠系数$K_{rel}$后，得继电器的动作电压为

$$U_{op\cdot k}=\frac{U_{re}}{K_{re}}=\frac{U_{\omega\cdot\min}}{K_{rel}K_{re}} \tag{3-22}$$

式中　K_{rel}——可靠系数，取 1.1 ~ 1.2；

K_{re}——返回系数，取 1.15 ~ 1.25；

$U_{\omega\cdot\min}$——母线最小工作电压，一般取 0.9U_N。

其中，在负荷电流较大的情况下，保护装置中的电流继电器可能动作，但因为未发生故障，母线电压仍较高，故电压继电器不会动作，因此保护装置不会误动作。只有当线路发生短路故障时，电流继电器和电压继电器都动作，保护装置才会动作。

第四节　牵引网保护

一、概　述

牵引网保护是指当牵引网发生短路故障后，保护装置能够自动发出跳闸命令，将与短路点有关的断路器跳闸的过程。

牵引网采用的主要保护原理有距离保护、电流速断保护、低电压启动过电流保护、电流增量保护等。

牵引网的继电保护配置及整定计算应满足可靠性、选择性、灵敏性和速动性等要求。当灵敏性与选择性难以兼顾时，应首先考虑以保证灵敏度为主，防止保护拒动。牵引网上下级保护配合的时限级差Δt宜取 0.2 s。

牵引网保护宜根据运行方式配置多组整定值，并进行分区，且具备远方或就地切换定值区的条件。

二、牵引网保护的配置

采用不同供电方式和不同运行方式的牵引网，其保护配置不同。典型的牵引网保护配置表见表 3-3 ~ 表 3-5。表 3-3 列出了直接供电时不同运行方式下的保护配置，表 3-4 列出了 AT 供电时不同运行方式下的保护配置，表 3-5 列出了典型开闭所的保护配置。

表 3-3　直接供电牵引网保护配置

供电方式	供电设施	运行方式	
		正常供电（定值 0 区）	越区供电（定值 1 区）
直供单线	牵引变电所	距离Ⅰ段、电流速断、低电压启动过电流、电流增量、重合闸	距离Ⅰ段、电流速断、低电压启动过电流、电流增量、重合闸

续表

供电方式	供电设施	运行方式	
		正常供电（定值 0 区）	越区供电（定值 1 区）
直供复线	牵引变电所	距离Ⅰ段、距离Ⅱ段、电流速断、低电压启动过电流、电流增量、重合闸	距离Ⅰ段、距离Ⅱ段、电流速断、低电压启动过电流、电流增量、重合闸
	分区所	正反向距离Ⅰ段、过电流、电流增量、检双侧有压重合闸	正反向距离Ⅰ段、过电流、电流增量、检双侧有压重合闸

表 3-4　AT 供电牵引网保护配置

供电设施		运行方式			
		正常供电（定值 0 区）	越区供电（定值 1 区）		断路器 1 带 2 运行（定值 2 区）
			Ⅰ型分区所（四边形接线，采用户外断路器）	Ⅱ型分区所（母线式接线，采用户内 GIS 柜）	
变电所		距离Ⅰ段、电流速断、低电压启动过电流、电流增量、重合闸	距离Ⅰ段、电流速断、低电压启动过电流、电流增量、重合闸	距离Ⅰ段、距离Ⅱ段、电流速断、低电压启动过电流、电流增量、重合闸	距离Ⅰ段、电流速断、低电压启动过电流、电流增量、重合闸
AT 所		失压保护、检有压重合闸	失压保护、检有压重合闸	失压保护、检有压重合闸	失压保护、检有压重合闸
分区所	供电侧	失压保护、检有压重合闸	失压保护、检有压重合闸	失压保护、检有压重合闸	失压保护、检有压重合闸
	越区侧	—	失压保护、检有压重合闸	距离Ⅰ段、低电压启动过电流、电流增量、重合闸	—

表 3-5　典型开闭所保护配置

位置			运行方式
			正常供电（定值 0 区）
变电所馈线			距离Ⅰ段、距离Ⅱ段、电流速断、低电压启动过电流、电流增量、重合闸
开闭所	馈线		距离Ⅰ段、低电压启动过电流、电流增量、重合闸
	进线	单进线运行	失压自投
		双进线并联	距离Ⅰ段、检有压重合闸

三、牵引网保护的原理

（一）距离保护

1. 距离保护的概念

1）距离保护的定义

距离保护是通过测量被保护线路始端电压和线路电流的比值而动作的一种保护。距离保护示意图如图 3-22 所示，它反应短路点到保护安装点之间阻抗的大小，阻抗值与短路点到保护安装点的距离成正比，所以称为距离保护，也称为阻抗保护。

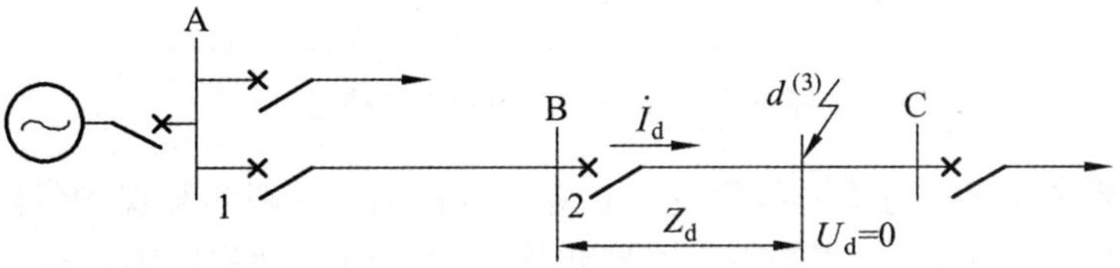

图 3-22　距离保护示意图

2）距离保护的基本原理

距离保护有一个保护范围，短路发生在这一范围内，保护动作，否则不动作，这个保护范围通常只用给定阻抗 Z_{set} 的大小来实现。

正常运行时保护安装处测量到的线路阻抗为负荷阻抗 Z_{fh}，即

$$Z_d = \frac{\dot{U}_d}{\dot{I}_d} = Z_{fh} \qquad (3\text{-}23)$$

在被保护线路任一点发生故障时，测量阻抗为保护安装地点到短路点的短路阻抗 Z_d，即

$$Z_d = \frac{\dot{U}_d}{\dot{I}_d} = \frac{\dot{U}_{残}}{\dot{I}_d} \qquad (3\text{-}24)$$

距离保护的实质是用整定阻抗 Z_{set} 与被保护线路的测量阻抗 Z_d 比较，当短路点在保护范围以外，即 $|Z_d| > |Z_{set}|$ 时保护不动；当短路点在保护范围内，即 $|Z_d| < |Z_{set}|$ 时保护动作。

根据距离保护的工作原理可知，它不仅反应短路时电流的增大，而且还反应电压的降低，因而灵敏度比反应单一物理量的电流、电压保护高，一般用作牵引网的主保护。

2. 距离保护的动作时限特性

距离保护的动作时间 t 与保护安装处到故障点之间的距离 l 的关系，称为距离保护的时限特性。当短路点距保护安装处近时，其测量阻抗小，动作时间短；当短路点距保护安装处远时，其测量阻抗增大，动作时间增长。目前获得广泛应用的是阶梯型时限特性，如图 3-23 所示。这种时限特性与三段式电流保护的时限特性相同，一般也做成三阶梯式，即有与三个动作范围相应的三个动作时限：t'、t''、t'''。

距离 I 段的保护范围为被保护线路全长的 80%～85%。动作时限 t' 为保护装置的固有动作时间。

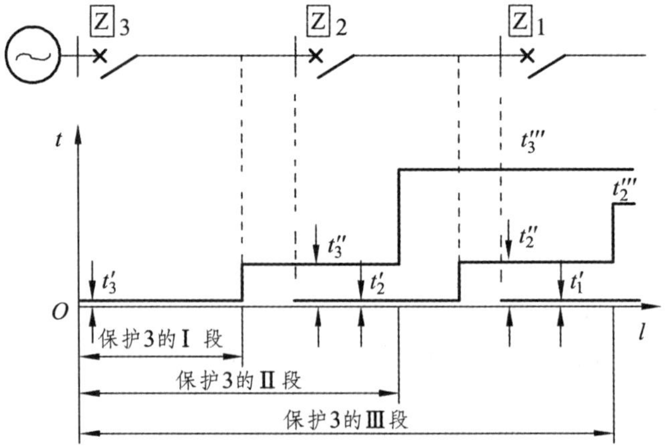

图 3-23　距离保护的时限特性

距离Ⅱ段的保护范围需与下一线路的保护定值相配合，一般为被保护线路全长及下一线路全长的 30%～40%。动作时间 t'' 要与下一线路距离保护Ⅰ段的动作时限相配合，一般约为 0.5 s。

距离Ⅲ段为后备保护，保护范围较长，包括本线路和下一线路的全长乃至更远。动作时限 t''' 按梯阶原则整定。

3. 阻抗继电器动作特性

1）阻抗继电器动作区域的概念

阻抗继电器是距离保护装置的核心元件，其主要作用是测量短路点到保护安装地点之间的阻抗，并与整定阻抗值进行比较，以确定保护是否应该动作。测量阻抗，可用公式（3-25）表示

$$Z_m=\frac{\dot{U}_m}{\dot{I}_m} \tag{3-25}$$

式中，Z_m 为测量阻抗，$\dot{U}_m$ 为保护安装处测得的电压相量，$\dot{I}_m$ 为保护安装处测得的电流相量。Z_m 可以写成如公式（3-26）的复数形式。

$$Z_m=R_m+jX_m \tag{3-26}$$

式中，R_m 为测量电阻，X_m 为测量电抗，在阻抗复平面上，Z_m 在动作区域内，称为区内故障；Z_m 在动作区域外，称为区外故障。Z_m 在区域边界，为临界动作。

动作区域的形状，称为动作特性。动作区域为圆形，称为圆特性；动作区域为四边形，称为四边形特性。动作特性用复数的数学方程描述，称为动作方程。

2）阻抗继电器方向圆动作特性

阻抗继电器方向圆动作特性如图 3-24 所示。

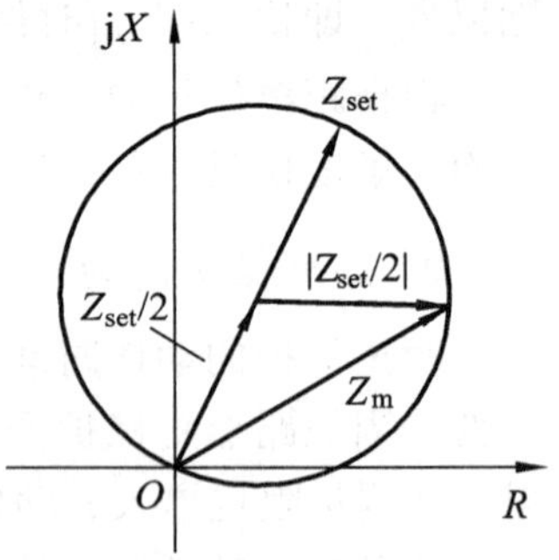

图 3-24　方向圆特性

图中，Z_{set} 为阻抗继电器的整定值，其动作方程为

$$\left|Z_m-\frac{1}{2}Z_{set}\right|\leqslant\left|\frac{1}{2}Z_{set}\right|,\quad -90°\leqslant\arg\frac{Z_{set}-Z_m}{Z_m}\leqslant 90° \tag{3-27}$$

3）阻抗继电器方向性四边形动作特性

阻抗继电器的方向性四边形动作特性如图 3-25 所示，四边形以内为继电器的动作区，四边形以外为不动作区。在双端电源线路上，考虑经过渡电阻短路时，始端故障时的附加测量阻抗比末端故障时小，所以 α 小于线路阻抗角，如取 60° ~ 65°；为保证正向出口经过渡电阻短路时的可靠动作，β 应有一定大小，一般取 20° ~ 30°；为保证被保护线路发生金属性短路故障时可靠动作，γ 可取 105° ~ 120°；为防止保护区末端经过渡电阻短路时可能出现超范围动作，δ 可取 7° ~ 10°。由图 3-25 可以看出，要确定四边形，还需要确定直线 AB 与 X 轴的交点 X_{set} 和直线 BC 与 R 轴的交点 R_{set}。其中，X_{set} 为继电器整定阻抗中的电抗部分。R_{set} 的整定原则是躲过系统的负荷阻抗，考虑 0.7 倍的可靠系数，其计算公式为：

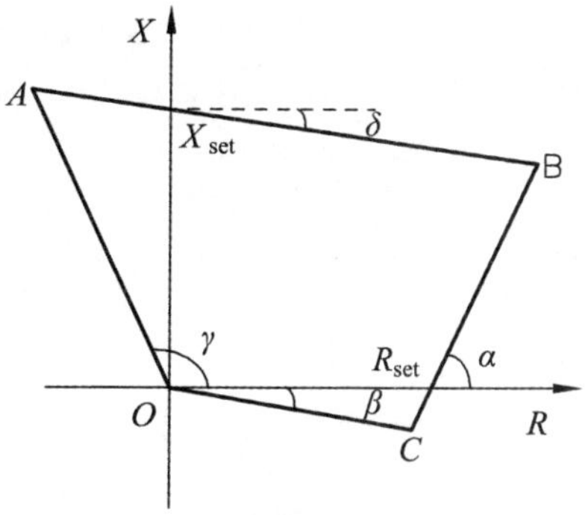

图 3-25　阻抗继电器方向性四边形动作边界图

$$R_{set} = 0.35\frac{U^2}{P} \tag{3-28}$$

式中　U——系统电压；

P——系统有功功率。

当阶段式距离保护采用四边形特性时，AO、OC、BC 段是各段共用的，仅 AB 段不同，它由各段的整定阻抗中的电抗确定。

四边形阻抗特性的继电器可以实现距离测量、方向判别、躲负荷三种功能。在图 3-25 中，直线 AB 可以由电抗元件（X 元件）来实现，它实现了四边形继电器的测距功能；直线 BC 可由电阻元件（R 元件）来实现，它实现了四边形继电器的躲负荷功能；折线 AOC 可由动作范围小于 180°的方向元件（D 元件）来实现，它实现了四边形继电器的方向判别的功能。

三种元件的动作判据如下：

X 元件的动作条件为：

$$-90° \leqslant \arg\tan\frac{\dot{I}\cdot X_{set}\cos\delta - \dot{U}}{\dot{I}X_{set}\cos\delta} \leqslant 90° \tag{3-29}$$

R 元件的动作条件为：

$$-90° \leqslant \arg\tan\frac{\dot{I}\cdot R_{set}\cos\alpha - \dot{U}}{\dot{I}R_{set}\cos\alpha} \leqslant 90° \tag{3-30}$$

D 元件动作条件为：

$$-90° + \theta \leqslant \arg\tan\frac{\dot{U}}{\dot{I}} \leqslant 90° + \theta \tag{3-31}$$

对于直线 AO 而言，式（3-31）中的 θ 取 $\gamma - 90°$；对于直线 OC 而言，式（3-31）中的 θ 取 $90° - \beta$；两条动作特性直线相与即为折线 AOC 的动作特性。

4）阻抗继电器的多边形动作特性

牵引网距离保护多采用图 3-26 所示的多边形特性。

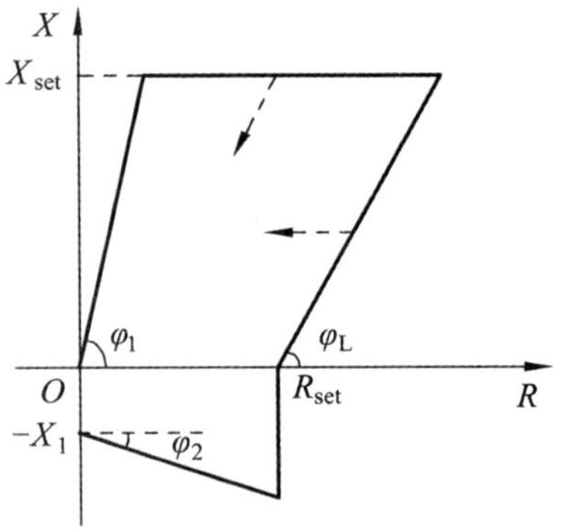

图 3-26 多边形动作特性

X_{set}为电抗边整定值，R_{set}为电阻边整定值，φ_1为躲涌流偏移角整定值，取 85°，φ_L为线路阻抗角整定值，X_1为电抗偏移量整定值，φ_2为固定角度，取值为 15°。

在计算测量阻抗时，电压取母线电压U；对于 AT 供电方式，电流取保护电流$\dot{I}$与 F 线保护电流$\dot{I}_F$的相量差，即$\dot{I}-\dot{I}_F$；对于非 AT 供电方式，电流取保护电流$\dot{I}$。测量阻抗按照公式（3-32）计算。

$$R=\frac{U_S I_S+U_C I_C}{I_S^2+I_C^2},\quad X=\frac{U_C I_S-U_S I_C}{I_S^2+I_C^2} \tag{3-32}$$

式中 U_S、U_C——基波电压正弦分量、余弦分量；

I_S、I_C——基波电流正弦分量、余弦分量；

R、X——测量电阻和电抗。

根据图 3-26 所示的动作特性，可以得出其动作方程如下：

$$\begin{cases}[-R\tan\varphi_2-X_1\leqslant X\leqslant 0 \quad \text{and} \quad 0\leqslant R\leqslant R_{set}]\\ or[0\leqslant X\leqslant X_{set} \quad \text{and} \quad X\cot\varphi_1\leqslant R\leqslant X\cot\varphi_L+R_{set}]\end{cases} \tag{3-33}$$

4. 影响距离保护动作的因素

（1）电压回路断线。

当电压互感器（TV）回路断线时，二次回路的相电压和线电压降低，距离保护的测量阻抗减小，会引起距离保护装置误动作。可以采用断线闭锁，当电压互感器回路断线时，闭锁距离保护，防止距离保护误动作。

（2）振荡闭锁。

当电力系统失去同步而发生振荡时，电流、电压将在很大范围内作周期性变化，阻抗继电器的测量阻抗也将随之变化。当电流增大、电压降低时，测量阻抗减小，可能引起保护装置误动作。运行经验表明，当系统中发电机失去同步时，往往经过一定时间后能够通过自动装置的调节，自行恢复同步运行。如果不允许长期异步运行，可有控制地将系统解列运行。就是说，当系统振荡时，不允许保护装置动作。可以采用振荡闭锁装置，当电力系统发生振荡时，闭锁距离保护。

（3）过渡电阻的影响。

在短路点一般都有过渡电阻，接地短路时，过渡电阻主要由金属杆塔或高压电器设备外壳的接地电阻构成。它的存在使短路电流减小，阻抗增大，阻抗角变小，对于阻抗继电器有时会影响到保护的正确动作。

5. 自适应保护原理

1）TV 断线闭锁

电压互感器断线（TV 断线）时，二次回路的相电压和线电压降低，距离保护的测量阻抗减小，会引起距离保护装置误动作。可以采用断线闭锁，当电压互感器回路断线时，闭锁距离保护，防止距离保护误动作。

判定 TV 断线需要同时满足电压电流两个条件：$U<U_{set}$ 且 $0.1I_n<I<I_{set}$，U_{set} 为电压整定值，I_n 为额定电流值，I_{set} 为电流整定值。

TV 断线电压定值按躲过最低运行电压整定，如式（3-34）所示。

$$U_{set}=\frac{U_{min}}{K_k K_{lm} n_{TV}} \tag{3-34}$$

式中　U_{min}——保护安装处最低运行电压，单位为伏特（V）；

K_k——可靠系数，取 1.2；K_{lm} 为灵敏系数，取 1.5；

n_{TV}——电压互感器变比。

电压定值一般整定为 30 ~ 50 V。

TV 断线电流定值按躲过最大负荷电流并保证末端故障有足够灵敏度整定，如式（3-35）所示。

$$I_{set}=\min\left(K_k I_{fh.max},\ \frac{1}{K_{lm}}I_{d.min}\right)\frac{1}{n_{TA}} \tag{3-35}$$

式中　K_k——可靠系数，取 1.2；

K_{lm}——灵敏系数，取 1.2；

$I_{fh.max}$——最大负荷电流，单位为安培（A）；

$I_{d.min}$——末端最小短路电流，单位为安培（A）；

n_{TA}——电流互感器变比。

（1）AT 供电方式下的 TV 断线。

AT 供电方式下，当检测到 T 线和 F 线任一侧发生 TV 断线时，发告警信号。只有两侧都发生 TV 断线时闭锁距离保护，如图 3-27 所示。

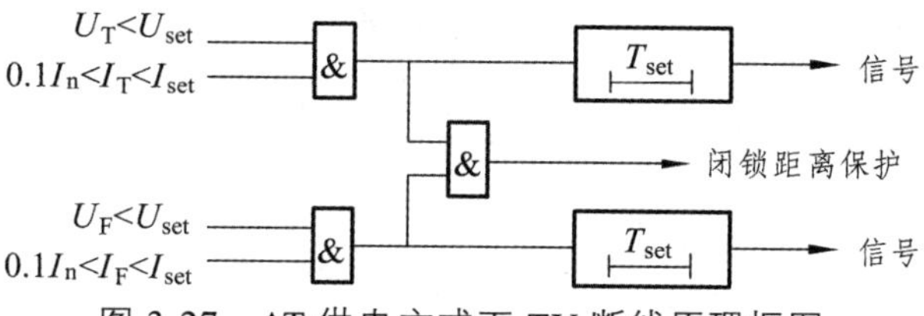

图 3-27　AT 供电方式下 TV 断线原理框图

图中，U_T、I_T、U_F、I_F 分别为 T 线电压、T 线保护电流、F 线电压、F 线保护电流；I_n 为额定电流；U_{set}、I_{set} 为 TV 断线电压、电流整定值。

（2）非 AT 供电方式下的 TV 断线。

非 AT 供电方式下，当检测到 TV 断线时，闭锁距离保护并发告警信号，判据如图 3-28 所示。

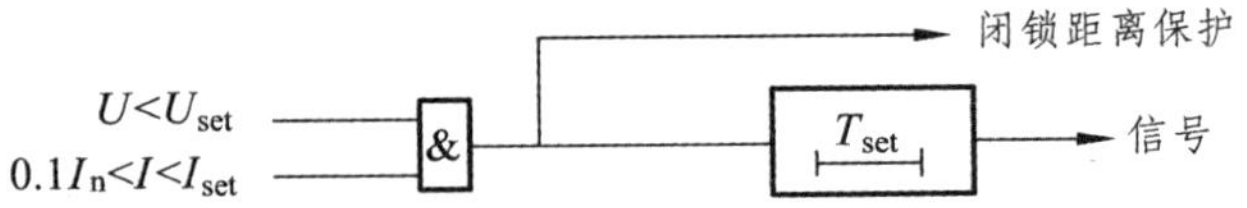

图 3-28 非 AT 供电方式下 TV 断线原理框图

图中，U、I 分别为母线电压值、保护安装处的电流值。

2）二次谐波闭锁

（1）二次谐波概述。

导致谐波产生的根本原因是系统中存在非线性负载。电流流经负载时，与所加的电压不呈线性关系，就形成非正弦电流，从而产生谐波。谐波频率是基波频率的整倍数，根据法国数学家傅里叶（M.Fourier）分析原理证明，任何重复的波形都可以分解为含有基波频率和一系列为基波倍数的谐波的正弦波分量。谐波是正弦波，每个谐波都具有不同的频率、幅度与相角。谐波可分为偶次谐波与奇次谐波，3、5、7……次谐波为奇次谐波，而 2、4、6、8……次谐波为偶次谐波。基波频率为 50 Hz 时，二次谐波频率为 100 Hz。

变压器开始送电瞬间会出现励磁涌流，这个涌流是不平衡电流，会造成保护误动，而涌流的特征是二次谐波分量占比很多。机车的励磁涌流从数值上虽然大大超过正常负荷电流，甚至接近故障电流，但它却含有大量二次谐波，因此可以利用二次谐波含量区分励磁涌流和故障电流。加上二次谐波闭锁后，就可以不考虑变压器励磁涌流对保护装置的影响。

（2）二次谐波闭锁判据。

投入二次谐波闭锁元件，当电流中的二次谐波含量大于或等于整定值时，闭锁距离保护。二次谐波闭锁判据如式（3-36）所示。

$$I_2 / I_1 \geqslant K_{2.set} \tag{3-36}$$

式中 I_1——基波电流；

I_2——二次谐波电流；

$K_{2.set}$——二次谐波含量整定值。

3）综合谐波抑制

为了提高距离保护躲负荷能力，可以采用自适应动作特性，当电流中的综合谐波含量大于整定值时，自动将距离保护的动作边界向内收缩。定义 $K_{\Sigma}=(I_2+I_3+I_5)/I_1$ 为综合谐波含量，I_1、I_2、I_3、I_5 分别为基波电流、2 次谐波电流、3 次谐波电流、5 次谐波电流。

投入综合谐波抑制元件，当 $K_{\Sigma} \geqslant K_{\Sigma set}$（$K_{\Sigma set}$ 为综合谐波含量整定值）时，自动将式（3-32）中的测量电阻 R 和电抗 X 按式（3-37）放大。

$$R'=(1+K_{res}K_{\Sigma})R, \quad X'=(1+K_{res}K_{\Sigma})X \tag{3-37}$$

式中 K_{res}——综合谐波抑制系数；

R'、X'——放大后的测量电阻和测量电抗。

（二）电流速断保护

1. 电流速断保护原理框图

电流速断保护原理框图如图 3-29 所示。I_{set} 为动作电流，t_{set} 为动作时限，一般整定为 0*s*。

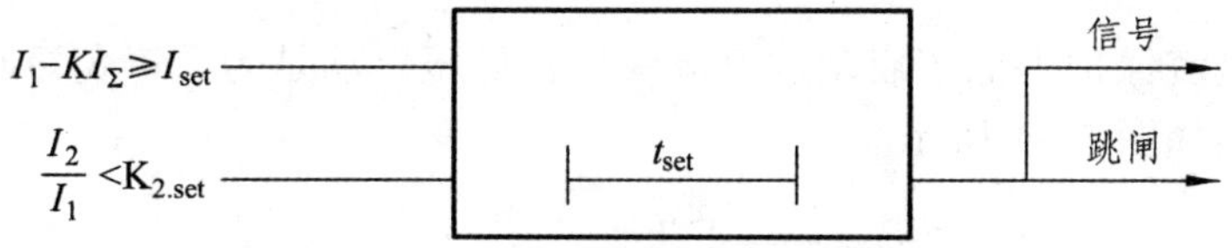

图 3-29　电流速断保护原理框图

电流速断保护动作方程为：

$$\begin{cases} I_1 - KI_{\Sigma} \geqslant I_{set} \\ \dfrac{I_2}{I_1} < K_{2.set} \end{cases} \quad (3\text{-}38)$$

式中，I_{Σ} 为综合谐波电流；K 是综合谐波加权系数；I_{set} 表示电流速断保护整定值；$K_{2.set}$ 为二次谐波含量整定值；I_1、I_2 分别为基波和二次谐波电流。

2. 电流速断保护动作电流

电流速断保护按躲过最大负荷电流和末端最大短路电流整定，如式（3-39）所示。

$$I_{set} = \frac{K_k \cdot \max(I_{fh.max}, I_{dn.max})}{n_{TA}} \quad (3\text{-}39)$$

式中　K_k——可靠系数，取 1.2；

$I_{dn.max}$——末端最大短路电流，单位为安培（A）；

$I_{fh.max}$——在该运行方式下的馈线最大负荷电流，单位为安培（A）；

n_{TA}——电流互感器变比。

按变电所馈线断路器处最大短路电流校验灵敏度，如式（3-40）所示。

$$K_{lm} = \frac{I_{d.max}}{n_{TA} I_{set}} > 1 \quad (3\text{-}40)$$

式中，$I_{d.max}$ 表示变电所馈线断路器处的最大短路电流，单位为安培（A）。若灵敏度不满足可不投入电流速断。

说明：传统教科书上是按照线路 15%～20%处的最小短路电流校验灵敏度，但该校验是针对电磁式继电器而言的，不满足可以节省一台继电器、减少投资。对于微机保护，由于每个保护元件只是一段代码，电流保护应按照有用即投入的原则。

（三）低压启动过电流保护

1. 原理框图

过电流保护与电流速断保护相比，整定值和动作时限发生变化，一般而言，整定值变小，而动作时限延长。

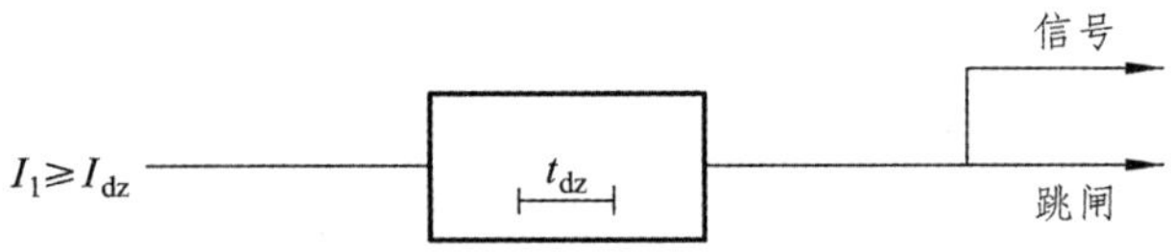

图 3-30　过电流保护原理框图

牵引网的过电流保护为低压启动过电流保护，低压启动是为了避免短时大负荷电流导致的误动，其原理图如图 3-31 所示。

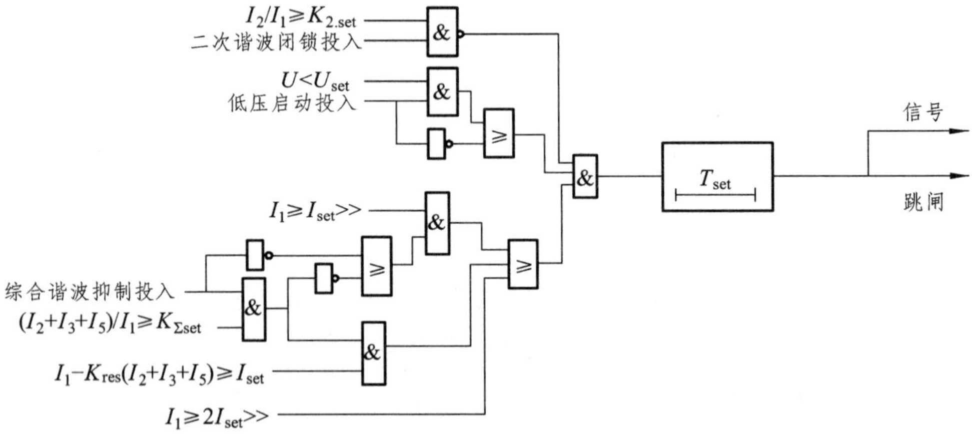

图 3-31　牵引网低压起动过电流保护原理框图

图 3-31 中，I_1、I_2、I_3、I_5 为当前时刻的基波、2 次谐波、3 次谐波和 5 次谐波电流，U 为母线电压；$K_{2.set}$ 为 2 次谐波含量整定值，$K_{\Sigma set}$ 为综合谐波含量整定值，K_{res} 为综合谐波抑制系数；U_{set} 为低压启动整定值，I_{set} 为过电流整定值，T_{set} 为过电流时限整定值。

下面分析牵引网的低压启动过电流保护的启动条件。

1）低压启动不投入

（1）综合谐波抑制投入，且 $(I_2+I_3+I_5)/I_1 \geq K_{\Sigma set}$ 与 $I_1 - K_{res}(I_2+I_3+I_5) \geq I_{set}$ 同时满足时，过电流保护的动作需满足以下条件：

- $I_2/I_1 \geq K_{2.set}$
- $I_1 \geq 2I_{set}$

（2）上述（1）中任一条件不满足，则过流保护动作的条件为：

- $I_2/I_1 \geq K_{2.set}$
- $I_1 \geq I_{set}$

2）低压启动投入

（1）综合谐波抑制投入，且 $(I_2+I_3+I_5)/I_1 \geq K_{\Sigma set}$ 与 $I_1 - K_{res}(I_2+I_3+I_5) \geq I_{set}$ 同时满足时，过电流保护的动作需满足以下条件：

- $I_2/I_1 \geq K_{2.set}$
- $U < U_{set}$
- $I_1 \geq 2I_{set}$

（2）上述（1）中任一条件不满足，则过流保护动作的条件为：

- $I_2/I_1 \geq K_{2.set}$

- $U < U_{set}$
- $I_1 \geqslant I_{set}$

2. 动作电压

低压启运过电流保护的动作电压按照躲过最低运行电压整定，如式（3-41）所示：

$$U_{set} = \frac{U_{min}}{K_k n_{TV}} \tag{3-41}$$

式中　U_{min}——母线最低运行电压；

K_k——可靠系数，取 1.2；

n_{TV}——电压互感器变比。

3. 动作电流

低压启动过电流保护的动作电流值按躲过馈线最大负荷电流并保证末端故障有足够灵敏度整定，如式（3-42）所示。

$$I_{set} = \min\left(K_k I_{fh.max}, \frac{1}{K_{lm}} I_{d,min}\right)\frac{1}{n_{TA}} \tag{3-42}$$

式中　K_k——可靠系数，取 1.2；

K_{lm}——灵敏系数，一般取 1.2；

$I_{fh.max}$——该运行方式下的馈线最大负荷电流，单位为安培（A）；

$I_{d,min}$——本线路末端最小短路电流，单位为安培（A）；

n_{TA}——电流互感器变比。

TV 断线会闭锁距离保护，但不闭锁低压启动过电流保护，因此动作电流按保证线路末端故障时有足够灵敏度整定，且不需要做灵敏度校验。

动作时限与距离保护相配合，不同供电方式下，动作时限整定值也不同。

（四）电流增量保护

1. 电流增量保护的概念

在正常负荷与故障状态下，短时间内电流的增量是不同的，利用这个差异可以构成馈线电流增量保护。正常情况下，由于电力机车电路中大电感的作用，机车电流在短时间内的增量不会很大，尤其是在机车启动时。当牵引网或机车发生短路故障时，馈线的短路电流将急速增加，其速度将比正常情况高数倍或数十倍。根据这个特点构成的保护称为电流增量保护。

电流增量保护的主要优点是选择能力比普通电流保护强，因为一般电流保护是根据最大负荷电流整定的，一个供电分区的最大负荷电流一般能达到一列车最大电流的 2 倍左右，而电流增量保护除了反应稳态最大负荷以外，还同时反应短时间内电流的增量，因此其电流整定值可适当减至一列车的最大电流。例如，某高铁线路上的一般过电流保护整定值为 2000 A 左右，而电流增量保护整定值为 1000 A，所以它的保护范围大大延长。不仅如此，电流增量保护还可以在发生高电阻接地故障、异相短路故障时可靠动作。

电流增量保护的主要缺点是动作时间较长。因为机车变压器或线路上的自耦变压器空载投入时，励磁涌流短时间的增量也是很大的，可能造成电流增量保护误动作，为此，必须增加保护的延时达 300 ms 以上，所以此类型保护的动作时间较长。

2. 电流增量保护原理

1）原理框图

电流增量保护的原理框图如图 3-32 所示。

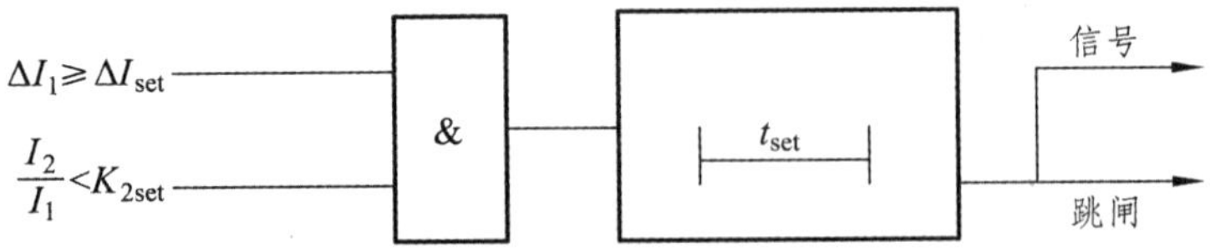

图 3-32　电流增量保护原理框图

如图，电流增量保护的动作方程为：

$$\begin{cases} \Delta I \geqslant \Delta I_{set} \\ \dfrac{I_2}{I_1} < K_{2.set} \end{cases} \tag{3-43}$$

其中，电流增量为

$$\Delta I = I_1 - I_1' - K_h(I_2 + I_3 + I_5 - I_2' - I_3' - I_5') \tag{3-44}$$

式中　I_1、I_1'——当前和一周波前馈线基波电流；

I_2、I_3、I_5——当前二、三、五次谐波电流；

I_2'、I_3'、I_5'——一周波前二、三、五次谐波电流；

K_h——加权抑制系数；

$K_{2.set}$——二次谐波含量整定值；

ΔI_{set}——电流增量保护整定值。

2）动作电流

电流增量保护的定值 ΔI_{set} 可按一列机车的起动电流进行整定，即

$$\Delta I_{set} = K_{rel} \cdot \Delta I_{ss} \tag{3-45}$$

式中　K_{rel}——可靠系数，可取 1.2；

ΔI_{ss}——一列电力机车的起动电流，跟机车类型有关，一般在 200 A 左右。

3）动作时限

电流增量保护的动作时限与距离保护相配合，增加一个 Δt，不同供电方式下，动作时限整定值也不同。

第五节　变压器保护

牵引变电所中，一般安装两台（或两组）牵引变压器。正常情况下，一台（或一组）变压器运行，另一台（或一组）作为固定备用。牵引变压器是十分贵重的供电设备，应配置完善的继电保护。

牵引变压器一般应配置下列保护：

（1）比率差动保护；
（2）差动速断保护；
（3）瓦斯保护；
（4）低电压启动的过电流保护；
（5）零序过电流保护；
（6）低压侧过电压保护；
（7）高压侧低电压保护；
（8）过负荷保护；
（9）其他非电量保护。

AT 供电方式时，牵引变电所、分区所、开闭所、AT 所中还会安装自耦变压器。自耦变压器一般应配置瓦斯保护，客运专线系统中的自耦变压器也会配置差动保护。

一、差动保护

普速铁路牵引变压器的容量一般为 20～40 MV·A，客运专线牵引变压器的容量可达 60～80 MV·A。根据《电力装置的继电保护和自动装置设计规范》GB 50062—1992 的规定，牵引变压器应配置差动保护作为其主保护之一。牵引变压器的差动保护一般包括二次谐波闭锁的比率差动保护和差动速断保护，可以保护变压器绕组、套管及引出线上的故障。

（一）差动保护接线和电流平衡关系

当前，新投入运行的牵引变压器差动保护都是微机式保护。根据差动保护接线以及变压器高低压侧电流的平衡关系，差动电流和制动电流可以由软件计算得到。在我国的牵引供电系统中，直供和 BT 供电方式中常用的变压器有双绕组单相变压器、Y/d11 接线变压器、V/v 接线变压器、阻抗匹配平衡变压器等，AT 供电方式中常用的变压器有三绕组单相变压器、SCOTT 变压器、V/x 接线变压器、十字接线变压器等。另外，客运专线供电系统的自耦变压器一般也要配置差动保护。下面分别介绍各种常用变压器的差动保护接线和电流平衡关系。

1. 单相变压器

双绕组单相变压器的高压侧绕组跨接于 110 kV（或 220 kV）的三相高压输电线的两线上，取用线电压；低压侧绕组则一端连于牵引变电所的牵引母线上，另一端连至钢轨。单相变压器差动保护接线如图 3-33 所示。单相变压器接线最简单，容量利用率最高，且可取消变电所电分相，有利于高速行车。但是，这种牵引变压器对电力系统负序影响最大，一般仅适用于电力系统比较发达的地方。我国的秦沈线采用双绕组单相牵引变压器。

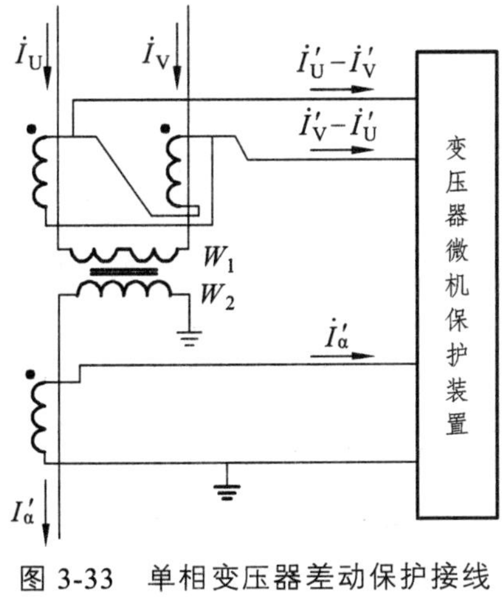

图 3-33　单相变压器差动保护接线

根据安匝平衡原理，单相变压器正常运行时，图 3-33 中的电流满足式（3-46）的要求。

$$\left.\begin{aligned}&W_1\dot{I}_{\mathrm{U}}=W_2\dot{I}_{\alpha}\\&\dot{I}_{\mathrm{V}}=-\dot{I}_{\mathrm{U}}\\&K_{\mathrm{T}}=\frac{W_1}{W_2}\end{aligned}\right\}\tag{3-46}$$

考虑到变压器两边的电流互感器变比 K_{i1} 和 K_{i2}，引入变压器保护装置的电流平衡关系为

$$\begin{bmatrix}\dot{I}'_{\mathrm{U}}-\dot{I}'_{\mathrm{V}}\\\dot{I}'_{\mathrm{V}}-\dot{I}'_{\mathrm{U}}\end{bmatrix}=\frac{2K_{\mathrm{i2}}}{K_{\mathrm{T}}K_{\mathrm{i1}}}\begin{bmatrix}\dot{I}'_{\alpha}\\-\dot{I}'_{\alpha}\end{bmatrix}\tag{3-47}$$

AT 供电方式中的单相变压器为三绕组单相变压器，其低压侧有一中心抽头，形成两个绕组。绕组的中心抽头与钢轨相连接，另外两端分别与牵引变电所的正馈线和负馈线母线相连接。三绕组单相变压器用于 AT 供电方式时，除了具有双绕组单相变压器的优点外，还可以节省牵引变电所自耦变压器，其差动保护接线如图 3-34 所示。

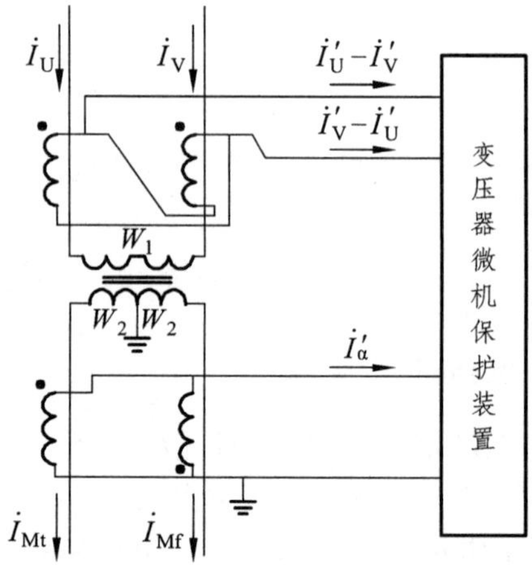

图 3-34　三绕组单相变压器差动保护接线

根据安匝平衡原理，三绕组单相变压器正常运行时，图 3-34 中的电流满足式（3-48）的要求。

$$\left.\begin{aligned}&W_1\dot{I}_{\mathrm{U}}=W_2\dot{I}_{\mathrm{Mt}}-W_2\dot{I}_{\mathrm{Mf}}\\&\dot{I}_{\mathrm{V}}=-\dot{I}_{\mathrm{U}}\\&K_{\mathrm{T}}=\frac{W_1}{W_2}\end{aligned}\right\}\tag{3-48}$$

引入变压器保护装置的电流平衡关系为

$$\begin{bmatrix}\dot{I}'_{\mathrm{U}}-\dot{I}'_{\mathrm{V}}\\\dot{I}'_{\mathrm{V}}-\dot{I}'_{\mathrm{U}}\end{bmatrix}=\frac{2}{K_{\mathrm{T}}K_{i1}}\begin{bmatrix}\dot{I}_{\mathrm{Mt}}-\dot{I}_{\mathrm{Mf}}\\-\dot{I}_{\mathrm{Mt}}+\dot{I}_{\mathrm{Mf}}\end{bmatrix}=\frac{2K_{\mathrm{i2}}}{K_{\mathrm{T}}K_{\mathrm{i1}}}\begin{bmatrix}\dot{I}'_{\alpha}\\-\dot{I}'_{\alpha}\end{bmatrix}\tag{3-49}$$

2. Y/d11 接线变压器

Y/dl1 接线变压器的高压侧绕组连接于 110 kV（或 220 kV）的三相高压输电线上，低压侧绕组的 W 相连至钢轨，U 相和 V 相分别连于牵引变电所的 α 相和 β 相牵引母线上，其差动保护接线如图 3-35 所示。Y/d11 接线变压器具有接线简单、技术成熟、原边中性点可接地

等优点，在我国早期的牵引变电所应用范围较广。但由于其容量利用率低，新建变电所一般很少采用。

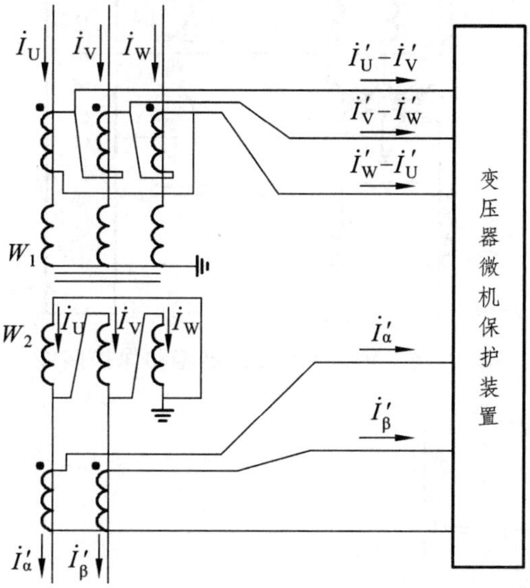

图 3-35　Y/d11 接线变压器差动保护接线

根据安匝平衡原理，Y/d11 接线变压器正常运行时，图 3-35 中的电流满足式（3-50）的要求。

$$\left.\begin{aligned} W_1\dot{I}_{\mathrm{U}} &= W_2\dot{I}_{\mathrm{u}} \\ W_1\dot{I}_{\mathrm{V}} &= W_2\dot{I}_{\mathrm{v}} \\ W_1\dot{I}_{\mathrm{W}} &= W_2\dot{I}_{\mathrm{w}} \\ \dot{I}_{\alpha} &= \dot{I}_{\mathrm{u}} - \dot{I}_{\mathrm{v}} \\ \dot{I}_{\beta} &= \dot{I}_{\mathrm{v}} - \dot{I}_{\mathrm{w}} \\ K_{\mathrm{T}} &= \frac{\sqrt{3}W_1}{W_2} \end{aligned}\right\} \tag{3-50}$$

考虑到电流互感器变比，引入变压器保护装置的电流平衡关系为

$$\begin{bmatrix} \dot{I}'_{\mathrm{U}} - \dot{I}'_{\mathrm{V}} \\ \dot{I}'_{\mathrm{V}} - \dot{I}'_{\mathrm{W}} \\ \dot{I}'_{\mathrm{W}} - \dot{I}'_{\mathrm{U}} \end{bmatrix} = \frac{\sqrt{3}K_{\mathrm{i2}}}{K_{\mathrm{T}}K_{\mathrm{i1}}} \begin{bmatrix} 1 & 0 \\ 0 & 1 \\ -1 & -1 \end{bmatrix} \begin{bmatrix} \dot{I}'_{\alpha} \\ \dot{I}'_{\beta} \end{bmatrix} \tag{3-51}$$

3. V/v 接线变压器

V/v 接线，即用两台单相变压器连接成开口三角形。两台单相变压器的高压侧分别接入 UW 相与 VW 相，低压侧各取一端接到牵引变电所的α 相和 β 相牵引母线上，另一端接到接地网和钢轨。如果将两台单相变压器的器身安装在同一油箱内，且连接成 V/v 接线，就是所谓的三相 V/v 接线变压器。V/v 接线变压器结构简单，两套绕组容量可分别配置。与 Y/dl1 接线变压器相比提高了容量利用率，与单相变压器相比对电力系统的负序影响较少。V/v 接线变压器的差动保护接线如图 3-36 所示。

根据安匝平衡原理，V/v 接线变压器正常运行时，图 3-36 中的电流满足式（3-52）的要求。

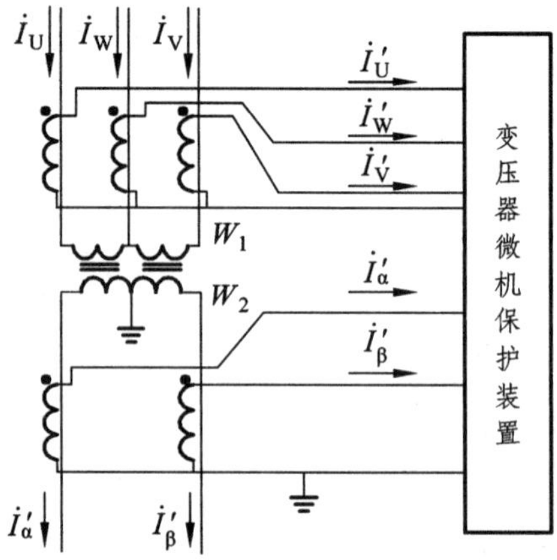

图 3-36 V/v 接线变压器差动保护接线

$$\left.\begin{aligned} W_1\dot{I}_U &= W_2\dot{I}_\alpha \\ W_1\dot{I}_V &= W_2\dot{I}_\beta \\ \dot{I}_U+\dot{I}_V+\dot{I}_W &= 0 \\ K_T &= \frac{W_1}{W_2} \end{aligned}\right\} \tag{3-52}$$

考虑到电流互感器变比，引入变压器保护装置的电流平衡关系为

$$\begin{bmatrix} \dot{I}'_U \\ \dot{I}'_V \\ \dot{I}'_W \end{bmatrix} = \frac{K_{i2}}{K_T K_{i1}} \begin{bmatrix} 1 & 0 \\ 0 & 1 \\ -1 & -1 \end{bmatrix} \begin{bmatrix} \dot{I}'_\alpha \\ \dot{I}'_\beta \end{bmatrix} \tag{3-53}$$

4. 阻抗匹配平衡变压器

阻抗匹配平衡变压器是我国自行发展研究的一种将三相对称系统变换为两相平衡供电系统的新型牵引变压器。阻抗匹配平衡变压器是在普通的 Y/dl1 接线变压器的自由相（V 相）上端部增加了两个绕组，并使其次边绕组阻抗 $Z_{ab}=K_z Z_{bc}=K_z Z_{ca}(K_z=\sqrt{3}+1)$ 的匹配原则而达到原边平衡的变压器。阻抗匹配平衡变压器能较好地抑制负序电流对电力系统影响、高压侧中性点可以接地、容量利用率较高，但其接线复杂，要满足阻抗匹配关系对制造及工艺要求较高。阻抗匹配平衡变压器差动接线如图 3-37 所示。

根据安匝平衡原理，阻抗匹配平衡变压器正常运行时，图 3-37 中的电流满足式（3-54）的要求。

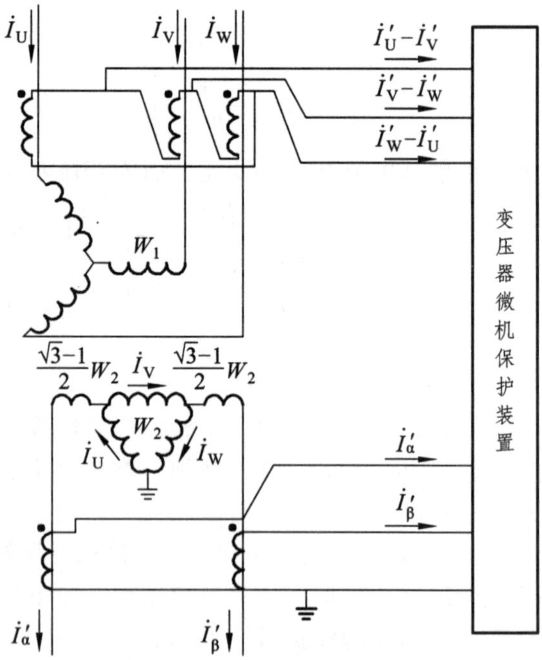

图 3-37 阻抗匹配平衡变压器差动保护接线

$$\left.\begin{aligned}&W_1\dot{I}_U=W_2\dot{I}_u\\&W_1\dot{I}_V=W_2\dot{I}_v-\frac{\sqrt{3}-1}{2}W_2\dot{I}_\alpha+\frac{\sqrt{3}-1}{2}W_2\dot{I}_\beta\\&W_1\dot{I}_W=W_2\dot{I}_w\\&\dot{I}_\alpha=\dot{I}_u-\dot{I}_v\\&\dot{I}_\beta=\dot{I}_v-\dot{I}_w\\&K_T=\frac{\sqrt{2}W_1}{W_2}\end{aligned}\right\}\tag{3-54}$$

由图 3-37，引入变压器保护装置的电流平衡关系为

$$\begin{bmatrix}\dot{I}'_U-\dot{I}'_V\\\dot{I}'_V-\dot{I}'_W\\\dot{I}'_W-\dot{I}'_U\end{bmatrix}=\frac{\sqrt{2}K_{i2}}{K_TK_{i1}}\begin{bmatrix}\dfrac{\sqrt{3}+1}{2}&\dfrac{\sqrt{3}-1}{2}\\-\dfrac{\sqrt{3}-1}{2}&\dfrac{\sqrt{3}+1}{2}\\-1&-1\end{bmatrix}\begin{bmatrix}\dot{I}'_\alpha\\\dot{I}'_\beta\end{bmatrix}\tag{3-55}$$

5. Scott 接线变压器

在图 3-38 所示的 Scott 接线变压器中，设 Scott 接线变压器底（M）座绕组原边（带中间抽头）接入电力系统 UW 相（线电压），高（T）座绕组原边一端接底座绕组的中间抽头，另一端接入 V 相。

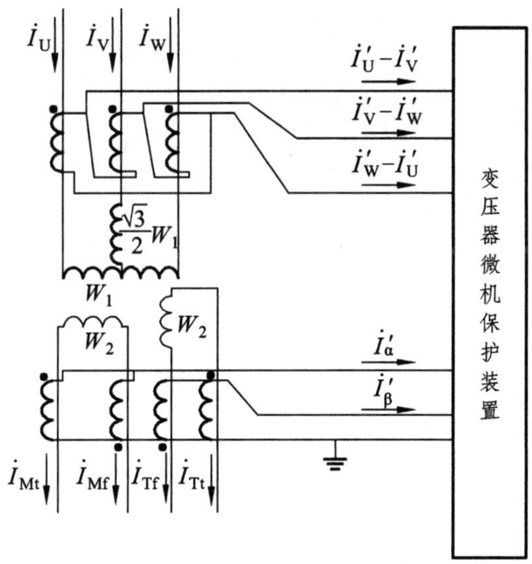

图 3-38　Scott 接线变压器差动保护接线

根据安匝平衡原理，Scott 接线变压器正常运行时，图 3-38 中的电流满足式（3-56）的要求。

$$\left.\begin{aligned}&\frac{1}{2}W_1\dot{I}_{\rm U}-\frac{1}{2}W_1\dot{I}_{\rm W}=W_2\dot{I}_{\rm Mt}\\&\frac{\sqrt{3}}{2}W_1\dot{I}_{\rm V}=W_2\dot{I}_{\rm Tt}\\&\dot{I}_{\rm U}+\dot{I}_{\rm V}+\dot{I}_{\rm W}=0\\&\dot{I}_{\rm Tt}=-\dot{I}_{\rm Tf}\\&\dot{I}_{\rm Mf}=-\dot{I}_{\rm Mt}\\&K_{\rm T}=\frac{W_1}{W_2}\end{aligned}\right\}\tag{3-56}$$

引入变压器保护装置的电流平衡关系为

$$\begin{bmatrix}\dot{I}'_{\rm U}-\dot{I}'_{\rm V}\\\dot{I}'_{\rm V}-\dot{I}'_{\rm W}\\\dot{I}'_{\rm W}-\dot{I}'_{\rm U}\end{bmatrix}=\frac{1}{2K_{\rm T}K_{\rm i1}}\begin{bmatrix}1&\sqrt{3}\\1&\sqrt{3}\\-2&0\end{bmatrix}\begin{bmatrix}\dot{I}_{\rm Mt}-\dot{I}_{\rm Mf}\\\dot{I}_{\rm Tt}-\dot{I}_{\rm Tf}\end{bmatrix}=\frac{K_{\rm i2}}{2K_{\rm T}K_{\rm i1}}\begin{bmatrix}1&\sqrt{3}\\1&\sqrt{3}\\-2&0\end{bmatrix}\begin{bmatrix}\dot{I}'_{\alpha}\\\dot{I}'_{\beta}\end{bmatrix}\tag{3-57}$$

6. V/x 接线变压器

将两台三绕组单相变压器 V 接，就形成了 V/x 接线变压器组。V/x 变压器组具有容量利用率高、两套绕组容量可分别配置、节省牵引变电所自耦变压器等优点，已在我国的京津（北京—天津）城际铁路上采用，并成为我国客运专线牵引变压器的主要选择方案之一。V/x 接线变压器组差动保护接线如图 3-39 所示。

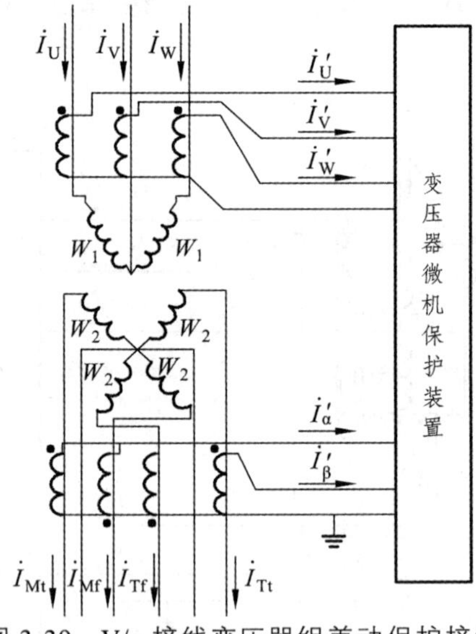

图 3-39　V/x 接线变压器组差动保护接线

根据安匝平衡原理，V/x 接线变压器组正常运行时，图 3-39 中的电流满足式（3-58）的要求。

$$\left.\begin{aligned}&W_1\dot{I}_{\rm U}=W_2\dot{I}_{\rm Mt}-W_2\dot{I}_{\rm Mf}\\&W_1\dot{I}_{\rm V}=W_2\dot{I}_{\rm Tt}-W_2\dot{I}_{\rm Tf}\\&\dot{I}_{\rm U}+\dot{I}_{\rm V}+\dot{I}_{\rm W}=0\\&K_{\rm T}=\frac{W_1}{W_2}\end{aligned}\right\}\tag{3-58}$$

由图 3-39，引入变压器保护装置的电流平衡关系为

$$\begin{bmatrix} \dot{I}'_{\mathrm{U}} \\ \dot{I}'_{\mathrm{V}} \\ \dot{I}'_{\mathrm{W}} \end{bmatrix} = \frac{\sqrt{3}}{K_{\mathrm{T}}K_{\mathrm{i1}}} \begin{bmatrix} 0 & -1 \\ 1 & 0 \\ -1 & 1 \end{bmatrix} \begin{bmatrix} \dot{I}_{\mathrm{Mt}} - \dot{I}_{\mathrm{Mf}} \\ \dot{I}_{\mathrm{Tt}} - \dot{I}_{\mathrm{Tf}} \end{bmatrix} = \frac{\sqrt{3}K_{\mathrm{i2}}}{K_{\mathrm{T}}K_{\mathrm{i1}}} \begin{bmatrix} 0 & -1 \\ 1 & 0 \\ -1 & 1 \end{bmatrix} \begin{bmatrix} \dot{I}'_{\alpha} \\ \dot{I}'_{\beta} \end{bmatrix} \tag{3-59}$$

7. 十字交叉接线变压器

三相三绕组的十字交叉接线变压器，其低压侧由两个同容量、等电压、对顶连接的三角形绕组构成。十字交叉接线变压器结构上对称性强，并可节省牵引变电所自耦变压器。十字交叉接线变压器差动保护接线如图 3-40 所示。

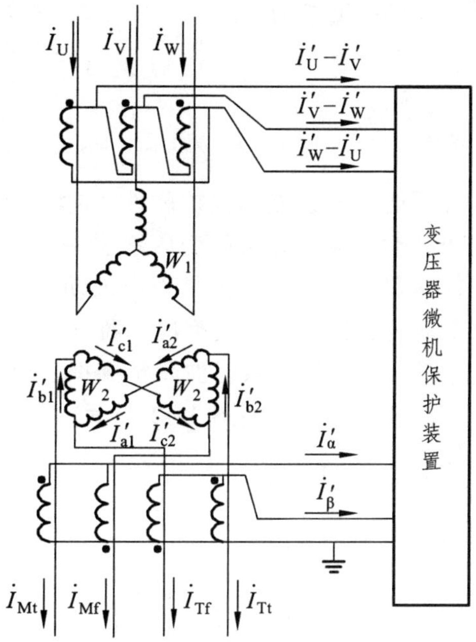

图 3-40　十字交叉接线变压器差动保护接线

根据安匝平衡原理，十字交叉接线变压器正常运行时，图 3-40 中的电流满足式（3-60）的要求。

$$\left.\begin{aligned} &W_1\dot{I}_{\mathrm{U}} = W_2\dot{I}_{\mathrm{a1}} + W_2\dot{I}_{\mathrm{a2}} \\ &W_1\dot{I}_{\mathrm{V}} = W_2\dot{I}_{\mathrm{b1}} + W_2\dot{I}_{\mathrm{b2}} \\ &W_1\dot{I}_{\mathrm{W}} = W_2\dot{I}_{\mathrm{c1}} + W_2\dot{I}_{\mathrm{c2}} \\ &\dot{I}_{\mathrm{Mt}} = \dot{I}_{\mathrm{b1}} - \dot{I}_{\mathrm{c1}} \\ &\dot{I}_{\mathrm{Mf}} = \dot{I}_{\mathrm{c2}} - \dot{I}_{\mathrm{b2}} \\ &\dot{I}_{\mathrm{Tt}} = \dot{I}_{\mathrm{b2}} - \dot{I}_{\mathrm{c2}} \\ &\dot{I}_{\mathrm{Tf}} = \dot{I}_{\mathrm{a1}} - \dot{I}_{\mathrm{b1}} \\ &K_{\mathrm{T}} = \frac{\sqrt{3}W_1}{W_2} \end{aligned}\right\} \tag{3-60}$$

由图 3-40，引入变压器保护装置的电流平衡关系为

$$\begin{bmatrix}\dot{I}'_{U}-\dot{I}'_{V}\\ \dot{I}'_{V}-\dot{I}'_{W}\\ \dot{I}'_{W}-\dot{I}'_{U}\end{bmatrix}=\frac{\sqrt{3}}{K_{T}K_{i1}}\begin{bmatrix}0 & -1\\ 1 & 0\\ -1 & 1\end{bmatrix}\begin{bmatrix}\dot{I}_{Mt}-\dot{I}_{Mf}\\ \dot{I}_{Tt}-\dot{I}_{Tf}\end{bmatrix}=\frac{\sqrt{3}K_{i2}}{K_{T}K_{i1}}\begin{bmatrix}0 & -1\\ 1 & 0\\ -1 & 1\end{bmatrix}\begin{bmatrix}\dot{I}'_{\alpha}\\ \dot{I}'_{\beta}\end{bmatrix} \tag{3-61}$$

8. 自耦变压器

普速铁路 AT 供电系统中，自耦变压器一般只设瓦斯保护。但在客运专线供电系统中，自耦变压器也设有差动保护，如图 3-41 所示。

自耦变压器的电流平衡关系为

$$\dot{I}_{T}=\dot{I}_{F} \tag{3-62}$$

引入变压器保护装置的电流平衡关系为

$$\dot{I}'_{T}=\dot{I}'_{F} \tag{3-63}$$

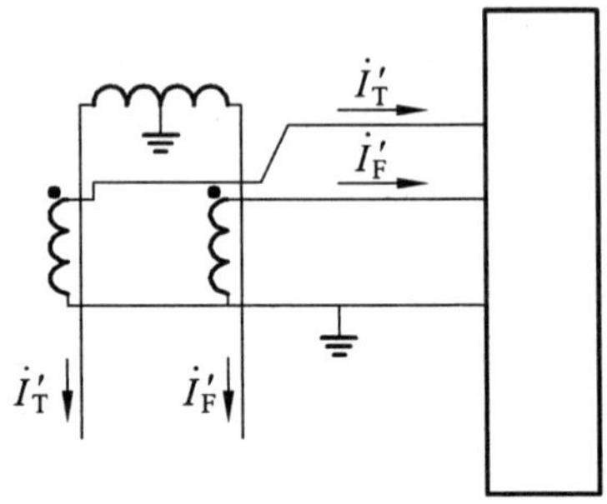

图 3-41　自耦变压器差动保护接线

（二）差动保护原理框图

按照差动保护接线和电流平衡关系，差动保护软件实时计算变压器各相的差动电流和制动电流，并按照变压器比率差动和差动速断动作特性来判断每一相差动保护是否应该动作。任一相比率差动保护或差动速断保护动作，都应该跳开变压器两侧断路器。

牵引变压器的比率差动保护一般采用二次谐波闭锁判据，以防止励磁涌流引起的差动保护误动，并采用三相或门方案，其原理框图如图 3-42 所示。

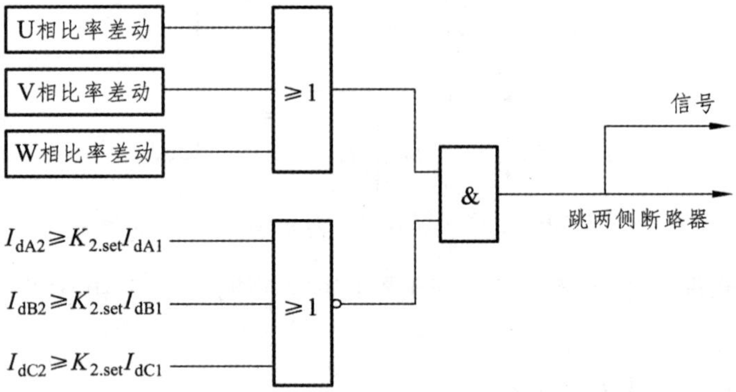

图 3-42　二次谐波闭锁的比率差动保护原理框图

图 3-42 中，I_{dA2}、I_{dB2}、I_{dC2} 和 I_{dA1}、I_{dB1}、I_{dC1} 分别表示变压器 U、V、W 相差动电流中的二次谐波电流和基波电流，$K_{2.set}$ 为二次谐波闭锁系数整定值。

差动速断保护的原理框图如图 3-43 所示。

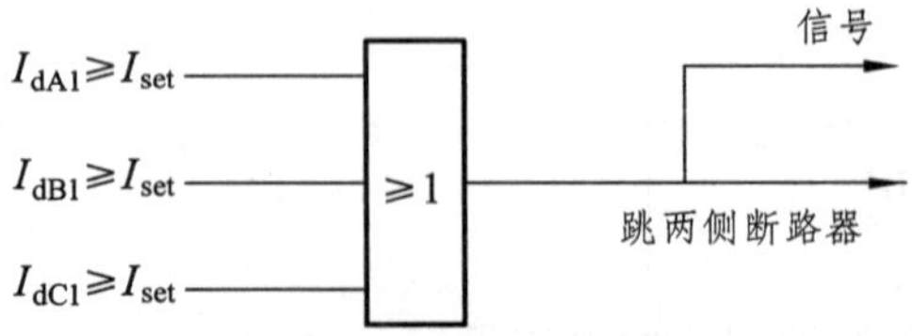

图 3-43　差动速断保护原理框图

二、瓦斯保护

牵引变压器通常利用变压器油作为绝缘和冷却介质。当变压器油箱内发生故障时，在故障电流和故障点电弧的作用下，变压器油和其他绝缘材料会受热分解，产生大量气体。同时，气体的上升会引起油流的变化。利用这个特点构成的保护叫作瓦斯保护或称气体保护。

瓦斯保护的主要元件是气体继电器，它安装在油箱和油枕之间的连接管道上，如图 3-44 所示。

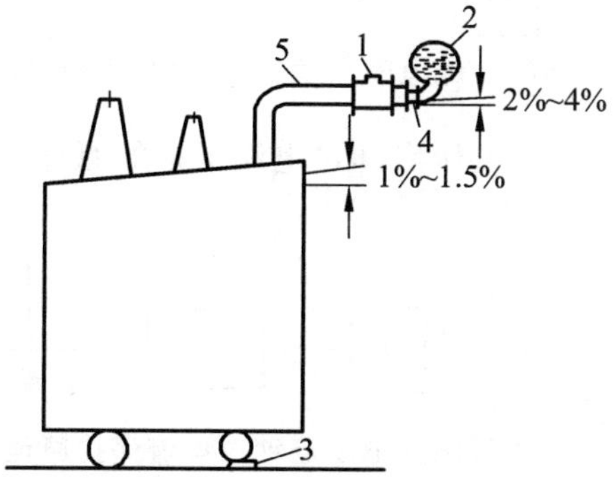

1—气体继电器；2—油枕；3—钢垫块；4—阀门；5—导油管。

图 3-44　气体继电器安装位置

气体继电器有两个输出触点：一个反映变压器油箱内的不正常或轻微故障，称为轻瓦斯；另一个反映变压器油箱内的严重故障，称为重瓦斯。当变压器内发生轻微故障时，油箱内产生的气体较少且速度慢，由于油枕处在油箱的上方，气体沿管道上升，使气体继电器内的油面下降，当下降到动作门槛时，轻瓦斯动作；继电器发出轻瓦斯信号，使运行人员能够迅速发现故障并及时处理。发生严重故障时，故障点温度剧增，产生的大量气体迫使变压器油从油箱经过管道冲向油枕，气体继电器感受到的油速达到动作门槛时，重瓦斯动作；继电器发出重瓦斯跳闸指令，断开变压器两侧断路器。

三、低电压启动的过电流保护

过电流保护主要是为了保护外部短路引起的变压器过电流，它同时也可以作为变压器差动保护以及馈线保护的后备保护。过电流保护的工作原理与线路定时限过电流保护相同。对于牵引变压器，由于过电流保护往往不能满足灵敏度要求，所以采用 α 相和 β 相低电压启动的过电流保护。

低电压启动的过电流保护的动作电流一般按变压器的额定电流整定，计算公式如下：

$$I_{set}=\frac{K_{rel}\times I_N}{K_{re}\times K_i} \tag{3-64}$$

式（3-64）中，I_N 为变压器额定电流；K_{rel} 为可靠系数，一般取 1.2 ~ 1.3；K_{re} 为返回系数，可取 0.95；K_i 为电流互感器变比。

低电压启动的过电流保护的电压整定值一般按牵引网额定电压的 60% ~ 70%整定。

1. 高压侧低电压启动的过电流保护

对于阻抗匹配平衡变压器、Y/dll 接线变压器、V/v 接线变压器、Scott 接线变压器、V/x 接线变压器、十字交叉接线变压器，高压侧低电压启动过电流保护的原理框图如图 3-45 所示。

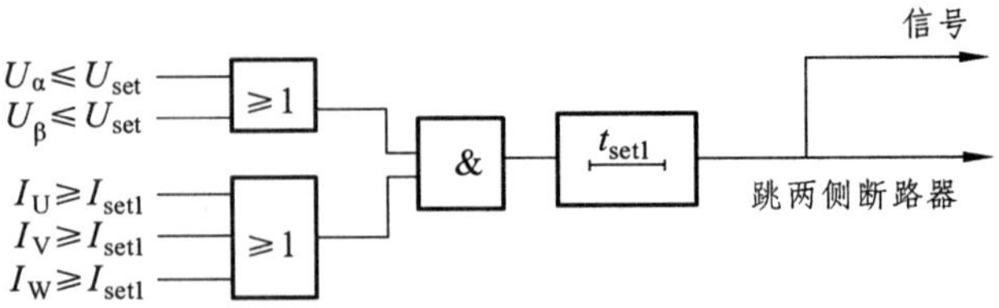

图 3-45 高压侧低电压启动过电流保护原理框图之一

对于单相变压器，其高压侧低电压启动过电流保护的原理框图如图 3-46 所示。

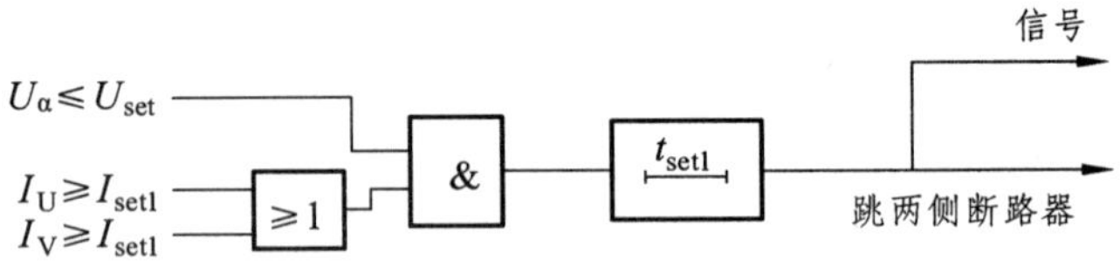

图 3-46 高压侧低电压启动过电流保护原理框图

2. α 相低电压启动过电流保护

α 相低电压启动过电流保护的原理框图如图 3-47 所示。

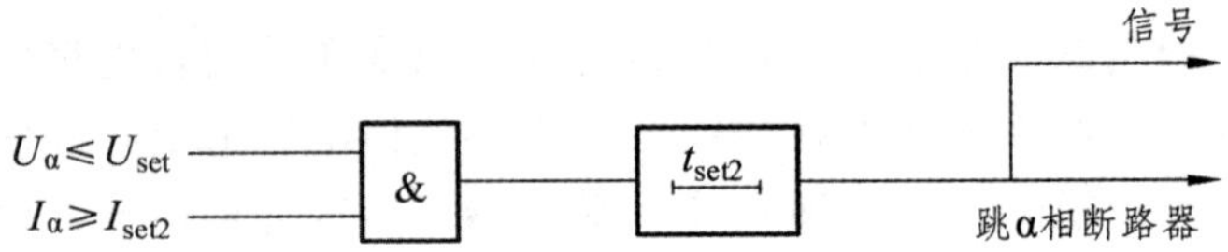

图 3-47 α 相低电压启动过电流保护原理框图

3. β 相低电压启动过电流保护

β 相低电压启动过电流保护的原理框图如图 3-48 所示。

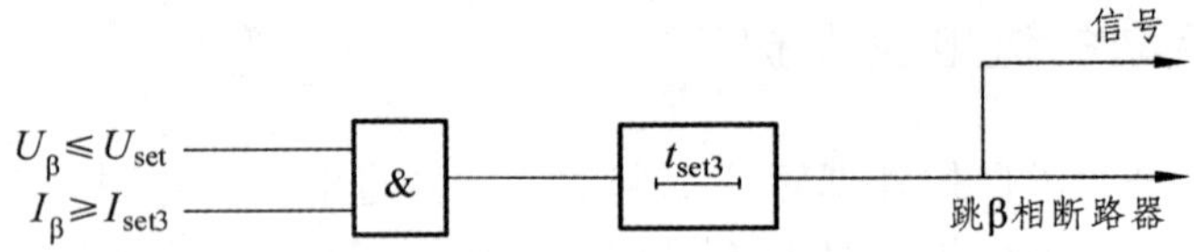

图 3-48 β 相低电压启动过电流保护原理框图

图 3-45～图 3-48 中，U_α、U_β分别表示低压侧 α 相和 β 相电压；U_{set} 表示低电压启动定值；I_U 、I_V 、I_W 分别表示高压侧 U、V、W 相电流；I_{set1} 表示高压侧过电流保护动作电流定值；t_{set1} 表示高压侧过电流保护时限定值；I_{set2} 表示α 相过电流保护动作电流定值；t_{set2} 表示α 相过电流保护时限定值；I_{set3} 表示β 相过电流保护动作电流定值；t_{set3} 表示β 相过电流保护时限定值。

四、零序过电流保护

当供电系统中性点直接接地运行时，其变压器通常都采用零序过电流保护作为变压器接地故障的后备保护，其原理框图如图 3-49 所示。

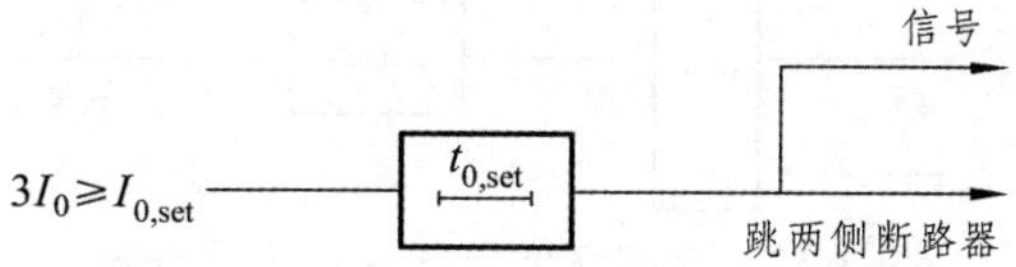

图 3-49　零序过电流保护原理框图

在图 3-49 中，3 I_0 表示零序电流；$I_{0,set}$ 表示零序过电流保护动作电流定值；$t_{0,set}$ 表示零序过电流保护时限定值。

零序过电流保护的整定值一般根据经验公式来确定：

$$I_{0,set} = \frac{K_{rel} \times I_N}{K_{re} \times K_i} \times 70\% \tag{3-65}$$

式（3-65）中，I_N 为变压器额定电流；K_{rel} 为可靠系数，一般取 1.2 ~ 1.3；K_{re} 为返回系数，可取 0.95；K_i 为零序电流互感器变比。

五、低压侧过电压保护

牵引变压器低压侧过电压保护可以保护变压器对抗接触网系统带来的不允许过电压，例如几辆机车同时反馈电能带来的过电压。α 相和β 相过电压保护原理框图如图 3-50 和图 3-51 所示。

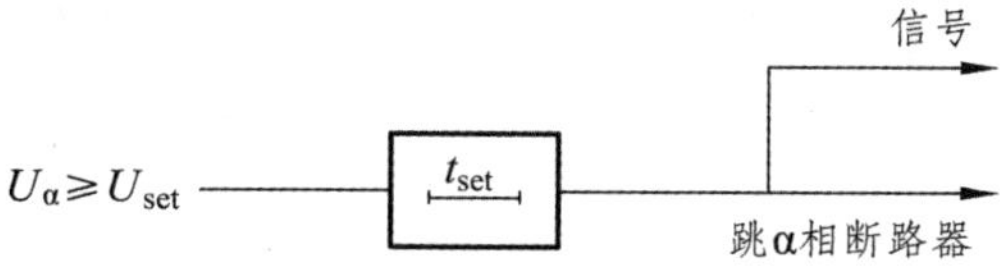

图 3-50　α 相过电压保护原理框图

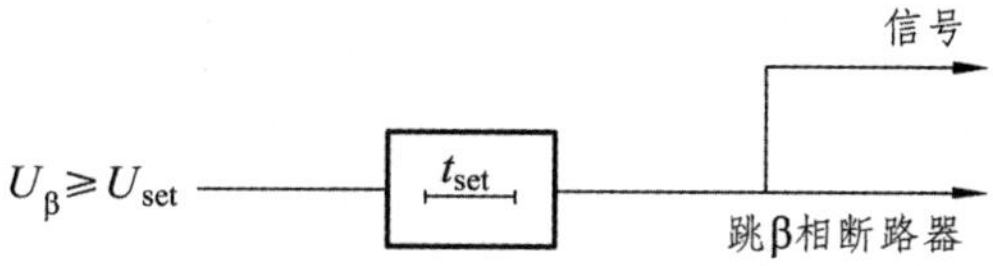

图 3-51　β 相过电压保护原理框图

图 3-50 和图 3-51 中，U_α、U_β分别表示低压侧α 相和β 相电压；U_{set} 表示过电压保护启动电压定值；t_{set} 表示过电压保护时限定值。

根据欧标 EN50163 对牵引系统允许电压的要求，低压侧过电压保护可设为两段：一段动作时限较长，启动电压为系统标称电压 27.5 kV 的 124%，时限为 30 s；二段快速动作，启动电压为系统标称电压 27.5 kV 的 150%，时限为 0.1 s。

六、高压侧低电压保护

牵引变压器高压侧应配置低电压保护，以保护变压器对抗压降，并作为高阻故障的后备保护。

图 3-52 中，U_{UV}、U_{VW}、U_{WU} 分别表示高压侧相间电压；U_{set} 表示高压侧低电压保护的电压启动定值，一般按高压侧额定电压的 60% ~ 70%整定；t_{set} 表示高压侧低电压保护时限定值，典型值为 2 s。

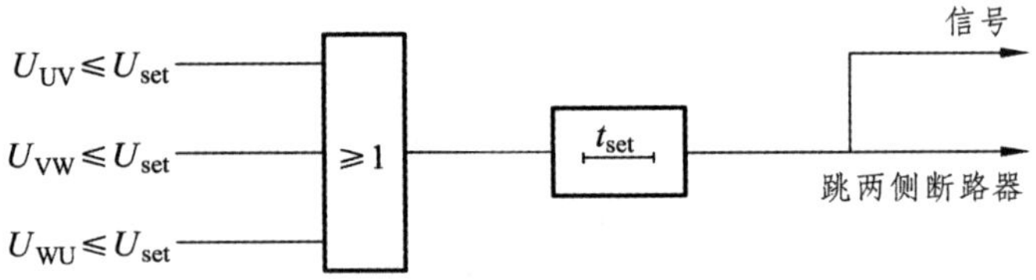

图 3-52　高压侧低电压保护原理框图

七、过负荷保护

牵引变压器的不正常工作状态包括过负荷运行，对此应配置反时限过负荷保护。反时限过负荷保护反应变压器绕组的平均发热状况，防止变压器过热而受损坏。反时限过负荷保护的方案框图如图 3-53 所示。

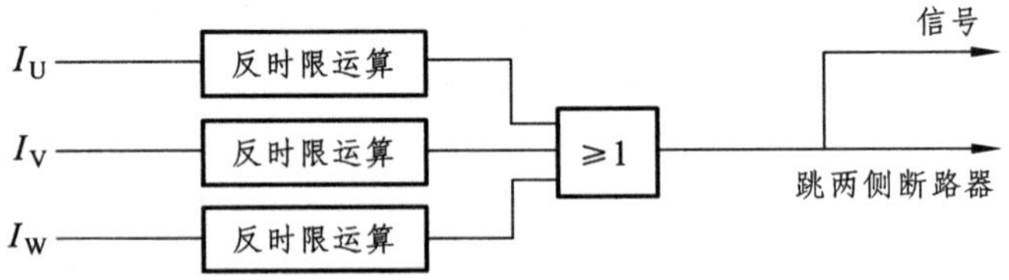

图 3-53　反时限过负荷保护方案框图

IEC255-3 提供三种反时限特性曲线：一般反时限、甚反时限和极度反时限。

一般反时限特性

$$t=\frac{0.14}{\left(\frac{I}{I_{set}}\right)^{0.02}-1}\times\frac{t_{set}}{10} \tag{3-66}$$

甚反时限特性

$$t=\frac{13.5}{\frac{I}{I_{set}}-1}\times\frac{t_{set}}{10} \tag{3-67}$$

极度反时限特性

$$t=\frac{80}{\left(\frac{I}{I_{set}}\right)^{2}-1}\times\frac{t_{set}}{10} \tag{3-68}$$

式（3-66）~式（3-68）中，I_{set} 表示启动电流整定值，t_{set} 表示时间常数整定值。

八、其他非电量保护

对变压器温度及油箱内压力升高和冷却系统故障，可专设作用于信号或动作于跳闸的非电量保护，如，反应变压器内部压力过大的瓦斯保护；反应变压器油温偏高的温度Ⅰ段、温度Ⅱ段等温度保护。非电量保护在变压器的继电保护配置中有着不可替代的作用，是对常规配置的模拟量保护的重要补充。

第六节　电容器保护

一、并联补偿概述

电力牵引负荷波动范围很大，一般电力机车电流很难保持 30 s 平稳不变，有时还会在更短的时间发生更突然的变化，使得日平均负荷与短时最大（如 10 min 内）负荷相差很大。同时，现在国内外普遍采用交-直型电力机车，这使牵引负荷具有低功率因数和含有丰富谐波（主要是奇次）的特点。因此，功率因数低、谐波随机性大和产生负序电流是牵引供电系统自身具有的特点，这不仅使牵引供电系统自身的技术指标变差，还使系统电能质量受损害。

技术经济计算和国内外的实践表明，并联补偿是解决用户无功功率及相关问题的最佳手段。由于电气化铁路的负序电流和谐波也都与无功功率同时产生，所以只要采用适当并联补偿就能达到综合补偿的目的。在电气化铁路上采用并联补偿实现对无功功率、负序和谐波的综合补偿。

并联补偿可以安装在牵引变电所的牵引母线上，也可以安装在牵引网的某一个特定地点或电力机车上。前者称为牵引变电所的并联补偿，后者称为牵引网的并联补偿。

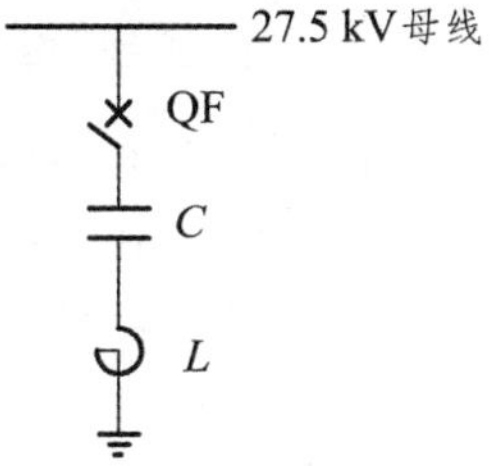

图 3-54　并联电容补偿装置接线示意图

牵引变电所通常采用单相的并联电容补偿装置，其原理接线如图 3-54 所示，并联电容补偿装置由电容器组 C 和电抗器 L 串联构成。

并联电容补偿装置在运行过程中可能发生的故障和不正常运行状态包括：

（1）电容器内部故障。电容器组是由若干台小容量电容器通过并联、串联构成，电容器极板之间的绝缘在高电场作用下，在薄弱环节处首先产生过热、游离，直到局部击穿。单个电容器的击穿，将导致与之并联的电容器被短路或导致与之串联的电容器电压升高，从而可能引起新的电容器击穿，造成剩余电容器的电压更高，从而产生恶性连锁反应，最终造成电容器的贯穿性短路。如果箱壳内部的故障电流较大，绝缘分解的气体增多，箱壳内部压力就会增高，轻则发生漏油或“鼓肚”现象，重则导致箱体爆裂、起火、酿成大患。

（2）电容器外部接地短路。电容器组和断路器之间的引线、绝缘子、导管间，电容器组与电抗器之间的连接线可能发生接地短路，对短路回路中的设备产生热和力的破坏。

（3）电容器的过电压。电容器只允许在 1.1 倍工频电压下长期运行。电容器内部有功损耗为 $P_{\mathrm{r}}=\varpi CU^{2}\tan\delta$（$\tan\delta$ 为电介质损耗角正切，即介质损耗因数），当运行电压 U 增高时，电容器的功率损耗和内部温度增高很快，这将影响电容器寿命，严重时将导致电容击穿。

（4）电容器的失压。电容器因故失压后仍接在系统中并存在残余电压，当再次施加电压时，电容器的残余电压可能使电容器外接端电压超过 1.1 倍额定电压；也可能因变压器带电容器合闸产生谐振过电压；空载变压器（停电后恢复供电初期）因电压过高，也能造成电容器过电压。

因此，为了保障并联电容补偿装置的安全可靠运行，必须对其设置可靠的保护。并联电容补偿装置的保护应满足如下要求：

（1）当电容器组内部发生击穿故障时，能将故障电容器迅速切除，防止事故范围扩大。

（2）当电容器组内部切除一台电容器时，需要发出报警信号；当切除若干台电容器后，导致该电容器组内部完好电容器承受的电压超过电容器额定电压的 10%时，需将并联电容补偿装置退出运行。

（3）当牵引变电所 27.5 kV 母线发生故障时，应将并联电容补偿装置退出运行。

（4）当牵引变电所 27.5 kV 母线电压过高，对电容器组可能造成危害时，应将并联电容补偿装置退出运行；当母线电压过低或牵引变电所停电时，为了避免变压器带电容器合闸引起的工频过电压，应将并联电容补偿装置退出运行。

（5）由于谐波或过电压的影响，电容器组处于过负荷运行时，应将并联电容补偿装置退出运行。

二、并补保护基本原理

（一）电容器组内部故障保护

电容器组内部故障有一个发展过程，最初只是个别串联元件损坏，逐渐波及其他相邻元件，造成过电流和过电压击穿，击穿越多，击穿就发展得越快，直至全部击穿而短路。电容器组内部故障保护的目的就是当电容器组出现元件部分击穿但尚未引起全部击穿短路时，将其从系统中退出。电容器内部故障保护包括两个部分，即熔断器保护和继电保护。

1. 电容器的熔断器保护

并联电容器组由多台电容器经过串联和并联构成。单台电容器的熔断器保护是电容器组的第一道保护，是防止电容器组内部故障扩大为油箱爆炸事故的重要措施。故障电流直接作用于熔断器的熔丝，能够迅速切断故障，且故障电流越大动作时间越短。熔断器的熔丝保护动作后有明显的标志，易于查找故障点。熔断器保护能够快速切除故障电容器，防止事故扩大，同时使电容器组中完好的电容器继续运行。对单台电容器的熔断器保护有如下要求：

（1）熔断器宜采用喷逐式熔断器。

（2）熔断器的时间-电流特性曲线和电容器外壳的爆裂概率曲线相配合，应选择在被保护的电容器外壳的 10%爆裂概率曲线的左侧。在不能给出电容器爆裂概率曲线的情况下，熔断器应能保证在电容器内部击穿 50%～70%时可靠熔断。

（3）在电容器组合闸涌流的作用下，熔断器不应熔断。

（4）熔断器的熔丝额定电流选择，不应小于电容器额定电流的 1.43 倍，并不宜大于额定电流的 1.55 倍。

2. 差电压保护

1）差电压保护基本原理

电容器组是由多台电容器通过串联、并联构成，当单台电容发生内部故障由熔断器保护切除后，继续运行的电容器将出现过电压，从而使这些电容器的绝缘老化，给完好电容器造成击穿的条件。当电容器组中由熔断器保护切除多台故障电容器后，余下的电容器上承受的电压超过其额定电压的 10%时，并联电容补偿装置应退出运行。因此，对并联电容补偿装置中的电容器组设置差电压保护。差电压是一种灵敏度高，保护范围大，不受合闸涌流、高次谐波及电压波动影响的保护方式。

差电压保护原理接线如图 3-55 所示。将电容器组分为容量相等的上下两段，通过两个电压互感器（TV_1 和 TV_2）获得上下两段电容器的端电压为 U_1 和 U_2，差电压为 $\Delta U = U_1 - U_2$。电容器组完好时，上下两段电容器的端电压相等即 $U_1 = U_2$，则差电压 $\Delta U = 0$；当电容器组内部电容器损坏，导致上下两段电容器容量不相等时，即 $U_1 \neq U_2$ 时，则差电压 $\Delta U \neq 0$。

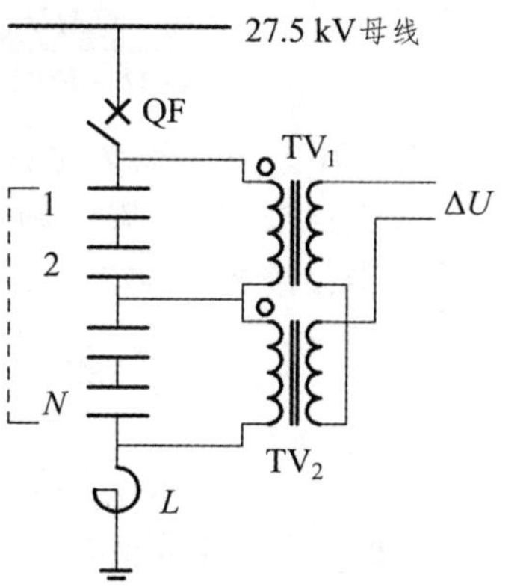

图 3-55　差电压保护原理接线示意图

2）差电压保护的整定

如图 3-55 所示，设电容器组由 N 组串联，每一组由 M 台电容器并联，单台电容器的容量为 C，电抗器基波感抗与电容器组基波容抗之比为 D。

假设某一并联组中有 K 台电容器被切除，设为故障组，则该组电容器的容量为

$$C_{故} = (M-K)C \tag{3-69}$$

完好并联电容器组的容量为

$$C_{好} = MC \tag{3-70}$$

由式（3-69）和式（3-70）可得整个电容器组的总容量为

$$\frac{1}{C_{总}} = \frac{N-1}{MC} + \frac{1}{(M-K)C} = \frac{(N-1)(M-K)+M}{M(M-K)C} \tag{3-71}$$

则流过电容器组的电流为

$$I = \frac{U_{max}}{X_C - X_L} = \frac{M(M-K)\tilde{\omega}C}{N(M-K)(1-D)+K}U_{max} \tag{3-72}$$

式（3-72）中，U_{max} 为牵引变电所 27.5 kV 母线最高电压。

故障电容器组上的电压为

$$U_{故} = \frac{1}{\tilde{\omega}C_{故}} = \frac{MU_{max}}{N(M-K)(1-D)+K} \tag{3-73}$$

完好电容器组上的电压为

$$U_{好} = \frac{1}{\tilde{\omega}C_{好}} = \frac{(M-K)U_{max}}{N(M-K)(1-D)+K} \tag{3-74}$$

由式（3-73）和式（3-74）可得差电压为

$$\Delta U = U_{故} - U_{好} = \frac{KU_{max}}{N(M-K)(1-D)+K} \tag{3-75}$$

从式（3-74）和式（3-75）可以看出，发生故障的并联电容器组的端电压将升高，完好的并联电容器组上的电压将降低。因此差电压保护按如下原则进行整定：

第一步：确定并联电容器组中故障电容器端电压超过 1.1 倍额定电压时，熔断器已切除电容器的台数 K，按式（3-76）计算。

$$\frac{MU_{\max}}{N(M-K)(1-D)+K} \geqslant 1.1U_{\mathrm{N}} \tag{3-76}$$

式（3-76）中，U_{N} 为单台电容器的额定电压。

第二步：按式（3-75）确定差电压 ΔU。

第三步：按式（3-77）计算差电压保护整定值。

$$U_{\mathrm{set}} = \frac{\Delta U}{K_{\mathrm{rel}}} \cdot \frac{1}{K_{\mathrm{V}}} \tag{3-77}$$

式（3-77）中，K_{rel} 为可靠系数，取 1.3 ~ 1.5，K_{V} 为 TV 变比。

为了躲过两段串联电容器组上瞬时出现的不平衡电压，差电压保护的典型时限为 0.1 ~ 1 s。

（二）电容器回路短路保护

并联电容补偿装置主要由电容器组与电抗器串联构成，当电容器组和断路器之间的引线、绝缘子、导管间，以及电容器组与电抗器之间的连接线发生接地短路时，应将并联电容补偿装置退出。

1. 电流速断保护

电流速断保护用于断路器与电容器组之间连接线短路故障的保护。电流速断保护按躲过并联电容补偿装置投入时产生的最大涌流整定，并考虑一定的裕度。

$$I_{\mathrm{set}} = \frac{K_{\mathrm{rel}} I_{\mathrm{y,max}}}{K_{\mathrm{i}}} \tag{3-78}$$

式（3-78）中，K_{rel} 为可靠系数，一般取 1.2 左右；K_{i} 为 TA 变比；$I_{\mathrm{y,max}}$ 为并联电容装置的最大合闸涌流。《并联电容器装置设计规范》（GB 50227—1995）规定，并联电容补偿装置的最大合闸涌流按式（3-79）计算。

$$I_{\mathrm{y,max}} = \sqrt{2} I_{\mathrm{N}} (1 + \sqrt{X_C / X_L}) \tag{3-79}$$

式（3-79）中，I_{N} 为电容器组的额定电流；X_C 为电容器组容抗；X_L 为串联电抗器的感抗。

2. 过电流保护

过电流保护的作用是防止电容器组过负荷运行，过电流保护用于电容器组内部部分接地故障的保护，同时作为电流速断保护的后备保护。过电流保护的动作电流应考虑：

（1）电容器组的电容在 + 10%的偏差，使负荷电流增大。

（2）电容器允许在 1.3 倍额定电流下长期运行。

（3）合闸涌流冲击下不误动。

因此，过电流保护一般根据电容器组的过电流倍数整定，并考虑一定的裕度。

$$I_{\mathrm{set}} = \frac{K_{\mathrm{rel}} K_{\mathrm{pe}} I_{\mathrm{N}}}{K_{\mathrm{i}}} \tag{3-80}$$

式（3-80）中，K_{rel}为可靠系数，一般取 1.2 左右；K_{pe}为电容器组过电流倍数，一般取 1.3；K_i为 TA 变比。

过电流保护的时限按躲过并联电容补偿装置合闸涌流的最大持续时间来整定，一般取 0.5 ~ 1 s。

3. 谐波过电流保护

谐波过电流保护用于防止由于谐波含量过高而引起电容器过热对电容器造成的危害。《并联电容器装置设计规范》（GB 50227—1995）规定，谐波过电流保护的电流整定为

$$I_{set}=\sqrt{(1.3I_N)^2-[27\,500/(X_C-X_L)]^2} \tag{3-81}$$

典型时限为 120 s。

4. 差电流保护

电容器组 C 由多台电容器通过并联、串联后构成，如图 3-56 所示，设电容器组由 N 段串联组成。对于电容器组内部连接线上的接地短路故障，即在 1 段和 2 段之间连接线发生接地短路时的电流最大，在 $N-1$ 段和 N 段之间连接线发生接地短路时的电流最小。因此，当靠近末端段发生接地短路时，过电流保护可能拒动。当电容器组 C 与电抗器 L 之间的连接线发生接地短路时，由于回路阻抗比并联电容补偿装置正常时的阻抗大，短路电流就比正常运行时的电流小，过电流保护不能动作。因此，针对并联电容补偿装置内部发生接地短路的这些特性，对并联电容补偿装置设置差电流保护，用于对并联电容补偿装置内部接地短路故障的保护。

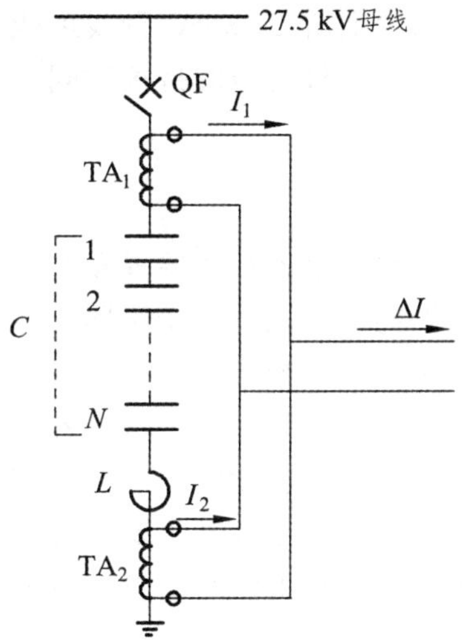

图 3-56　差电流保护示意图

差电流保护由并联电容补偿装置首端和末端的两个电流互感器（TA_1、TA_2）二次侧差接构成，如图 3-56 所示。并联电容补偿装置内部正常时，流过 TA_1 和 TA_2 的电流大小相等，即 $I_1=I_2$，差电流 $\Delta I=I_1-I_2=0$。当并联电容补偿装置内部发生接地短路故障时，流过 TA_1 和 TA_2 的电流不等，即 $I_1\neq I_2$，差电流 $\Delta I=I_1-I_2\neq 0$。差电流保护具有很高的灵敏度，能够可靠地切除并联电容补偿装置内部发生接地短路故障的电容器组。

差电流保护按躲过并联电容补偿装置合闸时可能出现的最大不平衡电流整定，如式（3-82）所示。

$$I_{set}=\frac{K_{rel}K_{st}\Delta f_{max}I_{y,max}}{K_i} \tag{3-82}$$

式（3-82）中，K_{rel} 为可靠系数，取 1.3；K_{st} 为电流互感器同型系数，TA_1 和 TA_2 同型时取 0.5，不同型时取 1；Δf_{max} 为电流互感器最大允许误差，取 0.1；K_i 为 TA 变比。

差电流保护动作时限一般按 0.1 ~ 1 s 整定。

5. 过电压保护

电容器组的过电压可能由两种情况引起，一是电容器组内部单台电容器发生故障由熔断器保护切除后，由于故障组容量减小，其承受的电压将升高，这一类故障可以由差电压保护切除；二是牵引变电所母线电压过高引起的电容器组过电压。因此设置过电压保护，防止由于牵引变电所母线电压过高引起的电容器组过电压。

电容器组只能允许在 1.1 倍额定电压下长期运行，当牵引变电所母线电压升高时，过电压保护应将并联电容补偿装置切除。过电压保护动作电压一般按电容器组额定电压的 1.05 ~ 1.1 倍整定，如式（3-83）所示。

$$U_{set}=K_{pe}\frac{X_C-X_L}{X_C}\cdot\frac{U_N}{U_{max}} \tag{3-83}$$

式（3-83）中，K_{pe} 为电容器组过电压倍数，取 1.05 ~ 1.1；U_N 为电容器组额定电压；U_{max} 为牵引变电所 27.5 kV 母线最高工作电压。

过电压保护的时限应躲过牵引变电所 27.5 kV 母线可能出现的瞬时过电压的持续时间，比如并联电容补偿装置投入时产生瞬时过电压的持续时间。典型时限为 1 ~ 2 s。

6. 低电压保护

设置低电压保护的目的是：

（1）防止在无负荷的情况下，并联电容补偿装置和牵引主变压器同时投入。这是因为当并联电容补偿装置和牵引主变压器同时投入时，变压器与并联电容补偿装置形成串联回路，可能引起谐振，给并联电容补偿装置和系统造成严重后果。

（2）在牵引变电所 27.5 kV 母线失压时，将并联电容补偿装置退出运行，且使电容器组通过放电线圈放电。这样可以防止在母线电压恢复时，电容器极间的残压小于 10%额定电压，从而避免电源电压和残余电压的叠加引起电容器出现超过 1.1 倍额定电压的过电压。

低电压保护的整定值应低于系统正常工作时牵引变电所 27.5 kV 母线可能出现的最低电压，一般按式（3-84）整定。

$$U_{set}=\frac{K_{pe}U_N}{K_V} \tag{3-84}$$

式（3-84）中，K_{pe} 为系统正常运行时可能出现的最低电压系数，一般取 0.5 ~ 0.6；U_N 为牵引变电所 27.5 kV 母线额定电压；K_V 为 TV 变比。

低电压保护的动作时限一般整定为 1 ~ 3 s。

三、串联电容补偿装置及其保护

随着我国铁路高速、重载发展步伐的加快，牵引网供电范围和负荷增大，致使线路电压损失增大，导致牵引网末端电压降低，部分供电臂末端甚至低于非正常状态网压最低要求（19 kV），导致列车无法运行。因此，必须采取措施提高牵引网末端电压，以保证列车正常运行。

提高牵引网末端电压水平主要有三种方法：一是通过改变牵引变电所变压器抽头实现调压；二是采用增加牵引变压器容量的办法来提高牵引网末端电压水平；三是在牵引网端或中间串联电容补偿装置，它以串联电容器的容抗补偿牵引供电系统的感抗来减少电压损失，从而提高牵引网末端电压水平。第三种方法具有结构简单、工程造价低、运行可靠等优点，因此，采用串联电容补偿提高牵引网末端电压在电气化铁路中得到了广泛应用。

（一）串联电容补偿装置的构成

串联电容补偿装置主接线示意图如图 3-57 所示。串联电容补偿装置主要由串联电容器组 C、隔离开关 1QS 和 2QS、保护间隙 FJ、旁路断路器 2QF、阻尼电阻 R 和阻尼电抗 L 以及电流互感器 TA 组成。当电容器组 C 投入运行时，1QS 与 2QF 断开，2QS 合上，则牵引供电臂上有串联电容补偿；当电容器组 C 退出运行时，1QS 与 2QF 合上，2QS 断开，则牵引供电臂上无串联电容补偿。

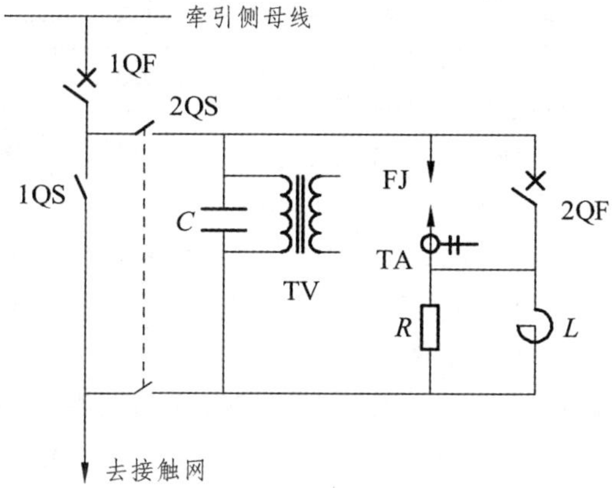

图 3-57　串联电容补偿装置主接线示意图

串联电容器组 C 为串联电容补偿装置主设备，当牵引电流通过电容器组时产生容性电压降跳变，抬高馈线出口电压，从而提高牵引网电压水平，同时可以改善牵引网功率因数。

放电间隙 FJ 的作用是保护电容器组。在正常情况下有牵引负荷且无论牵引负荷大小，放电间隙均处于断开状态；在非正常情况下，如接触网发生短路故障使串联电容器组两端出现高电压时，放电间隙将被击穿，使处于过电压状态的电容器组被暂时短接，从而保护串联电容器组不受长时间高电压的危害。

电流互感器 TA 与放电间隙 FJ 串联，在正常工作状态下，放电间隙不被击穿，电流互感器无电流流过；当放电间隙被击穿时，通过电流互感器形成串联电容器组的放电回路。因此，可以通过电流互感器检测是否有放电电流存在，来判断电容组是否处于过电压状态。

旁路断路器 2QF 与放电间隙 FJ（串电流互感器 TA）相并联，正常工作时，旁路断路器处于分闸状态；在非正常情况下，放电间隙被击穿，保护装置通过电流互感器 TA 检测到放电电流，使旁路断路器合闸。这样就能够长时间短接串联电容器组和放电间隙，使放电间隙熄弧，恢复绝缘状态。

阻尼电阻 R 和阻尼电抗 L 先并联后再与电流互感器 TA、旁路断路器 2QF 相串联。无论是放电间隙 FJ 被击穿，还是旁路断路器 2QF 合闸，都是通过 R 和 L 构成串联电容器组的放电回路，其作用是限制串联电容器组放电的过渡过程，无论在馈线断路器跳闸前还是接触网短路电流通过该回路。

（二）串联电容补偿装置的保护

1. 电容器组内部故障的保护

并联电容补偿装置中的电容器组是由多台小容量电容经过串联、并联构成，对每一台电容器装设专用的快速动作的熔断器。串联电容补偿装置的电容器组也是由若干台小容量电容器经过串联、并联构成，但不对每台电容器装设专用的熔断器，而是在电容器的一次接线和安装方面采取措施。将串联电容补偿装置的电容器分成若干小组，每个小组的电容器安装在一个辅助平台上，每个辅助平台又安装在主平台上，主平台与辅助平台之间是绝缘的。将辅助平台上的电容器按一定的接线要求进行串联、并联连接。采用装设在辅助平台上的绝缘监察装置来实现对电容器组内部故障的保护，绝缘监察装置由跌落式熔断器构成，如图 3-58 所示。

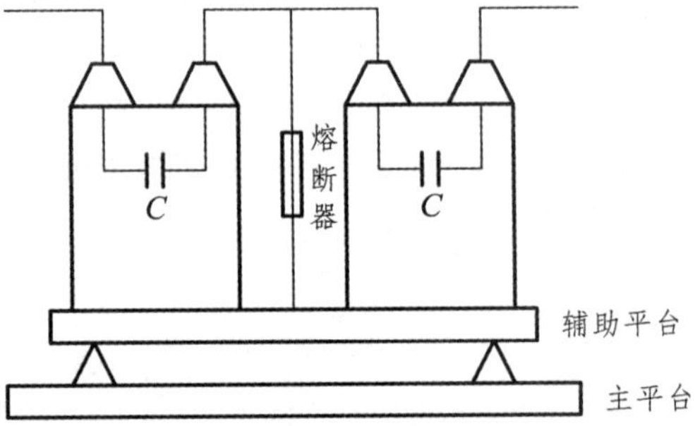

图 3-58　串联电容补偿装置的绝缘监察装置示意图

如图 3-58 所示，当电容器内部发生故障（如电容器极板与箱壳之间的绝缘损坏）时，跌落式熔断器熔断，指示该台电容器故障。这种保护方式不启动旁路断路器 2QF 合闸，电容器组不退出运行。其主要缺点是：跌落式熔断器指示的电容器故障只有靠人工巡视才能发现。

跌落式熔断器熔丝的选择应满足：保证电容器极板与箱壳之间绝缘损坏时，通过熔断器的故障电流使熔丝可靠熔断；熔断器能承受的电压应不小于 4 倍单台电容器额定电压；熔管需按遮断容量检验。

2. 过电流保护

如图 3-57 所示，当牵引网或电力机车段短路时，只要电容器组的电压升高到一定值，保护间隙 FJ 就被击穿，给短路电流形成一个放电回路。如果是电力机车内部故障，机车主断路器跳闸后，牵引变电所馈线保护不跳闸，保护间隙 FJ 的电弧将由线路上其他电力机车的负荷电流维持，这将导致保护间隙 FJ 故障。因此，只要放电间隙 FJ 中存在放电电流，就应该将旁路断路器 2QF 合闸。

（1）放电间隙击穿电压按电容器组额定电压的 2.5 ~ 3 倍整定。

（2）过电流保护按躲过放电支路的不平衡电流整定，如式（3-85）所示。

$$I_{set}=\frac{K_{rel}I_{dsp}}{K_i} \tag{3-85}$$

式（3-85）中，K_{rel} 为可靠系数，一般取 1.2；I_{dsp} 为放电间隙的不平衡电流，可按 150 A 整定，并根据实际情况调整；K_i 为 TA 变比。

过电流保护的时限一般整定为 0.01 ~ 0.1 s。

3. 过电压保护

过电压保护作为放电间隙击穿的后备保护，一般按电容器组额定电压的 2.5 倍进行整定，如式（3-86）所示。

$$U_{set}=\frac{2.5U_N}{K_V} \tag{3-86}$$

式（3-86）中，U_N 为电容器组额定电压；K_V 为并联于串联电容组两端的电压互感器变比。

第七节　中性点直接接地系统的接地保护

一、零序分量的特点

1. 零序保护的概念

在供电系统中发生不对称接地短路时，可以利用对称分量的方法将电流和电压分解为正序、负序和零序分量。根据电工原理可以得出以下表达式：

$$\dot{I}_A+\dot{I}_B+\dot{I}_C=3\dot{I}_0 \tag{3-87}$$

$$\dot{U}_A+\dot{U}_B+\dot{U}_C=3\dot{U}_0 \tag{3-88}$$

当大接地电流系统发生金属性单相接地故障时，例如 A 相接地，此时，$\dot{I}_B=\dot{I}_C=0$，$\dot{I}_A=\dot{I}_k\neq 0$，$\dot{U}_A\approx 0$，$\dot{U}_B\neq 0$，$\dot{U}_C\neq 0$；将其代入式（3-87）和式（3-88）得：$3\dot{I}_0=\dot{I}_A=\dot{I}_k$，$3\dot{U}_0\approx\dot{U}_B+\dot{U}_C$。

同理，当电网发生三相或两相短路时，例如 B、C 相间短路时，$\dot{I}_B=-\dot{I}_C$，$\dot{I}_A=0$，$\dot{U}_B=\dot{U}_C=-\frac{1}{2}\dot{U}_A$；将其代入式（3-87）和式（3-88）得：$3\dot{I}_0=0$，$3\dot{U}_0=0$。

用上述分析方法，可以看出，相间短路故障时，无零序电流和零序电压产生，而零序电流和零序电压的出现，表明了供电系统出现了接地短路故障。利用零序电流和零序电压产生即代表发生接地短路的特点构成的保护就称为零序保护，也称作接地保护。

2. 零序分量参数的特点

短路计算的零序等效网络如图 3-59 所示。

零序电流可以看成是在故障点出现一个零序电压 $\dot{U}_{0k}$ 而产生的，它经过变压器接地的中性点构成回路，方向是由接地短路点流向变压器接地的中性点。零序电流的方向采用故障点流向母线为正，而零序电压的方向是线路高于大地的电压为正，如图 3-59(c)中电压指示的箭头。

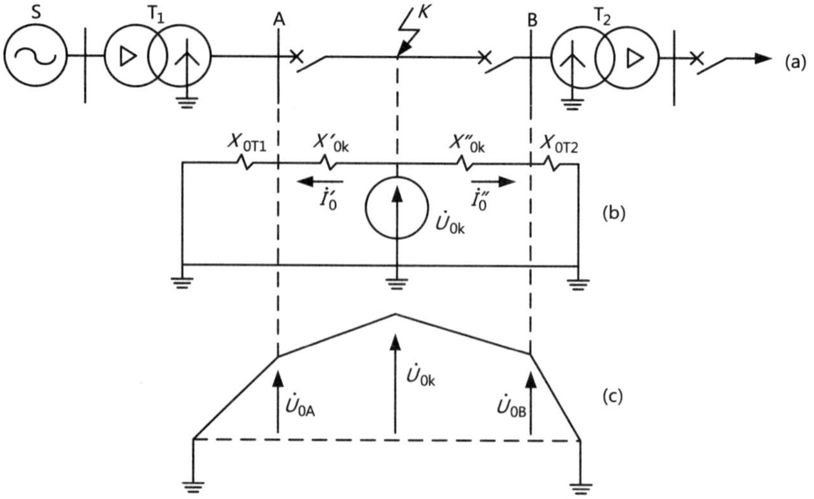

图 3-59　零序等效网络图

由上述等效网络可见，零序分量的参数具有如下特点：

（1）故障点的零序电压最高，系统中距离故障点越远处的零序电压越低，到变压器中性点接地处，零序电压等于零。中性点零序电压的分布如图 3-59（c）所示，在变电所 A 母线上零序电压为U_{0A}，变电所 B 母线上零序电压为U_{0B}。

（2）零序电流的分布，主要取决于送电线路的零序阻抗和中性点接地变压器的零序阻抗，而与电源的数目和位置无关，例如在图 3-59 中，当变压器 T_2 的中性点不接地时，$I_0''=0$。

（3）对于发生故障的线路，两端零序功率的方向与正序功率的方向相反，零序功率方向实际上都是由线路流向母线的，例如由 k 点流向母线 A 和母线 B。

（4）从任一保护安装处的零序电压与电流之间的关系看，由于 A 母线上的零序电压U_{0A}实际上是从该点到零序网络中性点之间零序阻抗上的电压降，该处零序电流与零序电压之间的相位差也将由 X_{0T1} 的阻抗角决定，而与被保护线路的零序阻抗及故障点的位置无关。

（5）在供电系统运行方式变化时，如果送电线路和中性点接地的变压器数目不变，则零序阻抗和零序等效网络就是不变的。但此时，系统的正序阻抗和负序阻抗要随着运行方式而变化，正、负序阻抗的变化将引起U_{k1}、U_{k2}、U_{k0}之间电压分配的改变，因而间接地影响零序分量的大小。

二、零序分量滤过器

1. 零序电压滤过器

为了利用零序分量构成各种零序保护，首先要将零序分量过滤出来，能够过滤出零序分量的装置称为零序分量滤过器。零序分量滤过器有零序电压滤过器和零序电流滤过器。用零序电压滤过器即可实现接地短路的零序电压保护。

为了获取零序电压，通常采用如图 3-60(a)所示的三个单相式电压互感器，或图 3-60（b）所示的三相五柱式电压互感器构成零序电压滤过器。电压互感器的一次绕组接成星形接法并将中性点接地，二次绕组接成开口三角形，三相五柱式电压互感器的另一个二次绕组接成星

形，以取得相电压和线电压。电压继电器的线圈接在开口三角形的两端，这样加在继电器上的电压为

$$\dot{U}_k = \dot{U}_a + \dot{U}_b + \dot{U}_c = 3\dot{U}_0 = \frac{3\dot{U}_{k0}}{K_u} \tag{3-89}$$

式中　$\dot{U}_k$——滤过器安装处母线零序电压在 TV 二次侧的值，即接入电压继电器的电压；

$\dot{U}_a$、$\dot{U}_b$、$\dot{U}_c$——电压互感器二次侧的电压；

$\dot{U}_{k0}$——滤过器安装处的母线零序电压；

K_u——电压互感器的变压比。

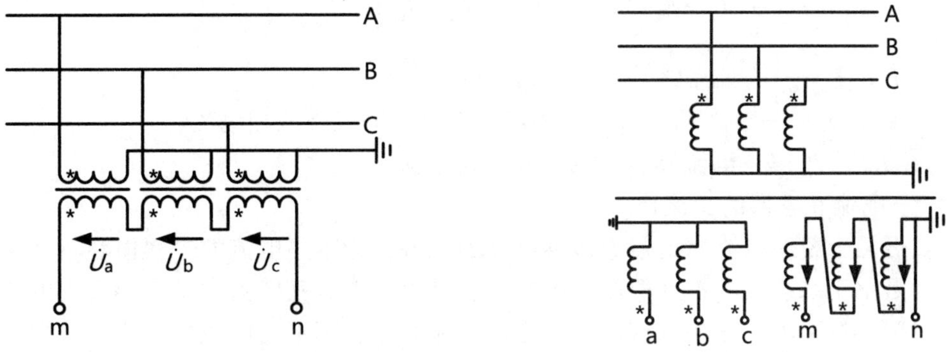

（a）用三个单相式电压互感器　　（b）三相五柱式电压互感器

图 3-60　零序电压滤过器原理图

由式（3-89）可见，接入继电器的电压 $\dot{U}_k$ 与母线零序电压 $\dot{U}_{k0}$ 成正比。对于正序或负序电压分量，三相相加为零；对于零序电压分量，三相相加不为零。因此电压互感器二次侧开口三角形输出端只有 $3\dot{U}_0$ 出现。

由于电压互感器的误差和三相系统对地不完全平衡，因此在正常运行和相间短路故障时，在开口三角形侧也可能有数值不大的零序电压输出，此电压称为不平衡电压。当一次系统中含有三次谐波电压输出。在使用中，反应零序电压的继电器整定值应能够躲过零序电压滤过器输出端可能出现的最大不平衡电压及最大三次谐波电压。

2. 零序电流滤过器

所谓零序电流滤过器是指为了使继电器只受零序电流而不受其他分量的作用，需要采用特殊的过滤电路，只让零序电流分量输出，而将其他分量（如额定电流）滤除。

零序电流滤过器，是利用分别接在三相中完全相同的三个电流互感器构成的，如图 3-61 所示。电流互感器的二次侧同极性端并联，反应零序电流的电流继电器的线圈（或零序功率方向继电器的电流线圈）接于并联电路的两端，则继电器流过三相电流之和。对于正序和负序电流分量，三相相加为零；对于零序电流分量，三相相加不为零。因此零序电流滤过器输出端只有零序电流分量 $3\dot{I}_0$ 的出现。

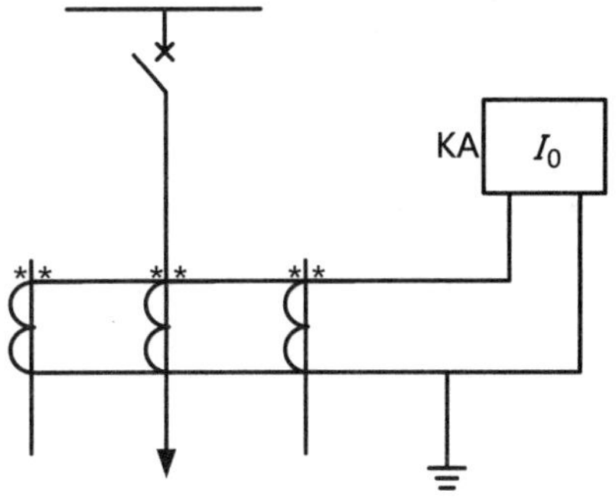

图 3-61　零序电流滤过器

实际上，在零序电流滤过器中，由于三个电流互感器的激励电流不相等，即使一次侧的电流对称，输出端也会有一定的零序电流存在，称为不平衡电流。不平衡电流等于三个电流互感器激磁电流的相量和。在考虑激磁电流后流经继电器的电流为

$$\begin{aligned}\dot{I}_k &= 3\dot{I}_0 = \dot{I}_a + \dot{I}_b + \dot{I}_c \\ &= \frac{\dot{I}_A - \dot{I}_{eA}}{k_i} + \frac{\dot{I}_B - \dot{I}_{eB}}{k_i} + \frac{\dot{I}_C - \dot{I}_{eC}}{k_i} \\ &= \frac{1}{k_i}[(\dot{I}_A - \dot{I}_{eA}) + (\dot{I}_B - \dot{I}_{eB}) + (\dot{I}_C - \dot{I}_{eC})] \\ &= \frac{1}{k_i}(\dot{I}_A + \dot{I}_B + \dot{I}_C) - \frac{1}{k_i}(\dot{I}_{eA} + \dot{I}_{eB} + \dot{I}_{eC})\end{aligned}$$

式中　$\dot{I}_a$，$\dot{I}_b$，$\dot{I}_c$——电流互感器二次侧的电流；

$\dot{I}_A$，$\dot{I}_B$，$\dot{I}_C$——电流互感器一次侧三相电流，即线路三相电流；

$\dot{I}_{eA}$，$\dot{I}_{eB}$，$\dot{I}_{eC}$——电流互感器的三相激磁电流；

k_i——电流互感器的变流比。

由上式可见，零序电流滤过器流入继电器的电流，为零序电流的二次值和不平衡电流两部分，前者是由于系统三相不平衡产生的，后者是由于电流互感器本身三相励磁电流不平衡产生的。在正常情况下，三相电流对称，零序电流为零，不平衡电流也很小。根据测量，不平衡电流一般为 0.01～0.02 A。但当电网发生相间短路故障时，不平衡电流将可能很大。这是因为此时电流互感器一次侧流过含有很大直流分量的短路电流，因此电流互感器的铁芯严重饱和，励磁电抗大大减小，励磁电流数十倍或上百倍的增加。由于短路瞬时各短路相的电压相位相差 120°，故短路电流中直流分量的数值各不相同，三个电流互感器铁芯的磁化特性也不完全一样，因而各相饱和程度就有很大的差异，这样三相励磁电流就极不对称，因此不平衡电流也达到最大值。为保证电网发生相间短路故障时，零序电流保护装置不误动作，零序电流保护装置的动作电流应躲过最大不平衡电流。

上述零序电流滤过器通常应用于架空电力线路。而对于电缆输送电线路，通常采用零序电流互感器来获得系统三相不平衡电流 $3I_0$，如图 3-62 所示。零序电流互感器就套在输电电缆外面，从其铁芯中穿过的电缆就是电流互感器的一次绕组，因此，这个互感器的一次电流就是 $\dot{I}_A + \dot{I}_B + \dot{I}_C$，只有当一次侧出现零序电流时，在互感器的二次侧才有相应的 $3I_0$ 输出，故称它为零序电流互感器。和零序电流滤过器相比，采用零序电流互感器的优点主要是没有不平衡电流，同时接线也更简单；缺点是使用场合受限制，只适用于电缆线路。

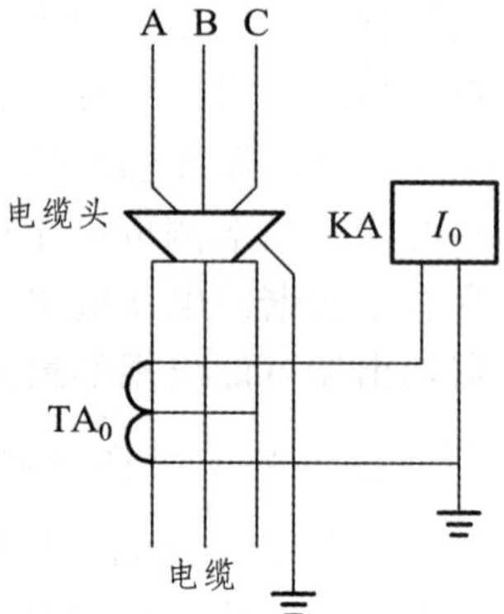

图 3-62　零序电流互感器接线图

三、零序电流保护

零序电流保护能区分正常运行和接地短路故障，并且能区分短路点的远近，以便在近处发生接地短路故障时以较短的时间切除故障，满足快速性和选择性的要求。但对于两相短路

故障和三相短路故障不能反应，因此只能作为接地短路保护的后备保护，一般配置三段式或四段式零序电流保护。零序电流Ⅰ段为速断保护，零序电流Ⅱ段为带时限零序电流速断保护，零序电流Ⅲ段为零序过电流保护。

1. 零序电流速断保护（零序电流Ⅰ段）

无时限零序电流速断保护工作原理，与反应相间短路故障的无时限电流速断保护相似，所不同的是无时限零序电流速断保护仅反应电流中的零序分量。当在被保护线路 MN 上发生单相或两相接地短路，故障点沿线路 MN 移动时，流过 M 处保护的最大零序电流变换曲线如图 3-63 所示。为保证保护动作的选择性，零序电流Ⅰ段保护区不能超出本线路，其动作电流按下述原则整定。

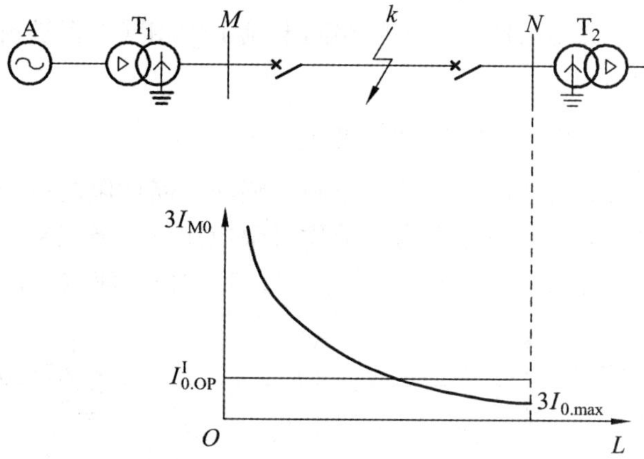

图 3-63　零序电流速断保护的动作电流整定说明图

（1）零序电流Ⅰ段的动作电流，应躲过被保护线路末端发生单相或两相接地短路时流过本线路的最大零序电流，即

$$I_{0.OP}^{I} = K_{rel}^{I} \cdot 3I_{0.max} \tag{3-90}$$

式中　$I_{0.max}$——线路末端发生接地故障时流过保护的最大零序电流；

K_{rel}^{I}——可靠系数，一般取 1.2～1.3。

求取 $3I_{0.max}$ 的故障点应选取在本线路末端，例如，图 3-63 中 M 处的零序电流Ⅰ段整定时故障点应在 N 处。故障类型应选择使得零序电流最大的一种接地故障（单相或两相接地短路）。

（2）零序电流Ⅰ段的动作电流，应躲过手动合闸或自动重合闸期间，断路器三相触头不同时合闸所出现的最大零序电流，即

$$I_{0.OP}^{I} = K_{rel}^{I} \cdot 3I_{0.ust} \tag{3-91}$$

式中　$I_{0.ust}$——断路器三相触头不同时合闸所出现的最大零序电流。

$I_{0.ust}$ 只在断路器三相触头不同时合上时存在，所以持续时间较短，一般小于 100 ms。如果在断路器手动合闸或自动重合闸期间，零序电流Ⅰ段保护增加延时 t（一般为 0.1 s），用来躲过断路器三相触头不同时合上时的零序电流，则可不考虑这个整定条件。

（3）零序电流Ⅰ段的动作电流，应躲过非全相运行期间振荡所造成的最大零序电流，即

$$I_{0.OP}^{\mathrm{I}} = K_{\mathrm{rel}}^{\mathrm{I}} \cdot 3I_{0.\mathrm{unc}} \tag{3-92}$$

式中　$I_{0.\mathrm{unc}}$——非全相运行伴随振荡时的最大零序电流。

一般而言，非全相运行伴随振荡时的最大零序电流是上述三点中最大的，定值比较大，灵敏度较低。为解决这个问题，可装设两套灵敏性不同的零序电流速断保护，即：

① 灵敏Ⅰ段：按整定条件式（3-90）、（3-91）整定（两者中取较大者为整定值），或只是按照整定条件式（3-90）整定，但在手动合闸或自动重合闸期间增加 0.1 s 延时。

② 不灵敏Ⅰ段：按整定条件式（3-92）整定。

由于灵敏Ⅰ段不考虑非全相运行伴随振荡时的最大零序电流，动作值较小，灵敏度较高，但在非全相运行时可能误动，因此在非全相运行期间应将灵敏Ⅰ段退出。不灵敏Ⅰ段动作值较高，灵敏度较低，但非全相运行期间不会误动，故不灵敏Ⅰ段不必退出运行。

无时限零序电流速断保护的灵敏性要求与相间电流Ⅰ段相同，保护范围要求大于线路全长的 15%～20%。

2. 带时限零序电流速断保护（零序电流Ⅱ段）

带时限零序电流速断保护动作电流的整定原则与相间短路的限时电流速断保护相同，整定时应注意将零序电流的分流因素考虑在内，动作时限应比下一条线路零序电流Ⅰ段的动作时限大一个时限级差 Δt。对于图 3-64 中 M 处的保护，其动作电流按下述原则整定。

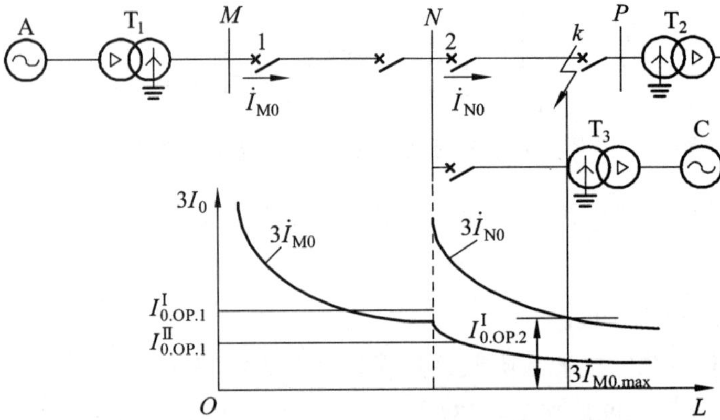

图 3-64　带时限零序电流速断保护动作电流整定说明图

零序电流Ⅱ段保护区不超出相邻线路零序电流Ⅰ段保护区，即躲过相邻线路Ⅰ段末端短路时流过本线路的最大零序电流。如图 3-64 所示，有

$$I_{0.OP.1}^{\mathrm{II}} = K_{\mathrm{rel}}^{\mathrm{II}} \cdot 3I_{\mathrm{M0.max}} \tag{3-93}$$

式中　$3I_{\mathrm{M0.max}}$——保护 2 零序Ⅰ段末端故障流过 MN 线路的最大零序电流；

$K_{\mathrm{rel}}^{\mathrm{II}}$——可靠系数，一般取 1.1。

零序电流Ⅱ段灵敏性，应按被保护线路末端发生接地短路时的最小零序电流来校验，即

$$K_{\mathrm{sen}} = \frac{3I_{\mathrm{M0.min.N}}}{I_{0.OP.1}^{\mathrm{II}}} \geqslant 1.3 \sim 1.5 \tag{3-94}$$

式中　$3I_{\mathrm{M0.min.N}}$——本线路末端 N 点接地短路时的最小零序电流。

当灵敏系数不能满足要求时，可采取以下措施：

（1）与相邻线路零序Ⅱ段配合整定。其动作时限应较相邻线路零序Ⅱ段时限长一个时间级差 Δt。

（2）改用接地距离保护。

3. 零序过电流保护（零序电流Ⅲ段）

零序过电流保护在正常时应当不启动，故障切除后应当返回。为保证选择性，动作时间应当与相邻线路Ⅲ段按照阶梯特性配合。零序电流Ⅲ段保护范围较长，对于本线路和相邻线路的接地故障，零序过电流保护都应能够反应。

零序电流Ⅲ段的动作电流应按躲过下一线路始端（即本线路末端）三相短路时流过本保护的最大不平衡电流 $I_{\text{unb.max}}$ 整定，即

$$I_{0.\text{OP}}^{\text{III}}=K_{\text{rel}}^{\text{III}}\cdot I_{\text{unb.max}} \tag{3-95}$$

式中　$I_{\text{unb.max}}$——本线路末端三相短路时流过本保护的最大不平衡电流；

$K_{\text{rel}}^{\text{III}}$——可靠系数，一般取 1.2 ~ 1.3。

最大不平衡电流按下式计算：

$$I_{\text{unb.max}}=K_{\text{aper}}\cdot K_{\text{ss}}\cdot K_{\text{er}}\cdot I_{\text{k.max}}^{(3)} \tag{3-96}$$

式中　K_{aper}——非周期分量系数，$t=0$ s 时取 1.5 ~ 2，$t=0.5$ s 时取 1；

K_{ss}——TA 同型系数，TA 型号相同时取 0.5，型号不同时取 1；

K_{er}——TA 误差，取 0.1；

$I_{\text{k.max}}^{(3)}$——本线路末端三相短路时流过本保护的最大短路电流。

作为本线路近后备的零序Ⅲ段，其灵敏度应按本线路末端接地短路时流过本保护的最小零序电流校验，要求灵敏系数大于 1.3。当作为相邻线路的远后备保护时，应按相邻线路末端接地短路时流过本保护的最小零序电流校验，要求灵敏系数大于 1.2。

按上述原则整定的零序过电流保护，其启动电流一般都很小（在二次侧为 2 ~ 3 A）。为了便于比较，图 3-65 示出了相间短路过电流保护的动作时限，它是从保护 1 开始逐级配合的。由此可见，在同一线路上的零序过电流保护与相间短路的过电流保护相比，将具有较小的时限，这也是它的一个优点。

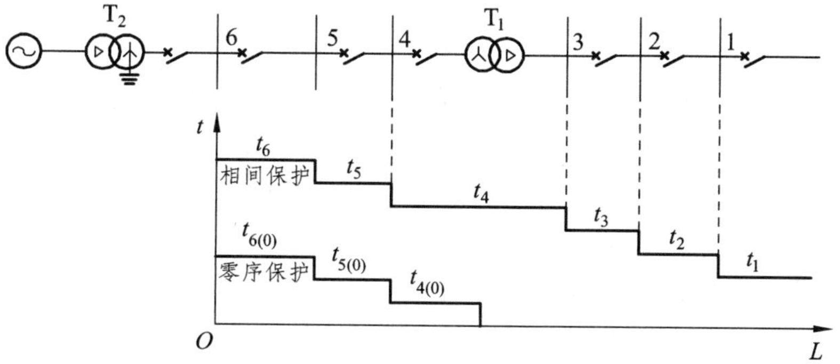

图 3-65　零序过电流保护的时限特性

四、方向零序电流保护

1. 方向零序电流保护的基本原理

在双侧或多侧电源的网络中，电源处一般至少有一台变压器的中性点要接地，由于零序电流的实际流向是由故障点流向各个中性点接地的变压器，因此在变压器接地数目比较多的复杂网络中，就需要考虑零序电流保护动作的方向性问题。

如图 3-66 所示的网络接线，两侧电源处的变压器中性点均直接接地，这样，当 k_1 点短路时，其零序等效网络和零序电流分布如图 3-66（b）所示，按照选择性的要求，应该由保护 1 和 2 动作切除故障。但是零序电流 $\dot{I}''_{0k1}$ 流过保护 3 时，就可能引起它的误动作；同样当 k_2 点短路时，如图 3-66（c）所示，零序电流 $\dot{I}'_{0k2}$ 又可能使保护 2 误动作，因此必须在零序电流保护上增加功率方向元件，利用正方向和反方向故障时零序功率方向的差别，来闭锁可能误动作的保护，才能保证动作的选择性。

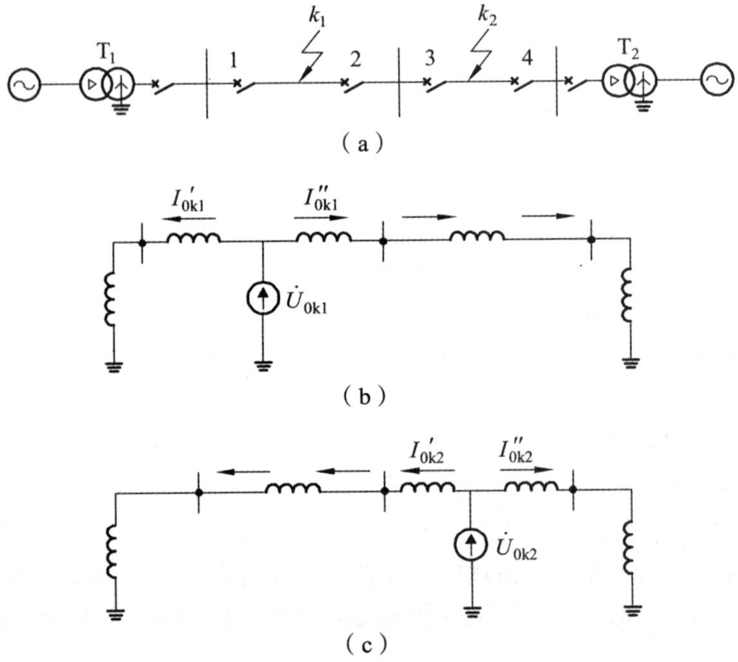

图 3-66　零序方向保护工作原理分析

2. 零序功率方向继电器

如图 3-67 所示，零序功率方向继电器接于零序电压 $3\dot{U}_0$ 和零序电流 $3\dot{I}_0$，它只反应于零序功率的方向而动作。当保护范围内部故障时，按规定的电流、电压正方向看，$3\dot{I}_0$ 超前于 $3\dot{U}_0$ 为 95° ~ 110°（对应于保护安装地点背后的零序阻抗角为 85° ~ 70°的情况），继电器此时应正确动作，并应工作在最灵敏的条件下。

根据零序分量的特点，零序功率方向继电器显然应该采用最大灵敏角 $\varphi_{sen} = -110° \sim -95°$。当按规定极性对应加入 $3\dot{U}_0$ 和 $3\dot{I}_0$ 时，继电器正好工作在最灵敏的条件下，其接线如图 3-67（a）所示，简单清晰，易于理解。

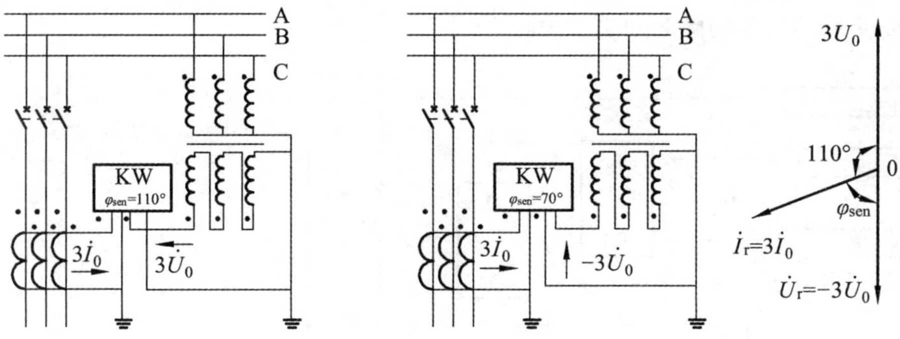

图 3-67 零序电流继电器的接线方式

整流型零序功率方向继电器都是把最大灵敏角做成 $\varphi_{sen}=70°\sim85°$，即要求加入继电器的 $\dot{U}_r$ 应超前 $\dot{I}_r$ 70°～85°时动作最灵敏。为了适应这个要求，对此种零序功率方向继电器的接线应如图 3-67（b）所示，将电流线圈与电流互感器绕组之间同极性相连，而将电压线圈与电压互感器绕组之间不同极性相连，即 $\dot{I}_r=3\dot{I}_0$，$\dot{U}_r=-3\dot{U}_0$，$\varphi_r=70°\sim85°$，相量关系如图 3-67（c）所示，刚好符合最灵敏的条件。

图 3-67（a）和（b）的接线实质上完全一样，只是在图 3-67（b）的情况下，先在继电器内部的电压回路中倒换一次极性，然后在外部接线时再倒换一次极性。由于在正常运行情况下没有零序电流和电压，零序功率方向继电器的极性接错时不易发现，故在实际工作中应给予特别注意。

五、零序电流保护框图

图 3-68 为 110 kV 线路零序方向电流保护逻辑框图。

上述零序方向保护逻辑框图中设置了 4 个带延时段的零序方向电流保护，各段零序可由用户选择经或不经零序方向元件控制。在 TV 断线时，零序 I 段可由用户选择是否退出；各段零序电流保护均不经方向元件控制。所有零序电流保护都受启动过电流元件控制，因此各零序电流保护定值应大于零序启动电流定值。当最小相电压小于 $0.8U_N$ 时，零序加速延时为 100 ms；当最小相电压大于 $0.8U_N$ 时，加速时间延时为 200 ms，其过流定值用零序过流加速段定值。TV 断线时，自动投入两段相过流元件，两个元件的延时可分别整定。

六、零序电流保护评价

在中性点直接接地的高压系统中，零序电流保护由于简单、经济、可靠，因而作为辅助保护和后备保护得到了广泛的应用。它与电流保护相比有着独特的优点。

（1）相间短路的过电流保护是按照大于负荷电流整定，继电器的启动电流一般为 5～7 A，而零序过电流保护则按照躲开不平衡电流的原则整定，一般为 2～3 A。由于发生单相接地短路时，故障相的电流与零序电流 $3I_0$ 相等，因此，零序过电流保护的灵敏度高，且零序过电流保护的动作时限也比电流保护要短。尤其对于两侧电源的线路，当线路内部靠近任一侧发生接地短路时，本侧零序 I 段动作跳闸后，对侧零序电流增大可使对侧零序 I 段也相继动作跳闸，因而使总的故障切除时间更加缩短。

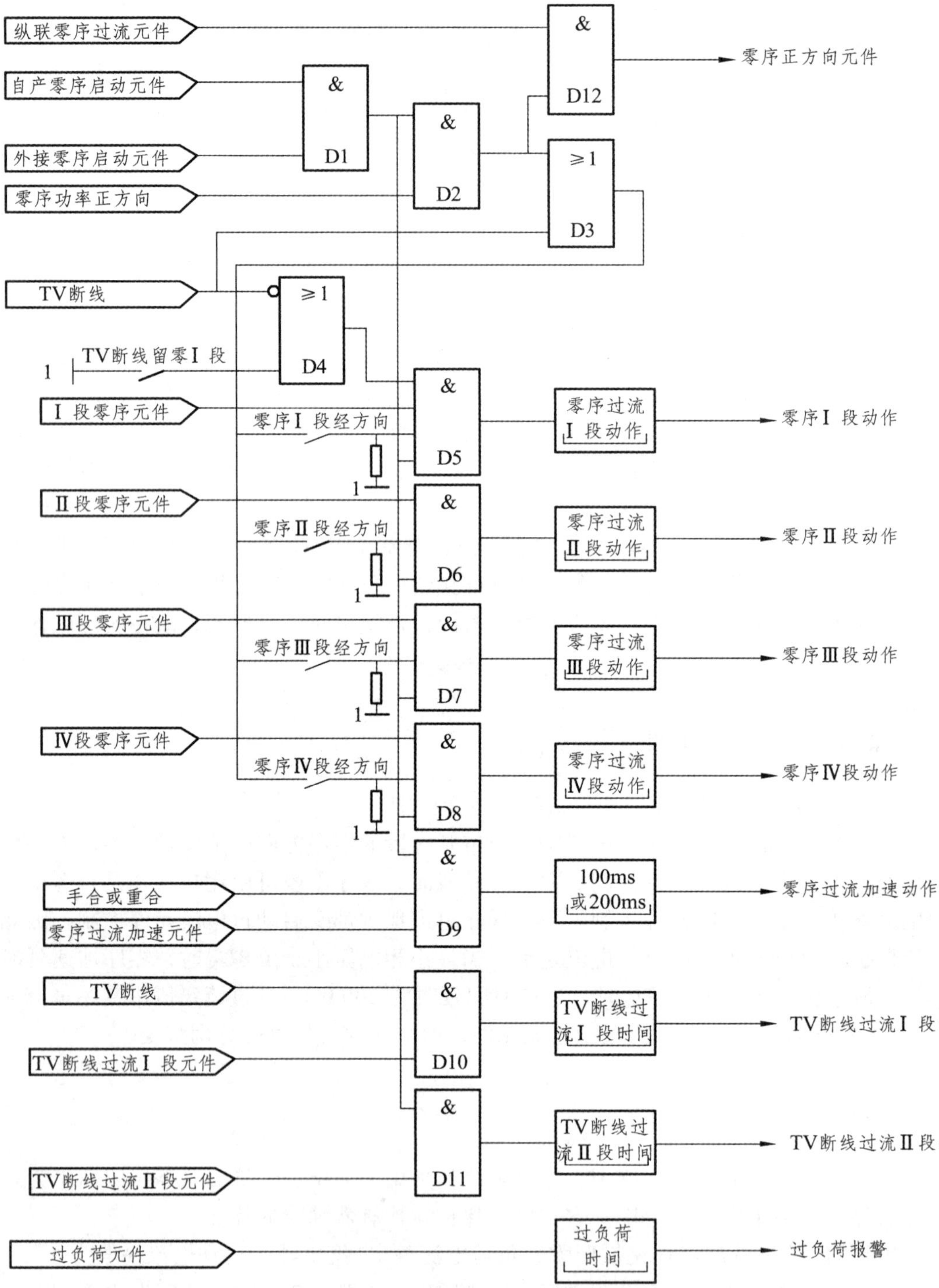

图 3-68　零序方向电流保护逻辑框图

（2）相间短路的电流速断和限时电流速断保护受系统运行方式变化的影响很大，而零序电流保护受系统运行方式变化的影响要小得多。此外，由于线路零序阻抗比正序阻抗大得多，故线路始端与末端短路时，零序电流变化显著，曲线较陡，因此零序Ⅰ段的保护范围较大也较稳定，零序Ⅱ段的灵敏系数也易于满足要求。

（3）当系统中发生某些不正常运行状态（如系统振荡、短路过负荷）时，三相是对称的，相间短路的电流保护均将受它们的影响而可能误动作，因而需要采取必要的措施防止，而零序保护则不受它们的影响。

（4）在 110 kV 及以上的高压和超高压系统中，单相接地故障约占全部故障的 70%～90%，而且其他的故障也往往是由单相接地故障发展起来的，因此，采用专门的零序保护就具有显著的优势。（零序保护在 110 kV 及以上的系统中应用比较广泛）

当然零序保护也有自身的缺点：

（1）对于短线路或运行方式变化很大的情况，保护往往不能满足系统运行所提出的要求。

（2）随着单相自动重合闸的广泛应用，在重合闸动作的过程中将出现非全相运行状态，再考虑系统两侧的电机发生摇摆，则可能出现较大的零序电流，因而影响零序电流保护的正确工作，此时应从整定计算上予以考虑，或在单相自动重合闸动作过程中使之短路退出运行。

（3）当采用自耦变压器联系两个不同电压等级的网络时，则任一网络的接地短路都将在另一网络中产生零序电流，这将使零序保护的整定配合复杂化，并将增大第Ⅲ段保护的动作时限。

实际上，在中性点直接接地的电网中，零序电流保护由于简单、经济、可靠，因而得到了广泛的应用。

第八节　中性点不接地系统的单相接地保护

一、中性点不接地系统中单相接地故障的特点

图 3-69 所示为中性点不接地系统（又称小接地短路电流系统）接线示意图。图中母线上接有一个电源和两条馈电线路。电源和每条馈电线路对地都有电容，设分别以 C_{0S}、C_{0I}、C_{0II}

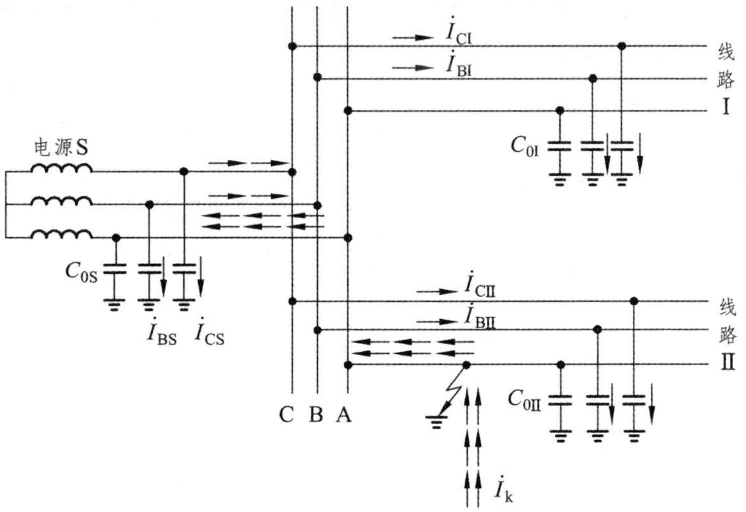

图 3-69　单相接地时的电容电流分布图

等集中电容来表示。正常运行时，三相的对地电容相当于中性点接地的三相对称星形容性负载，三相的对地电压仍然是对称的相电压，对地电容电流也三相对称，并分别比系统电势超前 90°，电源中性点的电位与地电位相等，无零序电压和零序电流。

当馈电线路Ⅱ的 A 相发生接地故障后，如果忽略负荷电流和电容电流在线路阻抗上的

电压降，则全系统 A 相对地电压都等于零，因而各元件 A 相对地电容电流也等于零；同时 B 相和 C 相的对地电压和电容电流都升高到 $\sqrt{3}$ 倍，相量关系如图 3-70 所示。

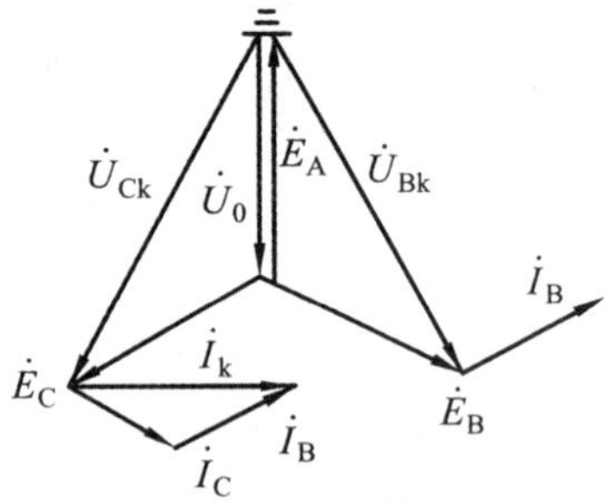

图 3-70　A 相接地时的相量图

电容电流的分布在图 3-69 中用箭头表示。这时，各相对地电压为

$$\left.\begin{aligned}&\dot U_{Ak}=0\\&\dot U_{Bk}=\dot E_B-\dot E_A=\sqrt{3}\dot E_A e^{-j150^\circ}\\&\dot U_{Ck}=\dot E_C-\dot E_A=\sqrt{3}\dot E_A e^{+j150^\circ}\end{aligned}\right\}\tag{3-97}$$

故障点 k 的零序电压为

$$\dot U_{k0}=\frac{1}{3}(\dot U_{Ak}+\dot U_{Bk}+\dot U_{Ck})=-\dot E_A\tag{3-98}$$

由此引起全系统都将出现零序电压。

由图 3-69 可见，在非故障的馈电线路Ⅰ上，A 相对地电容电流为零，B 相和 C 相电流有本身的对地电容电流。因此，在馈电线路Ⅰ始端所反应的零序电流为 $3\dot I_{0I}=\dot I_{BI}+\dot I_{CI}$

参照图 3-70 所示的相量关系，其相位比 $3\dot U_{k0}$ 超前 90°，有效值为

$$3I_{0I}=3U_{ph}\omega C_{0I}\tag{3-99}$$

式中　U_{ph}——相电压的有效值。

式（3-99）表明，在非故障的馈电线路始端所反应的零序电流为该线路本身的对地电容电流，其电容性无功功率的方向为由母线流向馈电线路。当母线上接有多条馈电线路时，此结论适用于每一条非故障的馈电线路。

在电源 S 上，本身的 A 相对地电容电流也为零，本身的 B 相和 C 相对地电容电流分别为 $\dot I_{BS}$、$\dot I_{CS}$。但是，在 A 相中要流回从故障点流来的全部对地电容电流，而在 B 相和 C 相中又要分别流出各馈电线路同名相的对地电容电流。此时，从电源出线端所反应的零序电流 $3\dot I_{0S}$ 仍应为三相电流之和。由图 3-69 可见，各条馈电线路的对地电容电流从 A 相流入电源后，又分别从 B 相和 C 相流出电源，故相加后又互相抵消，而只剩下电源本身的 B 相和 C 相对地电容电流，因此 $3\dot I_{0S}=\dot I_{BS}+\dot I_{CS}$。

参照图 3-70 所示的相量关系，其相位也比 $3\dot U_{k0}$ 超前 90°，有效值为

$$3I_{0S}=3U_{ph}\omega C_{0S}\tag{3-100}$$

式（3-100）表明，从电源出线端所反应的零序电流为电源本身的对地电容电流。其电容性无功功率的方向是由母线流向电源。当母线上接有多个电源时，此结论可适用于每一个电源。这个特点与非故障馈电线路是一样的。

再看A相发生接地故障的馈电线路Ⅱ。在B相和C相，也流有它本身的对地电容电流 I_{BII}、I_{CII}，而在A相的接地故障点要流回全系统B相和C相的对地电容电流之总和，即

$$\dot{I}_k=(\dot{I}_{BI}+\dot{I}_{CI})+(\dot{I}_{BII}+\dot{I}_{CII})+(\dot{I}_{BS}+\dot{I}_{CS})$$

其有效值为

$$I_k=3U_{ph}\omega(C_{0I}+C_{0II}+C_{0S})=3U_{ph}\omega C_{0\Sigma} \tag{3-101}$$

式中，$C_{0\Sigma}$ 为全系统每相对地电容的总和。$\dot{I}_k$ 要从A相流回电源，故从A相流出的电流可表示为 $\dot{I}_{AII}=-\dot{I}_k$。于是，在馈电线路Ⅱ始端所反应的零序电流为

$$3\dot{I}_{0II}=\dot{I}_{AII}+\dot{I}_{BII}+\dot{I}_{CII}=-(\dot{I}_{BI}+\dot{I}_{CI}+\dot{I}_{BS}+\dot{I}_{CS})$$

参照图3-70所示的相量关系，其相位比 $3\dot{U}_{k0}$ 滞后90°，有效值为

$$3I_{0II}=3U_{ph}\omega(C_{0\Sigma}-C_{0II}) \tag{3-102}$$

式（3-102）表明，在发生接地故障的馈电线路始端所反应的零序电流，为全系统非故障元件（不包括故障线路本身）对地电容电流之总和，数值一般较大。其电容性无功功率的方向为由发生接地故障的馈电线路流向母线。

二、中性点不接地系统的单相接地保护

1. 绝缘监察装置

绝缘监察装置是利用接在母线上的三相五柱式电压互感器TV与一个过电压继电器KV构成，如图3-71所示。TV二次侧有两个绕组：一个绕组接成星形，用三个电压表分别测量三个相电压；另一个绕组接成开口三角形，在开口处接一个过电压继电器KV。

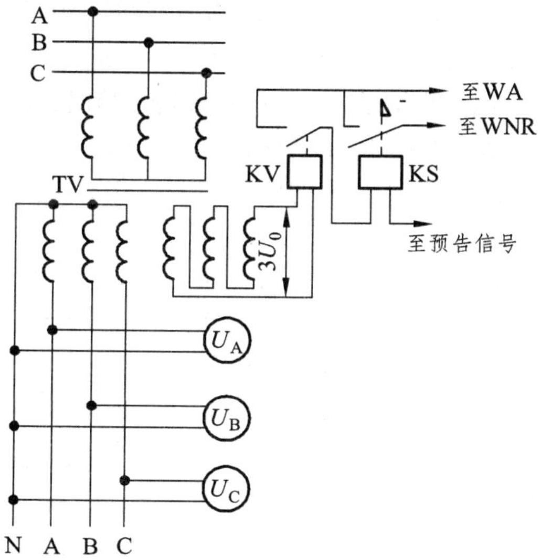

图3-71　绝缘监察装置接线图

正常运行时，母线三相电压对称，三个电压表指示值相等（都等于相电压），KV不动作。当连接于母线的任何一个元件发生单相接地故障时，接地相的电压表指示为零，另两相电压

表指示值增加至 $\sqrt{3}$ 倍；同时 KV 线圈端子上加入数值接近 3 倍相电压的零序电压 $3U_0$，KV 动作，发出信号。

由于在发生单相接地故障时，全系统都将出现零序电压，故绝缘监察装置的动作是无选择性的，分不清是哪一个元件发生单相接地。为此，通常是利用短时间断开每条馈电线路，观察零序电压是否消除的办法来寻找故障线路。其具体做法是：运行人员依次按动每条线路的“检查接地按钮”，使其断路器跳闸，并立即由自动重合闸装置动作使断路器合闸；在断开某条线路断路器的瞬间，如果接地信号消失，即表明该线路有单相接地故障。

2. 零序电流保护

零序电流保护是利用故障线路零序电流比非故障线路零序电流要大的特点，来实现有选择性地发出信号或动作于跳闸。这种保护一般使用在有条件安装零序电流互感器的线路上（如电缆线路或经电缆引出的架空线路）。当单相接地电流较大，足以克服零序电流滤过器中不平衡电流的影响时，这种保护也可以接于三个电流互感器构成的零序电流回路中。

零序电流保护的动作电流 I_{ACT} 按大于本线路的对地电容电流整定，参照式（3-99），得

$$I_{ACT}=K_{REL}\cdot 3U_{ph}\omega C_0\,(A) \tag{3-103}$$

式中 C_0——被保护线路每相的对地电容；

K_{REL}——可靠系数，若保护为瞬时动作，一般取 4 ~ 5，以防止接地电容电流的暂态分量（数值很大，但衰减极快）引起保护误动作；若保护为延时动作，可取 1.5 ~ 2.0。

零序电流保护的灵敏系数 K_{sen} 按系统最小运行方式下流经被保护线路单相接地时的零序电流来校验，参照式（3-102）得

$$K_{sen}=\frac{3U_{ph}\omega(C_{0\Sigma}-C_0)}{K_{REL}3U_{ph}\omega C_0}=\frac{C_{0\Sigma}-C_0}{K_{REL}C_0} \tag{3-104}$$

式中，$C_{0\Sigma}$ 为全系统各元件每相对地电容之总和，校验时采用系统最小运行方式下的 $C_{0\Sigma}$。对电缆线路，要求 $K_{sen}\geqslant 1.25$；对架空线路，要求 $K_{sen}\geqslant 1.5$。

采用零序电流互感器，考虑到当线路发生单相接地故障时，接地电流不仅在地中流通，也可能沿着电缆铅皮和钢铠流通。为了防止当保护区外发生单相接地故障时，该电流引起非故障线路零序电流保护误动作，同时，也为了避免该电流使故障线路零序电流保护的灵敏度降低，应将电缆端盒与金属支架绝缘，并将电缆端盒的接地线穿过零序电流互感器的铁芯再接地，如图 3-72 所示。由于零序电流保护的一次动作电流很小，所以要求采用灵敏度很高的电流继电器。

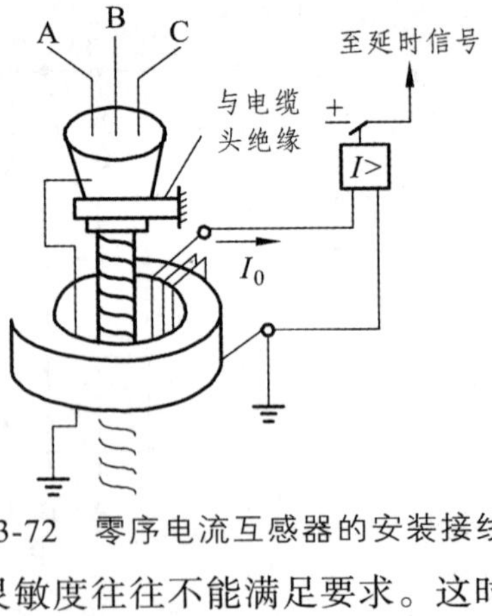

图 3-72　零序电流互感器的安装接线图

3. 零序功率方向保护

在出线较少或较短的情况下，故障线路零序电流与非故障线路零序电流差别不大，采用零序电流保护，灵敏度往往不能满足要求。这时，可采用零序功率方向保护。它利用故障线路与非故障线路零序功率方向不同的特点，来实现有选择性的保护，动作于信号或跳闸。

由式（3-102）已知，故障线路的 $3\dot{I}_0$ 比 $3\dot{U}_0$ 滞后 90°，因此也可选用 LG-12 型功率方向继电器，而将其电抗变压器 TX 的二次线圈 W_4 开路，使最灵敏角 φ_{sen} =90°，动作区为 0° ~ 180°。该继电器外部接线也与图 3-68 相似，加入电流线圈的电流 $\dot{I}_K$ 为 $3\dot{I}_0$，但加入电压线圈的电压 $\dot{U}_K$ 为 $3\dot{U}_0$。这样，当被保护线路发生单相接地故障时，$\dot{I}_K$ 比 $\dot{U}_K$ 滞后 90°，即 φ_K=90°，为最灵敏角，继电器动作；而在其他线路发生单相接地故障时，$\dot{I}_K$ 比 $\dot{U}_K$ 超前 90°，即 φ_K = – 90°，深入非动作区，继电器能可靠不动作。

第四章　自动装置

第一节　三相自动重合闸装置

一、自动重合闸及对其基本要求

1. 自动重合闸装置的作用和影响

当断路器跳闸之后，经过整定的动作时限，能够使断路器重新合闸的自动装置，称为自动重合闸装置，用 ARD 表示。

电力系统和牵引供电系统的运行经验证明，架空输电线路和接触网的短路故障大多数是瞬时性、自消性的。例如，大气过电压引起的绝缘子表面闪络，大风引起的导线短时碰接，鸟类等身体引起的放电等。当继电保护动作，断路器跳闸，把故障线路切除后，短路点的电弧即自行熄灭，绝缘强度随即恢复，此时，如果将断路器重新合闸，线路就能恢复正常供电。

运行资料统计表明，60%～90%的重合闸是成功的（指重合后恢复正常供电）。自动重合闸减少了停电时间，提高了供电的可靠性。

采用自动重合闸装置的利害关系分析：

（1）有利之处：采用自动重合闸对于瞬时性故障可迅速恢复正常运行，大大提高了供电可靠性，减少了停电损失，对单侧电源的单回线路尤为明显。对因为继电保护误动、工作人员误碰、断路器操作机构失灵等原因导致的断路器误跳闸，可通过自动重合闸补救，从而提高系统并列运行的稳定性，提高输电线路的输送容量。由于自动重合闸本身投资很低，工作可靠，采用自动重合闸后可避免因瞬消性故障停电而造成的损失，因此适用于单侧电源线路的一次重合闸在电力系统和牵引供电系统中获得了广泛的应用。

（2）不利影响：当断路器重合于永久性故障时，电力系统将再次受到故障的冲击，给线路及负载带来不利的影响；断路器在短时间内跳闸两次，电弧多次重燃，对其绝缘及灭弧能力造成不利影响。

2. 对自动重合闸装置的基本要求

（1）自动重合闸装置动作时间应尽可能短。动作时间短是为了缩短停电时间；有一定时限是为了保证在重合时短路点的绝缘以及断路器的灭弧性能恢复，这样能够提高重合闸成功率和设备工作可靠性，而且双侧电源线路的自动重合闸必须保证在两侧的断路器都跳闸以后才能重合。根据运行经验，一般要求动作时间为 0.5～1.5 s。

（2）自动重合闸装置动作后，应能自动复归，做好下次动作的准备，在雷雨季节时，自动重合闸自动复归显得尤其重要。

（3）自动重合闸装置的动作次数必须预先规定，不能无限制地进行多次重合。如一次重合闸应保证重合一次，当遇到永久性故障时再次跳闸后就应不再重合，因为在永久性故障时，多次重合将使系统多次遭受短路电流的冲击，还可能会使断路器损坏，扩大事故。

（4）自动重合闸的启动方式，优先采取控制开关的位置（合闸）与断路器的实际位置（分闸）不对应原则来启动自动重合闸。

（5）自动重合闸装置应该与继电保护装置配合，加速故障的切除。

（6）当断路器处于不正常运行状态而不允许实现重合闸时，应将重合闸装置可靠闭锁。

（7）在下列情况下，自动重合闸装置不应动作：

① 由运行人员手动操作或通过遥控装置操作使断路器跳闸时。例如检修线路。

② 手动投入断路器而断路器随即被继电保护操作断开时。这表明在合闸前就存在有持续、永久性故障，比如安全地线未拆除或存在检修隐患等。

二、单侧电源线路的三相一次重合闸

在电力系统和牵引供电系统中，适用于单侧电源线路的三相一次重合闸应用十分广泛。三相一次重合闸的跳、合闸方式为：无论本线路发生何种类型的故障，继电保护装置均将三相断路器跳开，重合闸启动，经预定延时（可整定，一般为 0.5 ~ 1.5 s）发出重合闸脉冲，将三相断路器一起合上。若是瞬时性故障，因故障已经消失，重合成功，线路继续运行；若是永久性故障，继电保护再次动作跳开三相断路器，不再重合。

单侧电源线路的三相一次自动重合闸的实现比较简单。因为在单侧电源的线路上，不需要考虑电源间的同步检查问题。而且三相同时跳开，重合不需要区分故障类别和选择故障相，只需要在希望重合时断路器满足允许重合的条件下，经预定的延时，发出一次合闸脉冲。

牵引供电系统主要供电方式是单边供电方式，其自动重合闸方式一般为一次重合闸。当线路发生故障时，进行一次重合闸，如果重合闸不成功，后加速保护动作使断路器快速跳闸。

在上下行并联运行的分区所，线路发生故障时，必须检测到上下行母线有压方可进行重合闸，由于供电来自变压器同一相位出口馈线，所以不需要检测相角。

1. 电磁型三相一次重合闸装置

电磁型三相一次自动重合闸装置通常由启动元件、延时元件、一次合闸脉冲元件和执行元件四部分组成。启动元件的作用是当断路器跳闸之后，使重合闸的延时元件启动；延时元件是为了保证断路器跳开之后，在故障点有足够的去游离时间和断路器及传动机构能准备再次动作的时间；一次合闸脉冲元件用于保证重合闸装置只能重合一次；执行元件则是将重合闸动作信号送至合闸回路和信号回路，使断路器重新合闸，并发出信号让值班人员知道重合闸装置已动作。

现以图 4-1 所示 DH-2A 型三相一次自动重合闸装置为例来说明其工作情况。它是用断路器控制开关 SA 位置与断路器实际位置不对应作为启动自动重合闸的条件。

自动重合闸装置主体部分包括：

时间元件 KT：用于整定自动重合闸装置的动作时间。

中间元件 KM：是自动重合闸装置的出口元件，用于发出接通断路器合闸回路的脉冲。

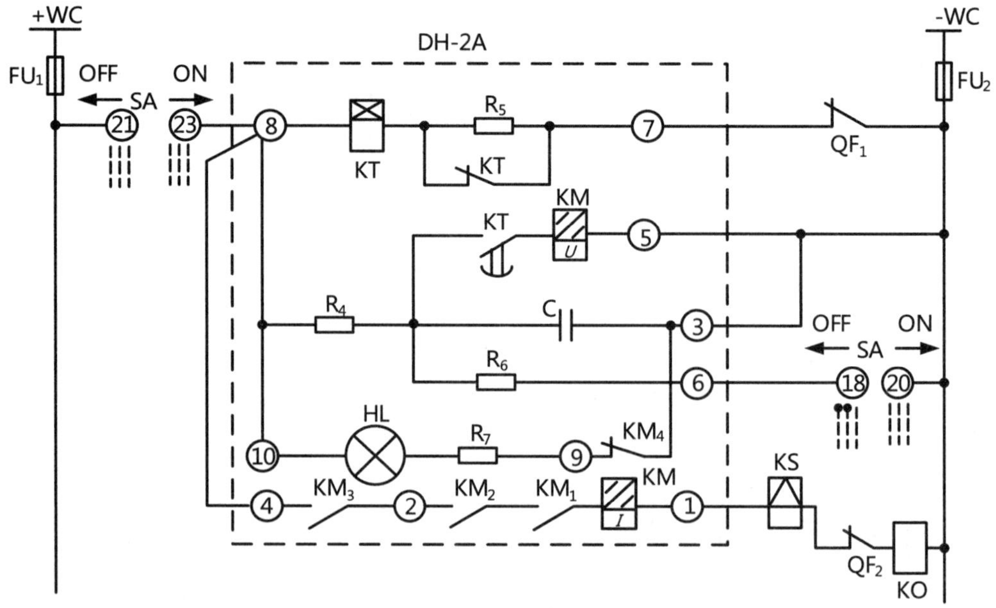

图 4-1 DH-2A 型三相一次自动重合闸装置

电容器 C：用于保证 ARD 只动作一次。

充电电阻 R_4：用于限制电容器的充电速度，防止一次重合闸不成功时而发生多次重合。

放电电阻 R_6：在不需要重合闸时，电容器 C 通过 R_6 放电。

电阻 R_5：用于保证时间元件 KT 线圈的热稳定性。

信号灯 HL：用于监视中间元件 KM 和 SA 的触点是否良好。

信号灯 HL 的串联电阻 R_7：用于限制信号灯 HL 的电压和电流。

（1）正常运行时，断路器 QF 处于合闸状态，其辅助常闭接点 QF_1 断开，KT、KM 线圈不受电。控制开关 SA 在“合后”位置，其触点 21-23 闭合。电容 C 经充电电阻 R_4 而充满电，两端的电压等于电源电压。用于监视中间继电器 KM 和 SA 的触点是否完好的灯光监视回路接通，HL 灯亮。

（2）线路短路保护动作时，SA 在“合后”位置，而断路器 QF 实际跳闸，即满足不对应原则，自动重合闸装置启动。KT 线圈受电动作，经过整定的动作时限，KT 延时闭合的常开触点闭合，电容 C 对 KM 电压线圈放电而 KM 动作，KM_1、KM_2、KM_3 常开触点闭合，KM 电流线圈、信号继电器 KS、合闸接触器 KO 线圈串联受电。信号继电器动作，给出 ARD 动作的信号；KO 动作，使断路器 QF 重合闸。中间继电器电流线圈是自保持线圈，只要电压线圈被短时启动，便可保证使中间继电器于合闸过程中一直处于动作状态，从而使断路器可靠合闸。KT 常闭触点的目的是将 R_5 串入 KT 线圈回路，使 KT 线圈不至于因较长时间带电而过热。

如果线路上的故障是瞬消性的，自动重合闸成功，则断路器 QF 常闭触点断开，KM、KT 恢复原位，电容 C 继续充电，经 15 ~ 25 s 后，C 两端充满电压，即 ARD 自动复归，准备好再次动作。

如果线路上的故障是永久性的，则在断路器合闸后，继电保护将再次动作，使断路器重新跳闸，QF_1 闭合，时间继电器将再次启动，KT 延时常开触点闭合，电容 C 向中间继电器 KM 放电。因为 C 充电时间太短，两端电压较低，不足以使中间继电器 KM 启动，故断路器不能再次重合闸，从而保证了重合闸只动作一次。

（3）手动操作断路器分闸时，SA 触点 21-23 断开，使重合闸回路失去正电源，不可能再次动作于合闸；SA 触点 18-20 闭合，使电容 C 通过放电电阻 R_6 放电，两端电压迅速降低，以确保不会发生重合闸。

（4）手动操作重合闸时，如果线路有短路故障，断路器合闸后继电保护随即动作，使断路器立即跳闸，电容 C 来不及充满电，不足以使中间继电器动作，所以不会发生重合闸。

在 ARD 出口回路中串联多个 KM 常开触点，有利于防止发生意外的触点粘住而导致不良影响；端子 2 可连线至加速继电器 KMA 线圈，以实现 ARD 与继电保护的配合。

2. 微机自动重合闸

在微机保护中，自动重合闸功能的实现非常简单，只要在微机保护装置软件和对应的硬件配置相应的自动重合闸元件即可实现该功能。图 4-2 所示为牵引供电系统馈线及其控制示意图。

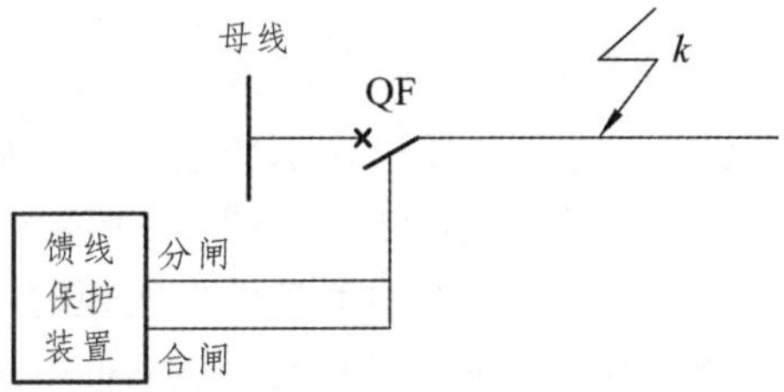

图 4-2　牵引供电系统馈线及其控制示意图

微机自动重合闸装置检测断路器位置信号，当合闸超过一定时间（相当于早期的充电时间，一般整定为 15 ~ 25 s）后，置重合闸允许标志。一旦出现需要重合闸的情况，可立刻根据整定要求重合，否则即使发生故障，也不进行重合闸。

如果线路发生的是瞬时性故障，则保护首先动作，通过分闸回路使断路器 QF 断开，然后自动重合发出一次合闸控制信号使断路器合闸；断路器合闸后，因为故障已经消失，继电保护不再动作，重合闸动作成功。经过充电时间以后，整个重合闸回路自动复归，并为下一次的重合闸做好准备。

当线路上存在永久性故障时，在重合闸动作以后，继电保护将再次动作，使断路器 QF 跳闸。由于合闸时间太短，重合闸装置不再发出重合闸命令，即亦为一次重合闸。

用控制开关手动合闸于故障线路时，继电保护动作使断路器跳闸，这时的情况与重合闸重合于永久故障线路的情况类似。由于合闸前断路器是处于分闸状态，微机继电保护装置充电元件不会短时达到充电时间，重合闸允许标志处于“非”状态，不允许重合闸。

三、双侧电源线路的三相一次自动重合闸

在双侧电源的送电线路上实现重合闸时，除应满足自动重合闸装置的基本要求外，还必须满足以下两个要求：

（1）当线路上发生故障时，两侧的保护装置可能以不同时限动作于跳闸，例如在一侧为第Ⅰ段动作，而另一侧为第Ⅱ段动作，此时为了保证故障点电弧的熄灭和绝缘强度的恢复，以使重合闸有可能成功，线路两侧的重合闸必须保证在两侧的断路器都跳闸以后再进行重合。

（2）当线路上发生故障、直接有关的断路器跳闸后，在进行重合闸时，要考虑重合闸两侧电源是否同步以及是否允许非同步合闸。

1. 双侧电源线路自动重合闸主要方式

（1）非同步重合闸方式。即当两侧断路器跳闸以后，不论两侧电源是否同步，不需要任

何检查就进行重合闸，期待由系统自动拉入同步。按设计技术规定，使用非同步重合闸方式有两个条件：一是在两侧电源之间的相角差为最大值 180° 瞬间合闸时，流过发电机、同步调相机或电力变压器的冲击电流不超过允许值；二是在非同步重合闸所产生的振荡过程中，对重要负荷的影响较小，或者可以采取措施减小其影响。

（2）检查同步重合闸方式。当在两侧电源的线路上不可能采用非同步重合闸时，应该采用检查同步重合闸。即当线路发生短路故障而两侧断路器跳闸后，先让一侧的自动重合闸动作，使对应的断路器合闸；而另一侧断路器在重合时，应进行同步条件的检查，只有当断路器两侧的电压符合同步条件（幅值相等，滑差角频率 ωs 与相角差 δ 小到运行范围内）时，才能进行重合。这种合闸方式不会产生很大的冲击电流，合闸后也能很快的拉入同步。

2. 检查同步重合闸方式原理

目前，电气化铁道牵引变电所 110 kV 进线线路上，均采用检查同步重合闸方式，检查同步重合闸方式原理接线图如图 4-3 所示。这种检查同步的重合闸方式，是在单端供电线路重合闸接线的基础上增加附加条件来实现的，在两侧的断路器上，除装设 ARD 外，在线路的两侧均装设了用以检查线路有无电压的低电压继电器 KV 和检查同步的同步检查继电器 KSD。

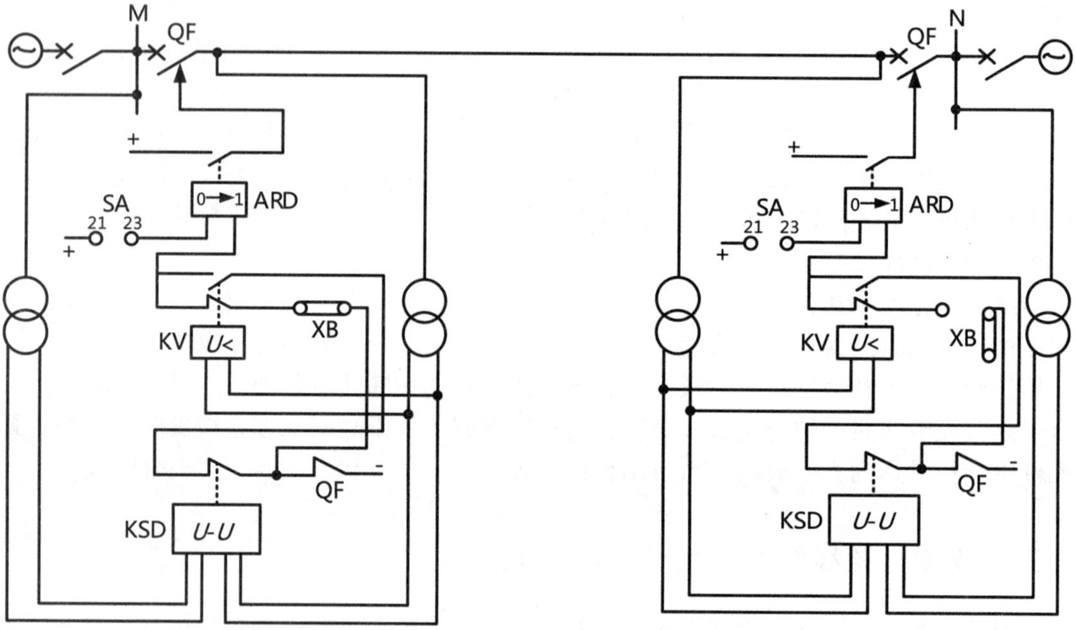

图 4-3　检查同步重合闸方式原理接线图

检无压的低电压继电器 KV 是由一般的低电压继电器完成的，其整定值的选择，应保证在确认两侧断路器均已断开后才允许重合闸动作。根据经验，通常整定为 0.5 倍的额定电压。同步检查继电器 KSD 完成对同步条件的检查，当两侧电源的电压幅值差、频率差和相位差都在一定的运行范围内时，KSD 的常闭触点闭合，允许重合闸启动。

运行时，线路的一侧（M 侧）低电压继电器 KV 和同步检查继电器 KSD 同时投入，称为“检无压”侧，如图 4-4 所示；线路的另一侧（N 侧）只投入同步检查继电器 KSD，称为“检同步”侧，如图 4-5 所示。

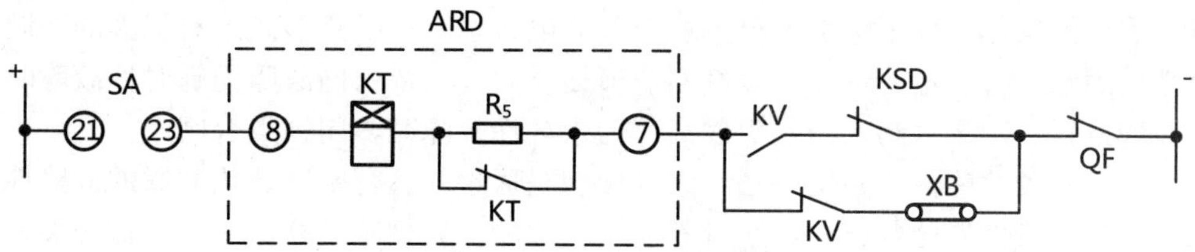

图 4-4 “检无压”侧展开图

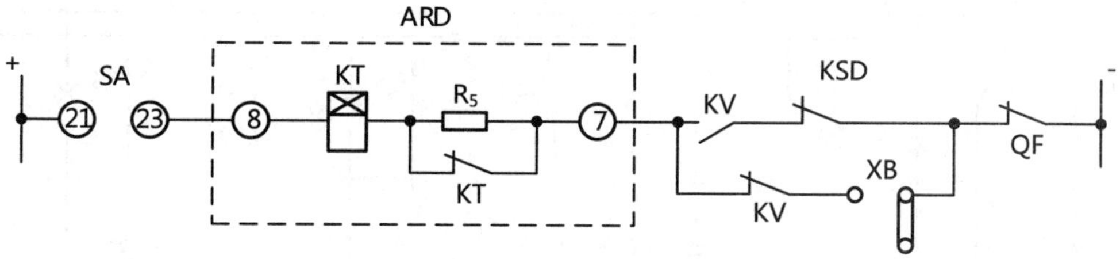

图 4-5 “检同步”侧展开图

当线路发生故障、两侧断路器都跳闸以后，线路失去电压，KV 常开触点断开，QF 常闭触点闭合。“检无压”的 M 侧，KV 常闭触点闭合，ARD 启动，经过整定的动作时限，将该侧断路器重新合闸。如果重合至永久性故障，则该侧继电保护装置将再次动作，使断路器第二次跳闸，而后，两侧 ARD 都不启动。如果重合至暂时性故障，则 M 侧断路器重合闸成功，线路恢复电压，KV 常开触点闭合；“检同步”的 N 侧在检查两侧电源符合同步条件后，KSD 常闭触点闭合，ARD 启动，将该侧断路器重新合闸，线路即恢复正常供电。

显而易见，“检无压”侧的断路器，在线路发生持续性短路的情况下，要连续两次切断短路电流。因此，该断路器的工作条件要比“检同步”侧断路器的工作条件恶劣得多。为了解决这个问题，通常在每一侧都必须装设检查线路有无电压的低电压继电器 KV 和检查同步的继电器 KSD，利用连接片定期切换工作方式，以使两侧断路器工作的条件接近相同。

另外，在正常运行情况下，由于某种原因（如保护误动作、误碰跳闸机构等），使任一侧断路器误跳闸时，由于两侧均投入同步检查，所以均能由同步检查继电器启动 ARD 装置将误跳闸断路器重新合闸，以恢复正常运行。

值得注意的是，“检同步”侧只能投入 KSD 常闭触点，而 KV 常闭触点绝对不允许同时投入。否则，也变成了“检无压”侧，就不是“检同步”以后重合闸方式了。这可能引起在不具备非同步重合闸条件时，而误用非同步重合闸方式，将造成不良后果。

四、具有故障性质判别能力的智能重合闸

自动重合闸是保证系统不间断供电的有效措施之一，在国内外电力系统和牵引供电系统中得到了广泛的应用。目前，传统的自动重合闸装置不能判断故障性质，即在瞬时性故障、永久性故障时都进行一次重合闸。如果线路故障是瞬时性的，重合闸成功，对系统影响不大；如果故障是永久性的，再次重合不仅会给电气设备带来损坏，对系统造成不必要的二次冲击，甚至会破坏系统的稳定性。

随着计算机技术和信号处理技术的不断发展，能够正确识别瞬时性与永久性故障，选择

性地进行重合闸操作。由于牵引供电系统与常规电力系统在线路形式上有很大的不同，所以其故障性质判别具有一定的特殊性。判断故障性质后，当牵引网故障为瞬时性故障时，启动重合闸装置进行一次重合闸；当牵引网故障为永久性故障时，闭锁重合闸。

这里介绍一种故障性质判别方法。识别原理是通过与运行断路器相并联的故障性质判断支路来实现对故障性质的判断。如图 4-6 所示，故障性质判断支路由一台负荷开关、一个大功率限流电阻和一台电压互感器组成。

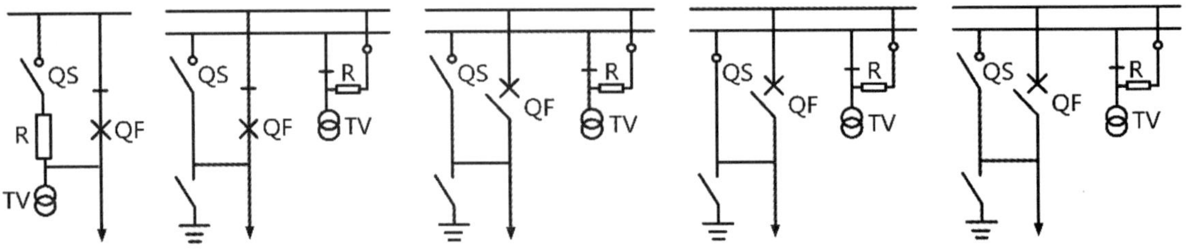

图 4-6　牵引网故障性质识别原理示意图

当牵引网正常运行时，运行断路器 QF 闭合，负荷开关 QS 断开；当牵引网发生短路故障时，运行断路器 QF 断开，负荷开关 QS 闭合，通过电阻 R 向故障点施加电压。若为瞬时性故障，由于故障点绝缘已经恢复，电压互感器 TV 检测到的电压接近牵引网工作电压，启动重合闸；若为永久性故障，电压互感器 TV 检测到的电压较小，不再启动重合闸，避免系统再次受到短路电流的冲击。

牵引变电所有许多台馈线断路器，若每一台断路器都并联一条检测支路，势必增加牵引变电所的占地面积及其主接线的复杂性，相应地可靠性也要降低。在具体实施时，牵引变电所增设一条故障识别辅助母线，工作母线与辅助母线间跨越一条由 25 kΩ 的电阻、负荷开关和电动隔离开关组成的支路，电压互感器接在电阻器与电动隔离开关之间，每一断路器上并联一个负荷开关，如图 4-6（b）所示。工作过程如下：

（1）正常情况下，如图所示，运行断路器 QF 闭合，负荷开关 QS 断开，向牵引馈线供电，电压互感器 TV 检测到的电压接近牵引网工作电压。

（2）接触网发生故障时，如图 4-6（c）所示，运行断路器 QF 由馈线保护分闸。QF 分闸后，电压互感器 TV 检测到的电压为牵引网工作电压。

（3）启动故障性质识别。如图 4-6（d）所示，由 SCADA 系统投入负荷开关 QS，通过工作母线、电阻、负荷开关 QS 向故障点施加电压，通过 SCADA 系统检测电压互感器 TV 电压，若电压较高，例如 90%U_N，表明故障为瞬时性故障；若电压较低，例如 30%U_N，表明故障为永久性故障。若故障为瞬时性故障，通过 SCADA 使负荷开关断开，如图 4-6（e），再通过手动方式确定接触网故障区间，直至找到并修复接触网后，再投入运行断路器 QF，恢复至图 4-6（b）。

智能重合闸方法原理比较简单，也有其缺点。例如增加了牵引变电所主接线的复杂性（辅助母线、负荷开关、隔离开关），相应地降低了供电的可靠性；故障识别过程借助 SCADA 系统实现，检测周期约 10 s，延长了重合闸的动作时间。

第二节　备用电源自投装置

为了提高供电的可靠性，保证重要用户的不间断供电，在电力网络中广泛采用备用电源自投装置。铁路牵引负荷属于一级电力负荷，因此备用电源自投装置也得到了广泛应用。例如，牵引变电所中的 110 kV 或 220 kV 进线自投、牵引主变压器自投；AT 供电方式下的自耦变压器自投；开闭所中的进线自投，等等。

一、牵引变电所备用电源自投

目前牵引变电所主接线广泛采用双 T 接线，如图 4-7 所示。为了提高牵引供电系统的可靠性，牵引变电所采用两路进线，其中一路运行另一路备用；两台牵引主变压器，其中一台运行另一台备用。

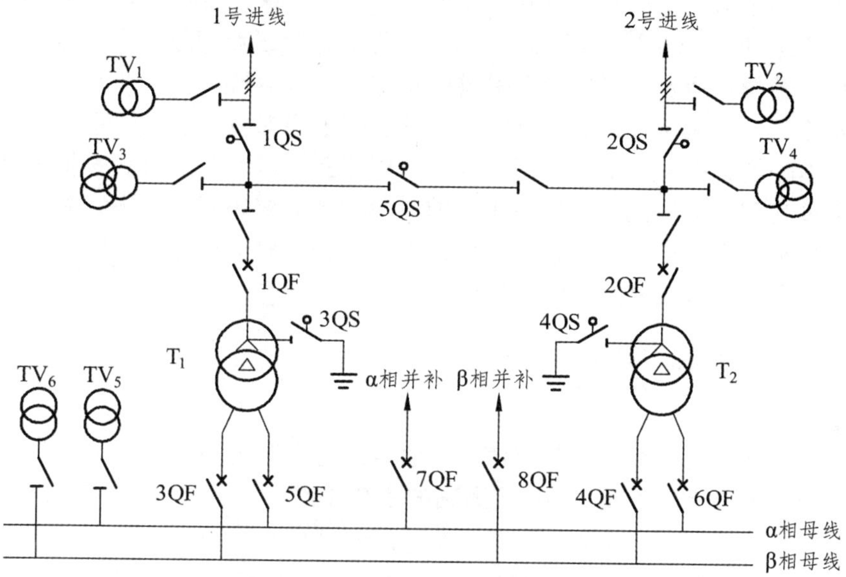

图 4-7　牵引变电所主接线示意图

在图 4-7 中，TV_1 和 TV_2 为进线电压互感器，其目的是为了检测两路进线是否有压。TV_3 和 TV_4 为高压侧电压互感器，用于检测高压侧母线电压。TV_5 和 TV_6 为低压侧电压互感器，用于检测低压侧 α 相、β 相电压。在正常运行时，图中的手动隔离开关均处于合位。

为了提高牵引供电系统的可靠性，牵引变电所的牵引主变压器均采用 100%固定备用方式，即牵引变电所安装两台牵引变压器。正常运行时，只有一台变压器运行，另一台处于备用状态。当运行变压器故障或需要检修时，另一台投入运行。为了缩短故障时两台变压器的投切时间，保证供电的连续性，在牵引变电所设置主变自投装置。当运行变压器故障时，保护装置将故障变压器切除后，主变自投装置迅速将备用变压器投入运行。

为了提高牵引供电系统的可靠性，牵引变电所进线采用 100%备用方式，即设置两路独立进线，一路运行，另一路备用。正常运行时，只有一路进线工作，另一路处于备用状态。

当正在工作的进线失压时，应通过所设置进线自投装置将工作进线切换到备用进线，以保障牵引供电的连续性。

备用电源自投装置应考虑如下因素：

（1）主变压器自投采用保护装置启动方式，即只有在变压器本身故障或变压器两侧断路器处于非正常运行状态（如 SF_6 断路器压力异常等），无法保障变压器安全运行的情况下，备自投装置使断路器分闸的同时，发出变压器自投指令。这种启动方式既能区别故障的性质，又能保证在变压器外部故障时自投装置不会误动作。

（2）只有在备用变压器正常的情况下，且变压器高低压侧的断路器处于分闸状态时，才允许备用电源自投装置将备用变压器投入运行。

（3）备用变压器的自动投入时间应尽量短，即在发出故障跳闸命令的同时，不经延时发出备用变压器自投命令。但断路器和隔离开关的动作顺序应严格遵照“断路器先分后合，隔离开关先合后分”的原则。

（4）当变压器检修时，应将备用电源自投撤除。

当正常工作的牵引主变压器压器发生故障时，变压器保护装置中差动保护、非电量保护（如：重瓦斯、温度Ⅱ段以及压力释放等）动作，将故障变压器切除，并启动备用电源自投功能，将备用变压器投入运行，以保障牵引供电系统的正常运行。

当正在工作的进线失压后，应将进线切换到备用进线保障牵引供电系统的正常运行。进线失压、进线有压的判据与牵引变电所主接线、电压互感器的配置及其安装位置有关。当进线失压后，主变压器高低压侧母线将失压，即当检测到主变压器高低压侧无压时，应将运行变压器退出，因此，在主变压器保护装置中设失压保护。对于如图 4-7 所示的牵引变电所主接线，主变压器失压判据如式（4-1）所示。

$$\left.\begin{array}{l}\max(U_{\mathrm{UV}},\ U_{\mathrm{VW}},\ U_{\mathrm{WU}})<U_{\mathrm{set}}\\ \max(U_{\alpha},\ U_{\beta})<U_{\mathrm{set}}\end{array}\right\} \tag{4-1}$$

式（4-1）中，U_{set} 为进线失压整定值，一般按额定电压的 50%～60%整定；U_{UV}、U_{VW}、U_{WU} 为通过电压互感器 TV_3（或 TV_4）检测到的主变压器高压侧线电压；U_{α}、U_{β} 分别为通过电压互感器 TV_5、TV_6 检测到的主变压器低压侧 α 相和 β 相电压。为了防止进线失压的误判，应带一定的延时，其时限与线路重合闸时限相配合，即应大于线路重合闸时间。

由于图 4-7 中进线有电压互感器（TV_1 和 TV_2），因此，进线有压判据为

$$U>U_{\mathrm{set}} \tag{4-2}$$

式（4-2）中，U 为通过进线电压互感器（TV_1 或 TV_2）检测到的电压；U_{set} 为进线有压整定值，一般按额定电压的 80%整定。

（一）进线主变压器运行方式

如图 4-7 所示，牵引变电所正常运行时，进线隔离开关 1QS 和 2QS 中只有一台合闸，同时牵引主变压器压器 T_1 和 T_2 中只有一台运行，因此共有四种运行方式，即两种直列运行方式和两种交叉供电方式。为了后面叙述方便，将四种运行方式定义如下：

（1）运行方式一，为 1 号进线带 T_1 主变压器运行，则在图 4-7 中，1QS、1QF、3QF 和

5QF 处于合位；2QS、2QF、4QF、6QF 处于分位；跨桥隔离开关 5QS 处于分位。

（2）运行方式二，为 1 号进线带 T_2 主变压器运行，则在图 4-7 中，1QS、5QS、2QF、4QF 和 6QF 处于合位；2QS、1QF、3QF、5QF 处于分位。

（3）运行方式三，为 2 号进线带 T_1 主变压器运行，则在图 4-7 中，2QS、5QS、1QF、3QF 和 5QF 处于合位；1QS、2QF、4QF、6QF 处于分位。

（4）运行方式四，为 2 号进线带 T_2 主变压器运行，则在图 4-7 中，2QS、2QF、4QF 和 6QF 处于合位；1QS、1QF、3QF、5QF 处于分位；跨桥隔离开关 5QS 处于分位。

（二）进线自投

下面对运行方式一和运行方式二条件下的进线自投流程进行讨论，运行方式三和运行方式四下的进线自投与之相似。

1. 运行方式一下的进线自投

运行方式一对应于 1 号进线带 T1 运行，当 1 号进线失压时，应该切换到 2 号进线。如果允许交叉供电运行方式，则转换为 2 号进线带 T1 主变压器运行，即运行方式三；如果不允许交叉供电运行方式，则转换为 2 号进线带 T2 主变压器运行，即运行方式四。因此，运行方式一下的进线自投流程为：

（1）确认 T_1 主变压器高低压侧断路器 1QF、3QF 和 5QF 是否处于分位，如果不在分位，则分 1QF、3QF 和 5QF，分闸成功则继续，否则结束。

（2）当 27.5 kV 母线上有并联电容补偿装置时，确认 α 相、β 相并联电容补偿装置断路器 7QF、8QF 是否处于分位，如果不在分位，则分 7QF、8QF，分闸成功则继续，否则结束。

（3）分 1 号进线隔离开关 1QS，如果分闸成功则继续，否则结束。

（4）检测 2 号进线是否有压（通过 TV_2），如果 2 号进线有压，则合 2 号进线隔离开关 2QS，合闸成功则继续，否则结束。

（5）如果允许交叉供电运行方式，则继续，否则执行本运行方式的流程（11）。

（6）合跨桥隔离开关 5QS，合闸成功则继续，否则结束。

（7）合 T_1 主变压器高压侧中性点隔离开关 3QS，合闸成功则继续，否则结束。

（8）合 T_1 主变压器高压侧断路器 1QF，合闸成功则继续，否则结束。

（9）合 T_1 主变压器低压侧断路器 3QF、5QF，合闸成功则继续，否则结束。

（10）分 T_1 主变压器高压侧中性点隔离开关 3QS，自投结束。

（11）合 T_2 主变压器高压侧中性点隔离开关 4QS，合闸成功则继续，否则结束。

（12）合 T_2 主变压器高压侧断路器 2QF，合闸成功则继续，否则结束。

（13）合 T_2 主变压器低压侧断路器 4QF、6QF，合闸成功则继续，否则结束。

（14）分 T_2 主变压器高压侧中性点隔离开关 4QS，自投结束。

2. 运行方式二下的进线自投

运行方式二对应于 1 号进线带 T_2 主变压器运行，当 1 号进线失压时，应该切换到 2 号进线。则转换为 2 号进线带 T_2 主变压器运行，即运行方式四。因此，运行方式二下的进线自投流程为：

（1）确认 T_2 主变压器高低压侧断路器 2QF、4QF 和 6QF 是否处于分位，如果不在分位，则分 2QF、4QF 和 6QF，分闸成功则继续，否则结束。

（2）当 27.5 kV 母线上有并联电容补偿装置时，确认 α 相、β 相并联电容补偿装置断路器 7QF、8QF 是否处于分位，如果不在分位，则分 7QF、8QF，分闸成功则继续，否则结束。

（3）分跨桥隔离开关 5QS，分闸成功则继续，否则结束。

（4）分 1 号进线隔离开关 1QS，如果分闸成功则继续，否则结束。

（5）检测 2 号进线是否有压（通过 TV_2），如果 2 号进线有压，则合 2 号进线隔离开关 2QS，合闸成功则继续，否则结束。

（6）合 T_2 主变压器高压侧中性点隔离开关 4QS，合闸成功则继续，否则结束。

（7）合 T_2 主变压器高压侧断路器 2QF，合闸成功则继续，否则结束。

（8）合 T_2 主变压器低压侧断路器 4QF、6QF，合闸成功则继续，否则结束。

（9）分 T_2 主变压器高压侧中性点隔离开关 4QS，自投结束。

（三）备用变压器自投

下面对运行方式一和运行方式二条件下的主变压器自投流程进行讨论，运行方式三和运行方式四下的主变压器自投与之相似。

1. 运行方式一下的主变压器自投

运行方式一对应 1 号进线带 T_1 主变压器运行，当 T_1 主变压器故障时，应该切换到 T_2 主变压器。如果允许交叉供电运行方式，则转换为 1 号进线带 T_2 主变压器运行，即运行方式二；如果不允许交叉供电运行方式，则转换为 2 号进线带 T_2 主变压器运行，即运行方式四。因此，运行方式一下的主变压器自投流程为：

（1）确认 T_1 主变压器高低压侧断路器 1QF、3QF 和 5QF 是否处于分位，如果不在分位，则分 1QF、3QF 和 5QF，分闸成功则继续，否则结束。

（2）当 27.5 kV 母线上有并联电容补偿装置时，确认 α 相、β 相并联电容补偿装置断路器 7QF、8QF 是否处于分位，如果不在分位，则分 7QF 和 8QF，分闸成功则继续，否则结束。

（3）如果允许交叉供电运行方式，则继续，否则执行本运行方式的流程（9）。

（4）合跨桥隔离开关 5QS，合闸成功则继续，否则结束。

（5）合 T_2 主变压器高压侧中性点隔离开关 4QS，合闸成功则继续，否则结束。

（6）合 T_2 主变压器高压侧断路器 2QF，合闸成功则继续，否则结束。

（7）合 T_2 主变压器低压侧断路器 4QF、6QF，合闸成功则继续，否则结束。

（8）分 T_2 主变压器高压侧中性点隔离开关 4QS，自投结束。

（9）分 1 号进线隔离开关 1QS，如果分闸成功则继续，否则结束。

（10）检测 2 号进线是否有压（通过 TV_2），如果 2 号进线有压，则合 2 号进线隔离开关 2QS，合闸成功则继续，否则结束。

（11）合 T_2 主变压器高压侧中性点隔离开关 4QS，合闸成功则继续，否则结束。

（12）合 T_2 主变压器高压侧断路器 2QF，合闸成功则继续，否则结束。

（13）合 T_2 主变压器低压侧断路器 4QF、6QF，合闸成功则继续，否则结束。

（14）分 T_2 主变压器高压侧中性点隔离开关 4QS，自投结束。

2. 运行方式二下的主变压器自投

运行方式二对应 1 号进线带 T_2 主变压器运行，当 T_2 主变压器故障时，应该切换到 T_1 主变压器运行，则转换为 1 号进线带 T_1 主变压器运行，即运行方式一。因此，运行方式二下的主变压器自投流程为：

（1）确认 T_2 主变压器高低压侧断路器 2QF、4QF 和 6QF 是否处于分位，如果不在分位，则分 2QF、4QF 和 6QF，分闸成功则继续，否则结束。

（2）当 27.5 kV 母线上有并联电容补偿装置时，确认 α 相、β 相并联电容补偿装置断路器 7QF、8QF 是否处于分位，如果不在分位，则分 7QF、8QF，分闸成功则继续，否则结束。

（3）分跨桥隔离开关 5QS，分闸成功则继续，否则结束。

（4）合 T_1 主变压器高压侧中性点隔离开关 3QS，合闸成功则继续，否则结束。

（5）合 T_1 主变压器高压侧断路器 1QF，合闸成功则继续，否则结束。

（6）合 T_1 主变压器低压侧断路器 3QF、5QF，合闸成功则继续，否则结束。

（7）分 T_1 主变压器高压侧中性点隔离开关 3QS，自投结束。

二、AT 所自耦变压器自投

客运专线常采用全并联 AT 供电方式，全并联 AT 供电方式下 AT 所主接线如图 4-8 所示。上下行牵引网通过两台断路器 1QF、2QF 在 AT 所实现并联，正常运行时，隔离开关 1QS 处于合位。自耦变压器与母线的连接方式有两种：断路器连接方式，如图 4-8（a）所示；隔离开关连接方式，如图 4-8（b）所示。

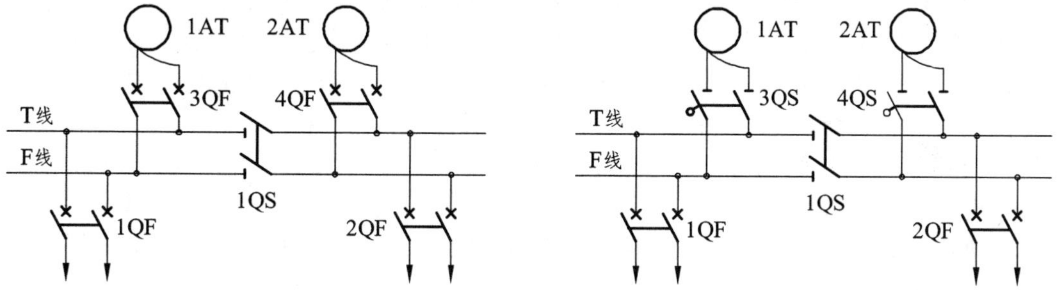

（a）断路器连接　　　　（b）隔离开关连接

图 4-8　AT 所主接线示意图

自耦变压器采用 100%固定备用方式，即设置两台自耦变压器，如图 4-8 中的 1AT、2AT，一台运行，另一台备用，当运行自耦变压器发生故障时，应将其退出，同时投入备用自耦变压器。

对每一台自耦变压器配置一套 AT 保护测控装置，完成对自耦变压器的保护，同时由两套 AT 保护测控装置配合实现 AT 自投功能。

（一）断路器连接方式下的 AT 自投

如图 4-8（a）所示，假设 1AT 处于运行状态，2AT 处于备用状态，当 1AT 发生故障时，AT 自投流程如下：

（1）1AT 保护测控装置检测到故障后，将断路器 3QF 断开，同时向 2AT 保护测控装置发“启动 AT 自投”信号，该信号可以是接点信号（通过电缆连接），也可以通过通信的方式进行传送。

（2）2AT 保护测控装置收到“启动 AT 自投”信号后，确认其断路器 4QF 处于分位，若在分位则继续，否则结束。

（3）AT 保护测控装置合断路器 4QF，自投结束。

（二）隔离开关连接方式下的 AT 自投

如图 4-8（b）所示，假设 1AT 处于运行状态，2AT 处于备用状态，当 1AT 发生故障时，AT 自投流程如下：

（1）1AT 保护测控装置检测到故障后，首先分上下行并联断路器 1QF 和 2QF，确认 1QF 和 2QF 处于分位后，分隔离开关 3QS，同时向 2AT 保护测控装置发“启动 AT 自投”信号，该信号可以是接点信号（通过电缆连接），也可以通过通信的方式进行传送。

（2）2AT 保护测控装置收到“启动 AT 自投”信号后，确认其隔离开关 4QS 处于分位，若在分位则继续，否则结束。

（3）2AT 保护测控装置先合隔离开关 4QS，再合上下行并联断路器 1QF 和 2QF，自投结束。

三、开闭所进线自投

在电气化铁路枢纽地区，客运站、编组站和电力机车机务段等铁路设施较集中的地方，为了保证枢纽供电的可靠性，缩小事故范围，一般将接触网横向分组及分区供电。因此设置开闭所，由相邻两牵引变电所的牵引馈线向它供电。通过开闭所的多路馈线和断路器向站场、电力机车机务段等牵引网供电，其主接线一般采用单母线分段带旁路母线的接线方式，如图 4-9 所示。

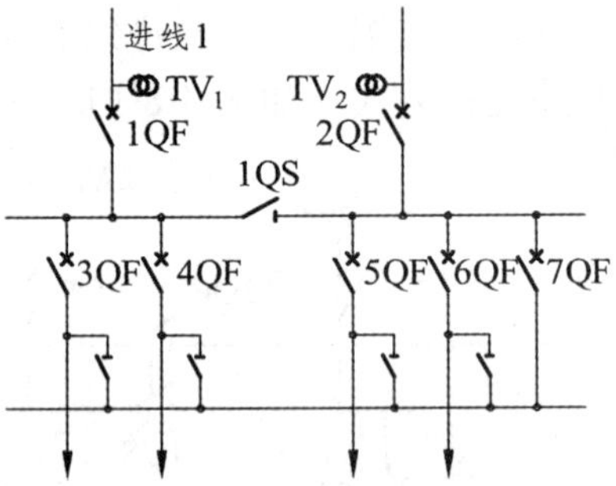

图 4-9　开闭所主接线示意图

正常运行时，母线联络手动隔离开关 1QS 处于合位，两路进线由相邻两牵引变电所供电，正常运行时开闭所由一路进行供电，另一路备用。

假设进线 1 运行、进线 2 备用，则断路器 1QF 处于合位、断路器 2QF 处于分位。当进线 1 线路上发生故障，牵引变电所馈线跳闸后，进线 1 将瞬时失压（通过 TV_1 检测），如果发生的是瞬时性故障，牵引变电所馈线重合闸成功，进线 1 电压将恢复。因此，进线失压的时限应该躲过牵引变电所馈线重合闸时间。当确认进线 1 失压后，启动进线自投，通过 TV_2 检测进线 2 是否有压，如果进线 2 有压，并且进线断路器 2QF 处于分位，则合断路器 2QF，实现备用进线的自动投入。

第三节　故障测距装置

一、概　述

故障测距是指在牵引供电系统牵引网故障时，通过测量和计算，从而得到从牵引变电所故障测距装置安装处到故障点的距离。

故障测距装置是指在牵引供电系统牵引网故障时，给出故障距离信息的电气自动化装置。故障信息包括故障距离、故障类型、故障点所在的牵引网行别等。

牵引网故障类型包括接触网对轨道—地回路故障（简称 TR 故障）、正馈线对轨道—地回路故障（简称 FR 故障）、接触网对正馈线故障（简称 TF 故障）。

AT 供电方式，需设置独立的故障测距装置。直接供电时，故障测距装置一般涵盖在馈线保护装置中，也可设置独立的故障测距装置。

二、故障测距原理

故障测距可采用电抗法、吸上电流比法、上下行电流比法和横联线电流比法等方法。各种测距方法的定义及计算方法如下。

1. 电抗法

电抗法是指利用接触网电抗和距离的线性对应关系来确定故障距离的方法。

牵引变电所馈线短路电抗 X_{cal} 计算公式如下：

TR 故障　$$X_{\mathrm{cal}}=\mathrm{Im}\left(\frac{\dot{U}_{\mathrm{T}}}{\dot{I}_{\mathrm{T}}}\right)\tag{4-3}$$

FR 故障　$$X_{\mathrm{cal}}=\mathrm{Im}\left(\frac{\dot{U}_{\mathrm{F}}}{\dot{I}_{\mathrm{F}}}\right)\tag{4-4}$$

TF 故障　$$X_{\mathrm{cal}}=\mathrm{Im}\left(\frac{\dot{U}_{\mathrm{T}}-\dot{U}_{\mathrm{F}}}{\dot{I}_{\mathrm{T}}-\dot{I}_{\mathrm{F}}}\right)\tag{4-5}$$

电抗法原理的计算公式为：$$l=L_i+(X_{\mathrm{cal}}-X_i)\frac{L_{i+1}-L_i}{X_{i+1}-X_i}\tag{4-6}$$

式中　L_i——电抗法定值中的第 i 点的距离，km；

X_i——电抗法定值中的第 i 点的短路电抗，Ω；

L_{i+1}——电抗法定值中的第 $i+1$ 点的距离，km；

X_{i+1}——电抗法定值中的第 $i+1$ 点的短路电抗，Ω；

X_{cal}——牵引变电所测得的短路电抗，Ω；其值介于 X_i 和 X_{i+1} 之间。

针对不同类型的短路故障（TR 故障、FR 故障和 TF 故障），其对应的故障距离也应采用不同的线性—电抗表对应计算。

2. 吸上电流比法

吸上电流是指 AT 供电时通过自耦变压器中性点处的电流，当牵引变电所未设置自耦变压器时，由馈线电流合成计算。吸上电流比法是指在 AT 供电方式下，利用同一供电臂上各所亭吸上电流的比值来确定故障距离的方法。

吸上电流比原理的计算公式如下：

$$l=L_{n-1}+\frac{q_{\mathrm{AT}}-Q_1}{1-Q_1-Q_2}D_n\tag{4-7}$$

$$q_{AT}=I_{ATn}/(I_{AT(n-1)}+I_{ATn}) \tag{4-8}$$

$$\dot{I}_{ATn}=\dot{I}_{at1}+\dot{I}_{at2} \tag{4-9}$$

式中　Q_1，Q_2——吸上电流比修正参数，统称Q值；

q_{AT}——故障区间吸上电流比值；

$\dot{I}_{ATn}$——第 n 个所亭的吸上电流，I_{ATn}为其有效值，A；

$\dot{I}_{at1}$，$\dot{I}_{at2}$——AT 所、分区所同方向下行、上行吸上电流，I_{at1}及I_{at2}为其有效值，A。

3. 上下行电流比法

上下行电流比法是指在供电臂上下行末端并联供电方式下，利用上下行馈线电流的比值来确定故障距离的方法。

上下行电流比原理的计算公式如下

$$l=\frac{2\times\min(I_{TF1},I_{TF2})}{I_{TF1}+I_{TF2}}L \tag{4-10}$$

4. 横联线电流比法

横联线是指在 AT 所、分区所，对同一供电臂上下行接触网和正馈线进行并联的电气连接线。横联线电流比法是指在全并联 AT 供电方式下，利用同一供电臂各所亭横联线电流的比值来确定故障距离的方法。

变电所的横联线电流定义如下：

$$I_{HL0}=\left|\frac{\dot{I}_{TF1}-\dot{I}_{TF2}}{2}\right| \tag{4-11}$$

AT 所和分区所的横联线电流定义如下：

$$I_{HLn}=\left|\dot{I}_{T1n}-\dot{I}_{F1n}\right| \text{或} I_{HLn}=\left|\dot{I}_{T2n}-\dot{I}_{F2n}\right| \tag{4-12}$$

横联线电流比法的计算公式如下：

$$l=L_{n-1}+q_{HL}\times D_n \tag{4-13}$$

$$q_{HL}=I_{HLn}/(I_{HL(n-1)}+I_{HLn}) \tag{4-14}$$

式中　q_{HL}——故障区间的横联线电流比值；

I_{HLn}——第 n 个所亭的横联线电流，A。

三、故障测距装置及其应用

1. 故障测距装置

故障测距装置应根据断路器和隔离开关位置或各所亭的电压和电流的大小及方向来自动判断牵引网运行方式，并根据不同的牵引网运行方式和故障情况自动选择合适的测距方法进行测距。当实施越区供电方式时，需人工切换整定值。

AT 供电方式中，装置采用以供电臂为单元的方式配置，由牵引变电所、AT 所、分区所处的故障测距装置组成，各所亭同方向上下行馈线配置一台故障测距装置。牵引变电所故障测距装置采用自启动或开入启动，并召唤 AT 所、分区所的故障测距装置数据，由牵引变电所处故障测距装置计算后给出测距报告。

牵引变电所测距装置应采集母线电压、馈线电流、馈线断路器位置信号等数据；AT 所、分区所测距装置应采集馈线电压、馈线电流、吸上电流、断路器位置信号等数据。

故障测距装置应能提供故障测距报告和故障录波功能，测距报告应能主动上送综合自动化系统。测距报告和故障录波要求如下：故障测距报告中应包含故障距离、故障点千米标、故障类型（TR 故障、FR 故障、TF 故障）、故障方向（上行故障、下行故障）、测距原理等参数，并包含故障时刻同一供电臂上所有测距装置采集的交流量信息。故障录波中应包含测距计算时采用的交流采样数据录波信号，故障录波采用 COMTRADE 格式，故障前录波时间不少于 100 ms，故障后录波时间不少于 200 ms；装置应在每次牵引网故障跳闸时都生成对应的测距报告。

2. 不同运行方式下的故障测距

故障测距装置的测距应适用于不同牵引网运行方式下发生的各种类型故障，牵引网的主要运行方式有：直供方式；全并联 AT 供电方式；AT 全解列的直供方式；变电所 1 台馈线断路器带两路馈线的供电方式；AT 所并联点解列、分区所并联的供电方式；单线 AT 供电方式。

（1）直供运行方式可分为复线牵引网末端并联、复线上下行不并联、单线三种情况。当牵引网末端并联时，测距方法应采用电抗法或上下行电流比法（采用上下行电流比法时，需单独配置故障测距装置）；当牵引网上下行不并联及单线运行时，测距方法应采用电抗法。

（2）全并联 AT 供电运行方式是指同一供电臂上所有所亭的上下行均并联，且都投入自耦变压器的情况。其测距方法宜采用横联线电流比法或上下行电流比原理。

（3）AT 全解列的直供运行方式可分为牵引网全并联、末端并联和上下行不并联三种情况。当牵引网全并联时，测距方法宜采用横联线电流比法或上下行电流比法；当牵引网仅末端并联时，测距方法应采用上下行电流比法；当牵引网上下行不并联时，测距方法应采用电抗法。

（4）牵引变电所 1 台馈线断路器带两路馈线的供电运行方式，是指同一供电臂上所有所亭的上下行牵引网均并联，且都投入自耦变压器，而牵引变电所的上行和下行共用一台馈线断路器的情况。测距方法宜采用横联线电流比法或吸上电流比法。

（5）AT 所并联点解列、分区所并联的供电运行方式，可分为 AT 所全部退出运行、AT 所处牵引网并联解列且 AT 所自耦变压器均投入两种方式，测距方法宜采用上下行电流比法。

（6）单线 AT 供电运行方式是指同一供电臂中所有所亭的上下行牵引网均不并联，且上下行牵引网都投入自耦变压器的情况。该供电方式下的 TR、FR 故障的测距方法应采用吸上电流比法，TF 故障的测距方法采用电抗法。

第五章　牵引供电系统数据传输及通信规约

第一节　数据通信的基本概念

数据通信是通信技术与计算机技术相结合而产生的一种新的通信方式，是由计算机及其终端设备（通信控制处理设备）通过通信线路，将分布在各处的数据终端设备连接起来，以完成编码信息的传输、转接、存储和处理的通信技术。

数据通信起源于20世纪50年代，是伴随着计算机的远程信息处理应用的发展而发展起来的。数据通信系统主要组成如图5-1所示。

- 数据通信系统
  - 信源
    - 数据终端设备（DTE）
    - 数据传输设备（DCE）
  - 信道
    - 有线（双绞线、同轴光缆、光纤）
    - 无线
  - 信宿
    - 数据接收设备（DCE）
    - 数据终端设备（DTE）

图 5-1　数据通信系统组成

一、模拟通信与数字通信

根据传输信号的不同，数据通信可分为模拟通信（传输模拟信号，如经声/电转换后形成的电话信号）及数字通信（传输离散的数字信号，即由“0”“1”二进制码所构成的数字序列）两种方式，两种方式在通信业务中均得到了广泛的应用。与模拟通信相比，数字通信抗干扰能力强、差错可控、易加密且易于与现代技术相结合，更能适应现代社会对通信技术越来越高的要求，因此数字通信的发展速度明显超过模拟通信，已成为当代通信的主流。

二、串行通信与并行通信

伴随着计算机技术在数据通信领域的广泛采用，计算机间及其内部通信也已被纳入数据通信领域。按照计算机系统的信息交换方式，其数据传输可以通过两种方式进行：串行通信和并行通信。在数据传输过程中，若在同一时间内只采用一个数据位在设备之间进行数据传递，且对任何一个由若干位二进制表示的字符，都是由一个传输信道，按位有序地对字符依次进行传输，此即为串行数据通信方式；在通信过程中，若通信数据以字或字节为单位并行进行、多个数据位同时沿着各自的信道并排在设备之间进行传输，则此通信方式即为并行数据通信。以 8 bit 数据信息为例，串行通信与并行通信的区别如图 5-2 所示。

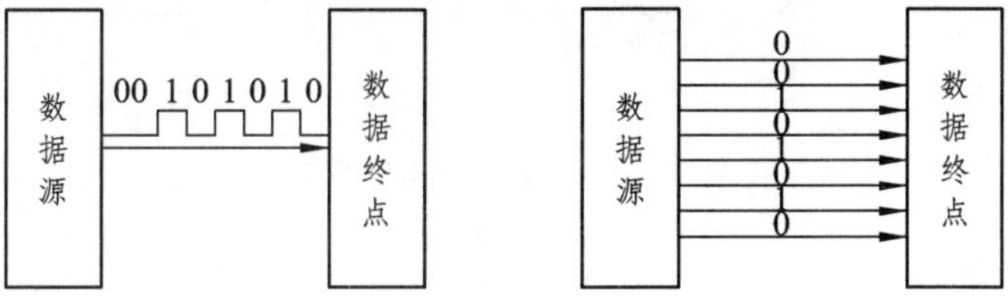

（a）串行通信　　（b）并行通信

图 5-2　串行通信与并行通信的区别

在进行并行通信时，由于数据的各个位同时传送，因此通信速度快、效率高，但其占用的信道也多，连接成本较高，因而不宜进行远距离通信。并行通信适合于短距离、高速率的数据传送，通常传输距离不大于 30 m。与并行通信相比，串行通信数据传输的速度要比并行传输低得多，但是其在硬件信号的连接上节省了信道，只需要少数几条线就可以在系统间交换信息，特别适用于计算机与计算机、计算机与外设之间的远距离通信，其传送距离可以从几米到数千公里。目前，通信网络和计算机网络中的数据传输都是以串行传输方式进行的。

三、同步通信与异步通信

由于串行通信为逐位传送数据，数据发送方发送的每一位都具有特定的时间间隔；为了正确接收，就要求接收方也需按照发送方同样的时间间隔来接收每一位数据，据此，就必须对串行通信中数据的传送格式做出严格的规定。

串行通信基本的通信方式可以分为两类：一类为同步通信，另一类为异步通信。

（一）同步通信

所谓同步通信是指在约定的通信速率下，发送端和接收端的时钟信号频率和相位始终保持一致（同步），以确保通信双方在发送和接收数据时具有完全一致的定时关系。通常，同步传输以数据块为传输单位，把许多字符组成一个信息组（或称为信息帧），每组信息的头部和尾部附加一个特殊的字符或比特序列，用以标记一个数据块的开始和结束；此外，一般还要附加一个校验序列，以便对数据块进行差错控制。由于同步通信要求在传输线路上始终保持连续的字符位流，即不允许有间隙，因此在没有信息需要传输时，线路上要用专用的“空闲”字符或同步字符进行填充，以保证数据流的完整性。

同步通信传送信息的位数几乎不受限制，通常一次通信传输的数据有几十到几千个字节，通信效率较高，且可用于一点对多点通信；但它要求在通信中保持精确的同步时钟，所以其发送器和接收器比较复杂，成本也较高，一般用于传送速率要求较高的场合。同步串行通信模式如图 5-3 所示。

（a）同步通信方式　　（b）同步通信数据格式

图 5-3　同步串行通信模式

（二）异步通信

所谓异步通信是指通信双方以一个字符（包括特定附加位）作为数据传输单位，发送方传送字符的间隔时间不一定（即字符与字符之间的时间间隔是可变的，数据收发双方的时钟不完全同步，各自独立；但每个字符内部各位的时间间隔是固定的），具有不规则数据段传送特性的串行数据传输方式。

异步通信规定每个字符的组成为：起始位、数据位、奇偶校验位（非必须）及停止位。起始位和停止位分别标记一个字符的开始与结束，并以此实现数据同步传输（以起始位开始、停止位结束所构成的一个字符信息称为一“帧”）。在传送一个字符时，起始位由一位低电平开始（对应于二进制值 0），接着传送数据位（位数为 5～8 位，具体位数取决于数据所采用的字符集。传输时，按低位在前，高位在后的顺序传送）；当字符内含有奇偶校验位时，其占一位，用于检验数据传送的正确性；停止位位于传送字符的最后，为高电平位（对应于二进制值 1，位数可以是 1 位、1.5 位或 2 位）。停止位结束到下一个字符的起始位开始，通信线路处于空闲状态（只要不发送下一个字符，线路上就始终为空闲），必须由高电平填充，直至下一个字符开始发送为止。

由于异步通信中数据收、发双方仅在一个字符的传输时间范围内保持同步即可，双方的同步时钟信号并不需要严格地同步，因此其时钟信号漂移的要求要比同步信号低得多，硬件成本也低得多，但是异步传送一个字符，要增加约 20%的附加信息位，故传送效率比较低，且仅适用于点对点通信。

异步通信方式由于简单可靠，也易于实现，故广泛地应用于各种微型机系统中。异步串行通信模式如图 5-4 所示。

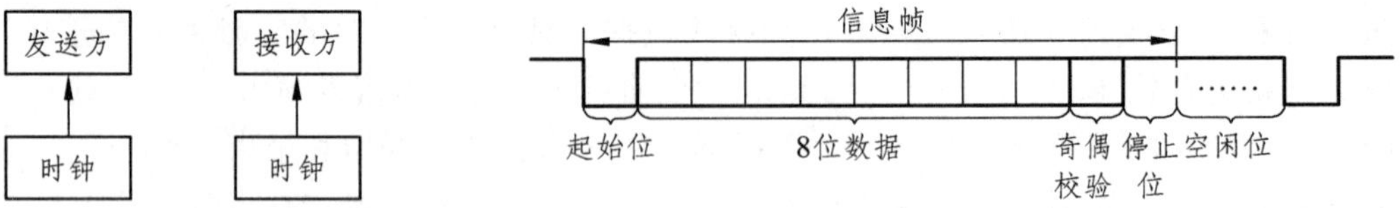

（a）异步通信方式　　（b）异步通信数据格式

图 5-4　异步串行通信模式

四、单工、半双工及双工方式

根据数据信息的传送方向性结构，串行通信又可进一步分为单工方式、半双工方式及双工方式。单工通信方式如图 5-5（a）所示，此工作方式下数据只能向一个方向传送，为一方到另一方的单向通信方式；半双工通信方式如图 5-5（b）所示，此工作方式下数据双方均可进行数据的接收和发送，但不能同时进行，需采用切换方式；双工通信方式如图 5-5（c）所示，此工作方式下数据双方可同时进行发送和接收。

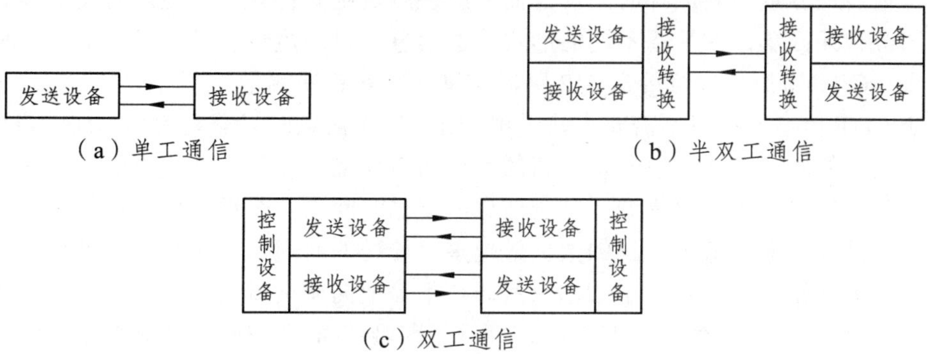

图 5-5　数据通信工作方式

由于单工模式数据传输时通信双方一方固定为发送，一方固定为接收，因此单工通信一般仅采用一条数据线。单工通信应用于只向一个方向传输数据的场合（如计算机与打印机之间的通信）。

半双工模式下通信双方既可以发送数据又可以接收数据，因此半双工通信既可以使用一条数据线，也可以使用两条数据线（其实际上是一种切换方向的单工通信）。由于存在切换，因此半双工通信会产生时间延迟，信息传输效率较低。

全双工模式下数据通信双方允许同时在两个方向上传输数据（其实际上可理解为两个单工通信方式的结合），因此全双工通信必须具备两条数据线，以便于数据信息的双向传输。又由于此方式下具有信息的双向同时传输能力，因此其信息传输效率较高。

第二节　数据传输中采用的通信规约

通信规约是指在数据通信系统中为保证通信双方能有效及可靠地通信而规定的通信双方须共同遵守的一系列规则、标准或约定，其包括了传输数据的格式、通信方式、传送速度、传送步骤、检验纠错方式以及控制字符定义等内容。这些规则、标准或约定的集合也被称为通信协议。

一、通信规约分类

根据信息传输模式的不同，通信规约主要可分为循环式传输规约（CDT）及问答式传输规约（Polling）。

（一）循环式传输规约（CDT）

CDT 为同步通信方式，其以被控端 RTU 为主动方，以固定速率循环地向调度端上传信息。数据信息依规定的帧格式连续循环、周而复始地传送，当传输内容校验出现错误时，错误内容被剔除后可在下一循环中补传。

CDT 采用可变帧长度、多种帧类别按不同循环周期传送，遥信变位信息优先传送，遥测量次之（重要遥测量更新循环时间短，而一般遥测量则允许较长的更新时间）。CDT 区分循环量、随机和插入量，并采用不同的形式传送信息，以满足调度端对子站信息实时性和可靠性的要求。CDT 通信方式可传送 512 路遥信量和 256 路遥测量。

由于 CDT 传输数据时不需要主站干预，因此传输信息时只需要使用单向信道即可，对通道要求不高，故较适合在通道质量不高的简单通道环境下使用，适应点对点通信；其在进行信息传输时，始终占用通道资源。鉴于信息的传输时间与一个循环中所传信息的数量有关，因此在这种循环传输模式下传送的数据量越多，传送的时间也就越长；此种传输模式不论状态如何，即使数据毫无变化，子站也依然循环不停地向调度端发送数据。因此，在正常情况下，CDT 传输信道的有效利用率不高，且下行困难；奇/偶校验检错能力差（偶数位同时出错时认为正确）。

（二）问答式传输规约（Polling）

Polling 为异步通信方式，其以调度端为主动方，调度端向被控端 RTU 发送查询命令报文，子站响应后上传数据信息，调度端收到所需信息后，方开始新一轮询问，否则其继续向子站发送查询报文，询问召唤此类信息（重复询查三次），直至信息上传为止。

Polling 通信中子站 RTU 对遥信变位信息优先传送、模拟量超范围时传送。主站可请求子站发送某一远动信息，也可请求发送某些类型的信息，工作方式灵活，适用于点对点、一点对多点、多点共线、多点环形或多点星形的远动通信系统，其允许多个 RTU 分时共享通道资源，但须全双工或半双工信道。

由于 Polling 通信信息的传送主动权在主站，因而被控子站的紧急信息难以及时发给主站，故上行不够及时，轮流问答的时间较长；数据流的下行难；校验和检错能力不够。

二、常用通信规约

计算机网络与分布处理技术的迅速发展，推动了数据通信的发展。为了确保不同计算机系统间的互联互通，20 世纪 70 年代末，国际标准化组织（ISO）提出了开放系统互联（OSI）参考模型，并于 1984 年正式通过，成为一项国际标准。此后，计算机网络技术与应用的发展即遵照这一模型。

数据通信网作为变电所自动化系统的关键环节，由于受诸多因素的影响，其内部通信网络的接口统一是非常困难的（早期有 MODBUS、PROFIBUS、DNP、OPC，等等）。与变电所自动化系统的内部网络接口要求相比，无论是站内通信还是远动通信，由规约转换而引起的工程调试、运行维护等一系列问题，已成为阻碍电力系统自动化技术发展的一大障碍。因此，统一变电所自动化系统数据传输规约更为迫切。为解决上述问题，国际电工委员会 TC-57 技术委员会制定了 IEC60870-5 系列标准，以适应电力信息的传输及其他需求。该标准的模型源于 ISO-OSI 参考模型的七层协议，采用增强性能结构（EPA，使用三层参考模型，即：应用层、链路层、物理层)，以此来确保各设备间的数据传送。IEC60870-5 系列标准主要包括：

IEC60870-5-1 传输帧格式

IEC60870-5-2 链路传输规则

IEC60870-5-3 应用数据的一般结构

IEC60870-5-4 应用信息元素的定义和编码

IEC60870-5-5 基本应用功能

IEC60870-5-101 基本远动任务配套标准

IEC60870-5-102 电力系统中电能累计量传输配套标准

IEC60870-5-103 继电保护设备信息接口配套标准

IEC60870-5-104 网络远动任务的配套标准

IEC60870-5-101 规约制定于 1995 年，用以解决设备之间的兼容互换问题；1997 年，我国根据 101 规约颁布了国内版本 DL/T634-1997（新：DL/T634.5101-2002）。IEC60870-5-102 规约制定于 1996 年，用以满足变电所电能计量系统的通信需要；2000 年，我国据此相应颁布了标准 DL/T719-2000。IEC60870-5-103 规约制定于 1997 年，用以解决不同厂商设备间的通信连接和后续维护问题；1999 年，我国颁布了此规约的国内版本 DL/T667-1999。随着网络技术的发展，2000 年 IEC 制定了 IEC60870-5-104 传输规约，用以满足网络技术在电力系统中的应用问题；2002 年，我国根据 104 规约颁布了采用标准传输协议集的网络访问标准 DL/T634.5104-2002。

为解决不同电力产品生产厂家采用不同的嵌入式系统、不同的编程语言以及数据库造成的“信息孤岛”现象，以实现不同设备间的互操作性，国际电工委员会 TC-57 技术委员会于 1995 年开始着手制定更具开放性、先进性及完整性的变电所通信网络和系统国际标准——IEC6850，并于 2004 年颁布实施。

第三节 牵引变电所综合自动化系统数据通信

牵引供电系统的保护，经历了由最初的单体继电器保护系统发展至晶体管保护系统、由晶体管保护系统发展至微机保护系统、再由微机保护系统发展至所内综合自动化系统乃至数字化、智能化变电站系统的过程，所内保护系统的信息采集及连线也由电缆直连发展为目前的网络通信、数据交换阶段。

牵引变电所综合自动化系统，应用计算机及网络技术，采用分层分布式结构，集保护、测量、监视和远动控制于一体，所内各智能模块间通过内部数据通信完成信息交换及数据共享，以实现对变电所内各设备的运行状况进行实时监视、管理和控制。系统内各设备间的通信作为自动化系统内信息联络的纽带，担负着信息的处理、命令的发送和返回以及所有数据传递的任务，其数据传输的实时性、高可靠性、准确性、抗干扰能力、双向通信能力以及易维护性显得尤为重要。牵引变电所综合自动化系统的数据通信主要包括两个方面：一是综合自动化系统内部各子系统间的信息交换，二是变电所与远方控制中心间的通信。早期的变电所微机保护常采用总线通信方式，由于所内的保护和测控设备常为不同厂商的产品，导致这些设备之间不能正常通信，从而严重影响了变电所通信的实时性。为了解决不同厂家间设备通信连接的困难和后续维护的隐患，IEC TC-57 技术委员会在 IEC60870-5 系列标准的基础上制定了 IEC60870-5-103 规约，以期达到不同继电保护和测控设备互换的目的（我国原国家经贸委于 1999 年颁布了 103 规约的国内版本 DL/T667-1999，并在 2000 年的南昌会议上进行了宣贯，要求今后变电站自动化站内协议均采用 103 规约）。据此，目前牵引变电所综合自动化系统的保护、测量、控制单元一般均采用 IEC60870-5-103 规约进行通信。

一、103 规约简介

103 规约是为了实现不同继电保护设备和控制系统之间的信息互换而制定的，它为继电保护间隔层设备与变电所层设备间的数据通信规定了标准，主要用于站控层设备通信。

103 规约规定通信接口为 RS-232、RS-485 及光纤，采用异步通信，通信方式为一对多的主从问答方式。继电保护设备与控制系统的连接如图 5-6 所示。

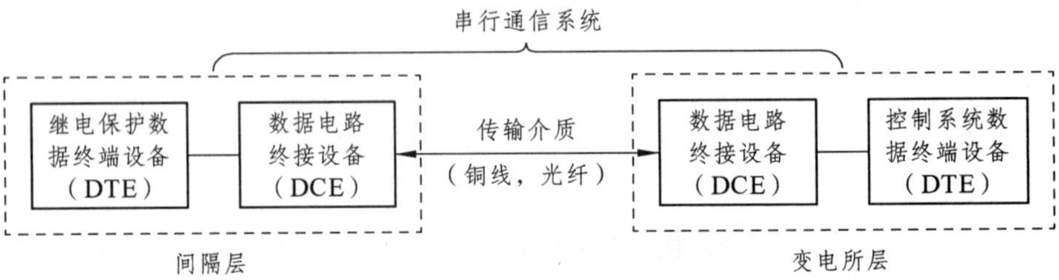

图 5-6　继电保护设备与控制系统的连接

103 规约报文分为固定帧长报文及可变帧长报文两种格式，如图 5-7 所示。固定帧长报文传送“召唤、命令、确认、应答”等信息，用于继电保护设备与系统之间传输确认帧、忙帧和询问帧；可变帧长报文传送“命令”及“数据”等信息，用于控制系统与继电保护设备间传输数据。

启动字符（10H）
链路控制域（CTRL）
链路地址域（ADDR）
帧校验和（CS）
结束字符（16H）

（a）固定帧长报文

启动字符（68H）
报文长度（Length）
长度重复（Length）
启动字符重复（68H）
链路控制域（CTRL）
链路地址域（ADDR）
链路用户数据（ASDU）
帧校验和（CS）
结束字符（16H）

（b）可变帧长报文

图 5-7　规约报文格式

103 规约报文链路控制域结构如表 5-1 所示。

表 5-1　103 规约链路层控制域

	D_7	D_6	D_5	D_4	D_3	D_2	D_1	D_0
控制层～间隔层	0	PRM	FCB	FCV	功能码			
间隔层～控制层	0	PRM	ACD	DFC	功能码			

其中　PRM——启动标志位，控制层到间隔层为 1，间隔层到控制层为 0；

FCB——帧计数位；

FCV——帧计数有效位，0 表示 FCB 变化无效，1 表示 FCB 变化有效；

ACD——要求访问位，ACD=1 表示间隔层继电保护设备有 1 级数据要求传送；

DFC——数据流控制位，DFC=0 表示间隔层继电保护设备可以接收数据，DFC=1 表示间隔层继电保护设备缓冲区已满，无法接收数据。

103 规约链路层控制域中功能码定义如表 5-2、5-3 所示。

表 5-2　链路层（控制层～间隔层）控制域功能码定义

功能码序号	帧类型	功能	FCV 状态
0	发送/确认	复位通信单元	0
1～2	—	—	—
3	发送/确认	传送数据	1
4	发送/无回答	传送数据	0
5～6	—	—	—
7	复位 FCB	传送数据	0
8	—	—	—
9	请求/响应	召唤链路状态	0
10	请求/响应	召唤 1 级用户数据	1
11	请求/响应	召唤 2 级用户数据	1
12～13	备用	—	—
14～15			自定义

表 5-3　链路层（间隔层～控制层）控制域功能码定义

功能码序号	帧类型	功能
0	确认	确认
1	确认	链路忙、未收到报文
2～5	—	备用
6～7	—	自定义
8	响应	以数据响应请求帧
9	响应	无所召唤数据
10	—	备用
11	响应	以链路状态或访问请求响应请求帧
12		备用
13		自定义
14		链路服务未工作
15		链路服务未完成

103 规约为一点对多点的主从 Polling 通信方式。正常状态下，变电所总控单元控制系统对间隔层各个继电保护装置的2级用户数据进行依次轮询；若间隔单元产生1级数据，则间隔单元通过上送的 2 级数据报文控制域中的 ACD 标志位，请求控制系统查询 1 级数据；控制系统查询完某个间隔单元的 1 级数据后，继续开始对下一个单元的 2 级数据进行查询。控制系统在开始新一轮发送/确认服务时，对下发报文控制域中的帧计数位（FCB）的状态进行改变。若应答超时（等待时间 50 ms）未收到间隔单元发回的确认帧或响应帧，则保持原帧计数位（FCB）状态重发原报文，最大重发次数为 3 次。若 3 次重发后仍收不到应答报文，则首先发复位帧计数位（FCB）复位命令（将 FCB 置 0，发送缓冲区不清零）；若仍无法获取应答报文，则对通信单元进行复位（将 FCB 置 0、发送缓冲区清零）。当间隔层装置重新带电或复位并收到 FCB 或通信单元复位命令后，响应确认并请求访问 1 级数据（间隔层数据以 ASDU5 标识报文上送相关设备信息，并上送两次，第一次传送原因为 FCB 或通信单元复位，第二次传送原因为“启动/重新启动”），然后为时间同步（对时）和总查询。

103 规约采用窗口尺寸为 1 的非平衡传输方式的链路传输规则，传输服务的触发由变电所控制系统来操控，一次传输任务完成后，才能开始下一轮的传输服务（一次传输服务完成是指传输成功或传输失败（重发次数已到））。对于“发送/确认”“请求/响应”传输服务，若在传输过程中受到干扰，则用等待—超时—重发的方式发送下一相同帧，直至传输成功或达到重发次数为止。

对于信息的交换，103 规约采用两种方式：一种是基于严格规定的应用服务数据单元（ASDU）和标准化的报文传输应用过程、方法；另一种是采用通用分类服务。鉴于通用分类服务具有传输任何数据的能力，当采用 ASDU 及应用过程无法满足要求时，可采用通用分类服务来实现。

二、103 规约在牵引变电所综合自动化系统中的应用

牵引变电所综合自动化系统内部信息交换主要内容如下：

1. 遥测信息

控制端发出遥测命令，间隔层设备对各保护测控单元的相关信息进行上传。遥测量主要为电流、电压、功率、主变压器温度等，遥测量主要为既有的负荷录波量、实时电量、故障录波量、自检报告、事件报告和故障报告等。

2. 遥信信息

遥信量在收到遥信命令时进行传送。根据对象的不同，遥信量也不相同，其主要传送各种保护和开关量信息。

3. 遥控信息

间隔层继电保护设备接收控制端遥控命令（主要为各开关量的分合闸等）并执行。

4. 整定值信息

依据所内保护设置的不同类型、不同配置及整定原则，变电所控制层与间隔层设备间进

行继电保护定值的上传和下送，这是牵引变电所最基本的信息交换内容。

5. 事件顺序记录

当遥信量信号发生变位时，作为事件按顺序记录，间隔层按一级数据要求优先上送，内容包括开关信号（或重合闸）、变位位置、变位时间、当地/遥控操作等。

6. 自检报告

当间隔层装置产生自检报告时，自检报告将作为一级数据上传至变电所控制端。自检报告记录保护测控装置的自检状况，主要包括硬件自检、软件自检、通信自检和继电器自检等信息。

7. 故障数据

变电所发生故障后，间隔层继电保护设备产生扰动，并生成故障报告，按一级数据上传，以便相关人员正确分析故障原因，研究事故对策，及时处理事故。

故障数据一般由故障扰动记录表、故障报告和故障波形三部分组成。故障扰动记录表包含用户需要查看的时间范围内的所有故障报表，并提供故障报表的序号、状态和故障发生时间。故障报告提供故障发生时的参数状态，包括故障发生时间、跳闸开关编号、动作标识、保护启动的出口和返回时间、相关电量及故障时对应的事件报告等；馈线故障报告还包括故障点距离和有无重合闸。故障波形提供故障前后不同时刻所录制的电压波形、电流波形以及该次录波中电流或电压出现的最大瞬时值，同时提供对录波数据的谐波分析等。

三、牵引变电所综合自动化系统通信规约的应用发展

IEC 60870-5-103 传输规约作为新的变电所内通信规约，在牵引变电所综合自动化系统中大量应用是必然趋势。它理论上可以传送站内保护的所有通信数据，但同时灵活性较大，使得各继电保护厂家在规约的理解和做法上存在一定的差异，从而造成在 103 传输规约上通信联调困难，并未实现真正意义上的互联。为确保所内不同继电保护生产厂家间的保护装置与通信管理单元在 103 规约的调试上有一个可依据的参考和规范，仍需根据需要对 103 传输规约进行扩展。

此外，103 传输规约的兼容范围是纯保护通信规约，因而不能满足现有保护测控一体化装置的通信需要。随着变电所自动化技术的飞速发展，牵引变电所保护测控系统也正由综合自动化系统逐步向数字化、智能化发展，现有的 103 规约及其 IEC60870-5 系列其他标准也逐渐暴露出越来越多的问题，加上其开放性不能满足当今变电所自动化技术发展的要求，因此 103 规约已成为变电所智能化发展的瓶颈。为此，IEC TC-57 技术委员会又制定了更具开放性和互操作性的新一代变电所通信网络和系统协议——IEC61850 标准。IEC61850 通过定义智能电子设备（IED）的标准信息模型结构，使不同设备厂商的 IED 在不同客户访问时具有自描述性，从而解决来自不同设备厂商的 IDE 之间的兼容性问题，力求实现各 IED 之间的标准信息接口，即不同厂商的多个 IED 间具有交换信息并使用这些信息进行协同操作的能力，从而使得变电所设备的维护、管理更为简便，实现了真正意义上的互操作。

IEC61850 标准采用面向对象建模技术和分层分布技术，具有良好的互操作性，势必成为今后变电所自动化系统的统一标准并取代 103 规约。

第四节　远动数据传输

电气化铁路牵引供电远动（SCADA，Supervisory Control and Data Acquisition）系统，即对铁路牵引供电系统中的电气设备进行远程监视、测量和控制的系统，它主要完成牵引供电调度中心对电气化铁路沿线各牵引变电所、分区亭等现场的运行设备进行监视和控制，以实现数据采集及处理、设备监测及控制、参数测量及调整以及各类信号报警等功能。SCADA 系统包括主站系统、被控站、远动通道及远方终端。

一、远动规约简介

早期的远动系统通信规约纷繁复杂，CDT、SC1801、μ4F、N4F、DNP3.0 以及企业标准等多种形式的规约在现场均有采用，常造成主站与子站间的通信不畅。为了达到兼容设备间信息互通互换的目的，IEC 颁布了 IEC60870-5-101 传输规约。我国原电力部标准 DL/T634.5101-2002 也规定，变电站自动化设备的远方调度传输协议应采用 101 规约。

101 规约采用三层参考模型（EPA，即物理层、链路层、应用层）结构，异步通信，串口，一点对多点的主从 Polling 通信方式；可采用平衡方式和非平衡方式两种链路传输规则（在点对点和多个点对点的全双工通道结构中采用平衡式传输方式，在其他通道结构中只采用非平衡式传输方式），对于牵引供电远动系统而言，鉴于其网络拓扑结构，一般采用非平衡链路规则。

为了满足网络技术在电力系统中的应用，以及通过网络传输远动信息，IEC TC57 在 IEC60870-5-101 基本远动任务配套标准的基础上制定了 IEC60870-5-104 传输规约。104 规约是 101 规约的网络版，通过 TCP/IP 协议实现网络传输远动信息。

104 规约使用的参考模型源自开放式系统互联的 ISO-OSI 参考模型。不同于 101 规约的三层结构，104 规约采用 5 层结构，其结构如图 5-8 所示。

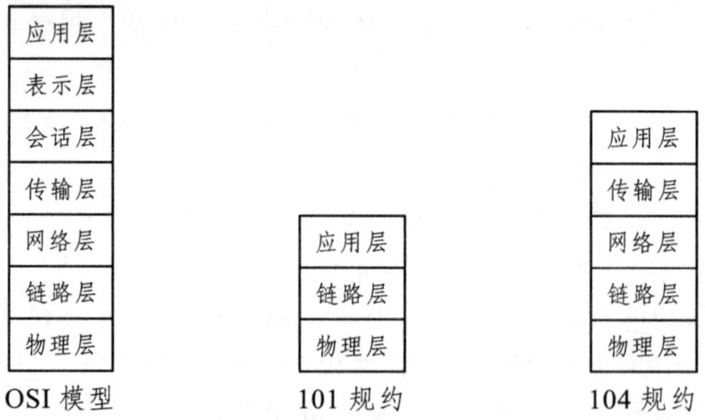

图 5-8　101、104 规约结构对比

作为 101 规约的网络版，104 规约实际上是将 101 规约与 TCP/IP 提供的网络传输功能相结合，从而使得 101 规约在 TCP/IP 范围内均可使用。为确保可靠传输数据，104 规约规定传

输层使用 TCP 协议，故其对应的端口号为 TCP 端口。104 规约规定使用的端口号为 2404，并已得到 IANA（Internet Assigned Numbers Authority，因特网编号管理局）的确认。

104 规约定义了 I、S、U 三种报文格式。I 报文主要用于可计数的信息传输，包含应用规约控制信息（APCI）以及用户数据（ASDU）；S 报文主要用于接收报文的确认，其不包含 ASDU 报文；U 报文主要用于数据传输的过程控制，以实现应用层数据传输的启动、停止以及链路的通信测试，其亦不包含 ASDU 报文。

目前网络技术的普及，使 104 规约在电力系统远动传输中得到了广泛的应用。铁路系统也规定，在电气化铁路牵引供电远动系统中，主站与被控站间的通信规约应采用 IEC60870-5-104：2000 规约，采用平衡方式的数据链路传输规则进行数据传输。

二、远动通道及通信介质

牵引供电远动系统是电气化铁路牵引供电系统的重要组成部分，承担着对电气化铁路沿线各被控站的远程监控任务，对保证电气化铁路正常运行具有重要意义。远动系统主站与被控站之间的各类数据信息以及命令的传输，是通过连接两点之间的传输通道来实现的，信息的采集及命令的传输是否准确、及时、可靠，直接影响到电气化铁路的安全运营。因此，作为远动系统重要环节的通信通道，其性能的优劣将直接影响远动系统的整体性能。随着牵引供电系统自动化应用水平的不断提高，远动系统通道的可靠运行也显得越来越重要，一旦通道出现故障，将会给供电系统的生产指挥、调度管理以及安全运行带来严重的损害。

数据传输根据传输介质的不同，可分为有线数据通信与无线数据通信两类。电气化铁路牵引供电系统由于肩负着铁路安全运行的重任，作为独立的电力牵引调度局域网，其通道目前均采用有线数据通信方式，利用铁路通信系统数据网通信通道，采用双通道模式（一主一备）进行数据传输。

（一）通道物理介质

早期铁路通信系统采用电缆进行数据传输，早期的电力牵引远动系统通道常采用 FSK 音频四线方式，通过 MODEM 进行模数转换后接入铁路 PCM 专用话路通道进行数据传输。音频实回线在传输的过程中常会受到电气化铁路电磁干扰的影响，产生通道的衰耗、频率特性失真、干扰等现象，致使牵引供电远动系统的作用无法得到充分的发挥，从而影响远动系统的使用。

随着通信技术的发展以及光纤技术的应用普及，铁路通信传输线路已逐步光纤化。光缆通信抗干扰能力、信号衰减及失真等性能明显优于电缆通信，因而在电力牵引远动方面得到了广泛应用。实践证明，光纤远动通道完全可以满足电气化铁路电力牵引远动系统对通道数据传输的各种要求。

目前，新建电气化铁路牵引远动系统的数据通道已完全光纤化，信道带宽也由早期的 64K 发展至 2M 及以上。

（二）通道的拓扑结构

牵引远动系统通道组网方式一般有三种，即：星型结构、总线型结构和环型结构。

1. 星型结构

星型结构也即点对点结构，星型结构通道示意图如图 5-9 所示。

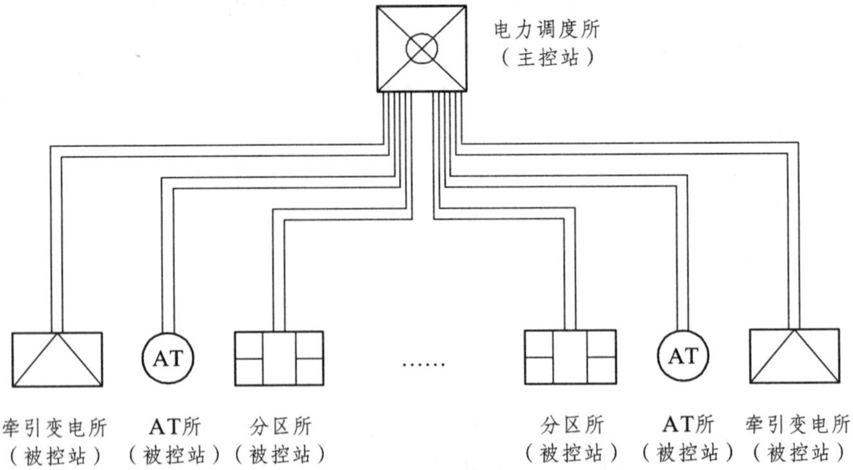

图 5-9 星型结构通道示意图

星型结构是指铁路沿线各被控站（牵引所/亭）均与调度中心的主控端通信设备相连，所有远动数据的传送及信息交换也都通过主控端通信设备实现。

星型结构的优点在于：网络稳定性高，实时性好，结构简单，便于维护管理且易于扩充、易于升级，不存在资源共享而导致的通道阻塞及冲突，当某一通道出现故障时，也仅影响本回路的通信，而不会造成其他通道的通信障碍。

星型结构的缺点在于：通道安装及运营、维护费用较高，共享资源能力较差，利用率不高。

由于星型结构任何一个被控站均需 2 条通道（一主一备）与主站相连，因此通道占用较多，不太适用于目前铁路通信信道资源有限的状况。此外，在远动通信过程中，当通信电缆出现故障时，主备通道将同时故障，造成通信中断，从而失去了通道备用的意义。

2. 总线型结构

总线型结构通道示意图如图 5-10 所示。

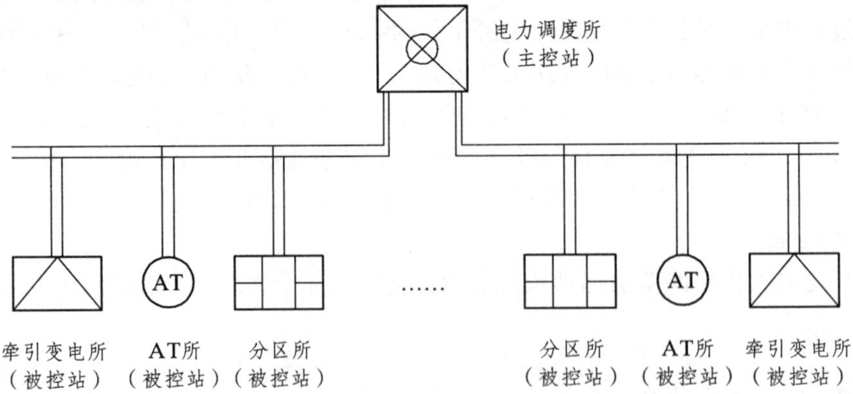

图 5-10 总线型结构通道示意图

总线型结构是指电力牵引远动系统的各个站点（包括主控端与各被控站）均连接在一条

主通信线路（即总线）上，线路上任何一个站点所发送的信息均可沿着线路传播，且能被其他站点所接收。

总线型结构的优点在于：多个站点共用一条传输通道，通道利用率高且结构简单，组网容易，网络扩展方便。

其缺点在于：当网络出现故障时，故障检测需在各个站点进行，故诊断较为困难；且一个站点的故障可能导致整个网络不通，因此可靠性不高；另外，由于通道共享，其自身的故障将导致整个系统的崩溃。

由于总线型结构为通道共用，实现了资源共享，减少了通道资源占用，故较适合于铁路现场情况。但共用通道也造成了其实时响应性差、容易造成通道竞争而发生通信冲突等，因此须采用严格的通信协议及高可靠性的通信通道予以解决。

3. 环型结构

环型结构通道示意图如图 5-11 所示。

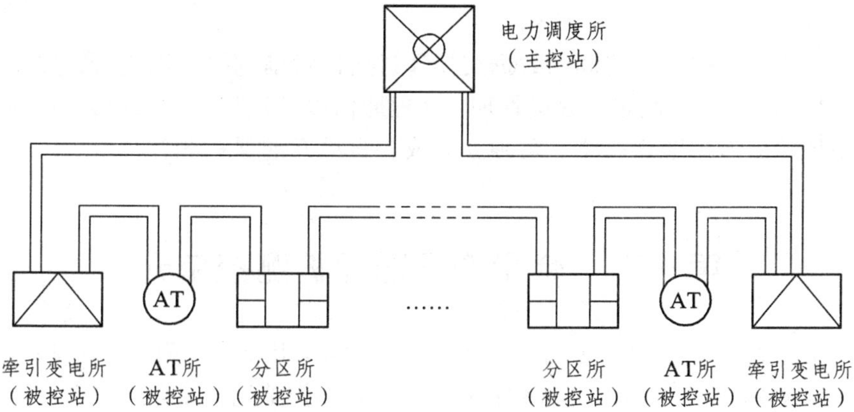

图 5-11　环型结构通道示意图

环型结构指牵引远动系统中的各个站点（主、被控站）通过通信线路组成一个闭合回路（环路），信息在环路中按一定的方向进行传输。

环型结构作为一种特殊形式的总线型结构，其优缺点与总线型结构基本相同。

环型拓扑中，信号沿着环型通道按一个方向传播，并通过环中的每一个站点；而且，各站点会对信号进行放大后，向下一站点传递。同时，在环型网络中会传递一种被称为“令牌”的特殊信息包，当远动系统中某一被控站要发送信息时，必须先捕获令牌，再发送信息，信息发送完毕后释放令牌，以便于其他站点信息的发送。

远动环型结构的信息传递又可分为单链环和自愈环两种方式。单链环网进行信息传递时采用接力方式，即某一被控站的数据接收总是由前一被控站转发而来的，其数据的发送也必须通过前一被控站。当网络某点发生故障后，故障点前部的通信不受影响，其后部的通信则无法进行。为了克服这一缺点，便出现了自愈环网方式。自愈环网方式引入智能流动群的思路，当主用通道某点发生故障时，可通过通信切换使通道切换到非故障的环回通道，以完成数据的传输。但这种结构与总线型通道相比，信息通道会有一定程度的延时，通信设备有所增加。

目前我国的电气化铁路牵引远动系统通道结构常采用自愈环方式。

第六章　综合自动化系统间隔层

牵引供电综合自动化系统间隔层单元主要包含了各种继电保护装置、自动装置和测控单元设备。各设备通过与所内断路器、隔离开关、电压互感器、电流互感器等一次设备接口，以完成牵引供电系统的保护、控制、测量和信号监视功能，并通过间隔层各设备间的硬接点连接以实现所内的安全联锁功能。

间隔层单元主要完成牵引变电所一次设备的保护、测量、控制和信号监视功能。按照一次设备进行配备，间隔层设备可分为牵引变压器保护测控单元、馈线保护测控单元和电容器保护测控单元等。

间隔层单元与站控层设备之间的数据交换通过所内通信网络组网进行，以实现所内站级管理层对其的控制、监视、测量、数据管理、远程通信以及远程维护等综合自动化管理功能。间隔层单元不依赖于所内通信网络，可独立完成各自单元的保护测控功能。

第一节　牵引变压器保护测控单元

在综合自动化系统中，牵引变压器保护测控单元一般采用保护、测控分开设置方式。依据功能划分，其可分为差动保护单元、本体保护单元、后备保护单元、综合测控单元和备自投单元。

一、差动保护单元

差动保护单元主要完成牵引变压器的差动保护以及与上位机的信息交换，其主要功能如下：

（1）差动电流速断保护功能。

（2）二次谐波闭锁的比率差动保护功能。

（3）差流越限告警功能。

（4）保护装置软、硬件自检功能。

（5）故障记录功能。保护单元可记录包括保护动作报告、告警报告、事故报告、SOE 记录、启动报告和故障录波数据等在内的各类报告。

（6）保护定值存储功能。保护单元可存储多套独立整定的定值，以便采用不同运行方式时使用。

（7）时钟同步功能。保护单元可接收由站控层发送的时钟同步编码（IRIG-B 格式），以确保其与各单元间的时钟同步。

（8）故障录波功能。保护单元可在差动保护动作时触发录波功能，对故障波形进行记录。录波文件格式符合《电力系统暂态数据交换通用格式》（GB/T 22386—2008）标准。

（9）通信功能。保护单元提供以太网接口以便于网络通信，传输介质可选择双绞线或光纤，并支持 IEC60870-5-103、IEC60870-5-104、IEC61850 等标准规约。

二、本体保护单元

本体保护单元主要完成牵引变压器本体的非电量保护，其主要功能如下：
（1）重瓦斯保护；
（2）压力释放保护；
（3）温度Ⅱ段保护；
（4）轻瓦斯保护；
（5）温度Ⅰ段保护；
（6）油位异常保护。

在上述保护中，重瓦斯保护、压力释放保护及温度Ⅱ段保护作用于保护装置的跳闸；轻瓦斯保护、温度Ⅰ段保护及油位异常保护作用于保护装置发出告警信号。

三、后备保护单元

后备保护单元主要为差动保护单元的近后备，实施对牵引变压器的保护。其主要功能如下：
（1）低压闭锁的高压侧三相过电流保护；
（2）高压侧失压保护；
（3）高压侧二段定时限过负荷保护；
（4）高压侧反时限过负荷保护；
（5）低压闭锁的低压侧两相过电流保护；
（6）过励磁保护；
（7）零序过流保护；
（8）零序过压保护；
（9）间隙过流保护；
（10）TV 断线告警；
（11）保护装置软、硬件自检功能；
（12）故障记录功能，可记录包含保护动作报告、告警报告、事故报告、SOE 记录、启动报告和故障录波数据等在内的各类报告；
（13）具有多套可独立整定的定值功能，供不同运行方式时使用；
（14）可接收 IRIG-B 格式的时钟同步编码；
（15）故障录波功能，录波文件格式符合《电力系统暂态数据交换通用格式》（GB/T 22386—2008）标准；
（16）通信功能，提供以太网接口，可选择双绞线或光纤作为传输介质，支持 IEC 60870-5-103、IEC 60870-5-104、IEC 61850 等标准规约。

四、备自投单元

备自投单元主要完成牵引变电所内工作及备用进线电源以及工作及备用牵引变压器的自

动互投操作。其主要功能如下：

（1）主变压器故障备自投功能，即当主用变压器发生故障时，自投单元应能完成备用变压器的自动投入，以确保正常供电。

（2）失压备自投功能，即当牵引变电所主供电源消失时，自投单元应能完成变电所备用电源的自动投入，以确保变电所的正常供电。

（3）应具备多种常规倒闸模式，即自投单元应具备进线电源及牵引变压器的交叉、直列等多种供电倒闸模式，以确保牵引变电所的正常运行。

（4）应具备直列优先倒闸功能。

（5）具备可编程逻辑功能，可根据现场运营的实际需要灵活实现各种倒闸操作。

（6）装置软件、硬件自检功能。

（7）故障记录功能，可记录包含保护动作报告、告警报告、事故报告、SOE 记录、启动报告和故障录波数据在内的各种报告。

（8）应具备多套可独立整定的定值，供不同运行方式时使用。

（9）可接收 IRIG-B 格式的时钟同步编码。

（10）故障录波功能，录波文件格式符合《电力系统暂态数据交换通用格式》（GB/T 22386—2008）标准。

（11）通信功能，提供以太网接口，可选择双绞线或光纤作为传输介质，支持 IEC 60870-5-103、IEC 60870-5-104、IEC 61850 等标准规约。

五、综合测控装置

综合测控装置主要完成牵引变电所内各种电气量的测量、各类开关的控制以及开关信号采集功能。具体内容如下：

（1）测量功能，即通过交流采样，以实现对主变压器压器高/低压侧电流、电压以及主变压器压器有功功率、无功功率、功率因数、主变压器油温等进行测量。

（2）控制功能，即对主变压器压器高、低压侧断路器以及电动隔离开关等开关设备进行控制。

（3）遥信功能，即采集主变压器压器高、低压侧断路器以及隔离开关等开关设备的位置信号、操作机构信号等信息。

第二节　馈线保护测控单元

牵引变电所综合自动化系统中，由于馈线保护功能比较单一，因此其保护测控单元一般常采用保护、测控一体的设置方式。一般而言，在变电所每一馈线间隔配置一套馈线保护测控装置，以实现本单元馈线的保护、测量、控制以及信号采集功能。

一、保护功能

主要完成馈线的距离保护、电流保护、重合闸等功能，具体保护如下：

（1）距离保护。可根据运营要求分段设置保护，亦可选择设置二次谐波闭锁功能、综合谐波抑制功能、正反方向及阻抗边界特性。

（2）电流速断保护。保护应可根据运营需要选择设置正/反方向特性、综合谐波抑制、二次谐波闭锁及低电压闭锁功能。

（3）过电流保护。可根据运营要求设置多段保护，并可根据运营需要选择设置正/反方向特性、综合谐波抑制、二次谐波闭锁及低电压闭锁功能。

（4）电流增量保护。

（5）反时限过电流保护。

（6）低电压保护。

（7）断路器失灵保护。

（8）后加速保护。

（9）二次重合闸功能。

（10）重合闸检有压功能。

二、辅助功能

馈线保护测控单元的辅助功能主要用于告警、测距、录波以及通信等功能，具体如下：

（1）TV 断线告警；

（2）TA 断线告警；

（3）故障测距；

（4）谐波分析；

（5）负荷录波；

（6）装置软、硬件自检；

（7）故障记录功能，可记录包含保护动作报告、告警报告、事故报告、SOE 记录、启动报告和故障录波数据等在内的各类数据；

（8）保护定值设置功能（可设置多套独立整定的定值，以供不同运行方式时使用）；

（9）可接收 IRIG-B 格式的时钟同步编码；

（10）故障录波功能，录波文件格式符合《电力系统暂态数据交换通用格式》（GB/T 22386—2008）标准；

（11）通信功能，提供以太网接口，可选择双绞线或光纤作为传输介质，支持 IEC 60870-5-103、IEC 60870-5-104、IEC 61850 等标准规约。

三、测量功能

可对与馈线相关的参数进行测量，具体如下：

（1）馈线电压测量；

（2）馈线电流测量；

（3）谐波电流测量；

（4）馈线有功功率测量；

（5）馈线无功功率测量；
（6）功率因数计算。

四、控制功能

可对与馈线相关的开关设备进行控制操作，具体如下：
（1）馈线断路器控制；
（2）馈线隔离开关控制；
（3）重合闸软压板操作。

五、遥信功能

可对与馈线相关的开关设备信号进行采集，具体如下：
（1）馈线断路器的位置信号；
（2）馈线断路器操作机构信号；
（3）馈线隔离开关的位置信号；
（4）馈线隔离开关操作机构信号。

第三节　电容保护测控单元

当牵引变电所设置无功补偿装置时，牵引变电所综合自动化系统需配置电容保护测控单元。与馈线保护测控单元类似，电容保护测控单元亦采用保护、测控一体的设置方式，在变电所每一电容器补偿回路配置一套保护测控装置，以实现本单元电容器的保护、测量、控制以及信号采集功能。电容保护测控单元的主要功能有保护功能、辅助功能、测量功能、控制功能、遥信功能。

一、保护功能

主要完成电容器组的相关保护。保护测控单元可设置如下保护功能：
（1）电流速断保护；
（2）过电流保护；
（3）谐波过电流保护；
（4）过电压保护；
（5）低电压保护；
（6）差电压保护；
（7）差电流保护；
（8）支路过流保护。

二、辅助功能

电容保护测控单元的辅助功能主要用于告警、录波、分析以及通信等功能。

（1）TV 断线告警；

（2）TA 断线告警；

（3）谐波分析；

（4）负荷录波；

（5）装置软、硬件自检；

（6）故障记录，包含保护动作报告、告警报告、事故报告、SOE 记录、启动报告和故障录波数据等；

（7）多套可独立整定的定值输入；

（8）可接收 IRIG-B 格式的时钟同步编码；

（9）故障录波功能，录波文件格式符合《电力系统暂态数据交换通用格式》（GB/T 22386—2008）标准；

（10）通信功能，提供以太网接口，可选择双绞线或光纤作为传输介质，支持 IEC 60870-5-103、IEC 60870-5-104、IEC 61850 等标准规约。

三、测量功能

用于对与电容器组相关的参数进行测量，包括：

（1）母线电压；

（2）电容电流；

（3）谐波电流；

（4）电容有功功率；

（5）电容无功功率；

（6）功率因数。

四、控制功能

用于对与电容器组相关的开关设备进行控制，包括：

（1）电容断路器；

（2）电容隔离开关。

五、遥信功能

用于对与电容器组相关的开关设备信号进行采集并上传，包括：

（1）电容断路器位置信号；

（2）电容断路器操作机构信号；

（3）电容隔离开关的位置信号；

（4）电容隔离开关操作机构（电磁锁）信号。

第七章　综合自动化系统站控层

牵引变电所综合自动化系统站控层单元是为在变电所实现当地集中监控和信息管理而设置，其任务是实时采集全所的数据并存入实时数据库和历史数据库，通过各种功能界面以实现对牵引变电所运行状态的实时监测、远程控制、数据汇总查询统计、报表查询打印等功能。

站控层单元作为监控系统与变电所值班人员的人机接口，主要由当地监控计算机、显示器、操作台以及打印机、鼠标、键盘等设备组成。变电所内所有通过计算机而对牵引供电系统实施的操作控制均在站控层进行；此外，在牵引远动系统主站失效的情况下，变电所当地后台亦可作为调度处理的后备措施，完成对现场设备的遥控、遥测、遥信、遥调等任务。

站控层单元作为对牵引变电所供电设备的集中监控管理及控制的主要执行者，应具备以下主要功能：

一、以太网接口功能

站控层单元应具有接入监控系统的以太网通信接口，且其与系统的通信速率不应低于 10 Mb/s。

二、控制功能

站控层单元可以通过计算机对所内各种开关、切换装置以及其他可控设备进行集中控制，控制方式应包括：

1. 单独控制

对某一特定设备（开关、装置等）进行运行状态改变的控制，包括开关设备的合/分、自动装置的投入/撤除等操作，可对控制设备进行保护定值的切换以及保护功能的投退等操作（但必须由具有操作权限的人员通过密码口令的输入以开放权限后方可进行）。

2. 程序控制

将某些固定的倒闸作业序列控制定义在一个顺序控制中，以简化操作步骤的控制方式。程控的编制采用表格定义方式，允许加入执行判断条件，在执行过程中若出现限制执行条件，则自动终止程控并给出提示。

程控执行过程中允许用户终止执行程控。

3. 遥控试验控制

在变电所综合自动化系统设置模拟试验继电器，用于对系统通信通道及系统部分设备工作的正确与否实施检测。控制采用测试选择—执行两步操作方式，并给出执行过程中的提示信息。

4. 模拟操作

可对开关设备进行不下位模拟对位操作，并用不同符号或颜色显示以区别于正常状态。

5. 闭锁/解锁操作

可对变电所内控制对象进行单独或批量的闭锁/解锁控制操作。

6. 挂牌操作

当变电所内某一设备进行检修时，可对检修设备实施挂牌操作。通过挂牌操作来闭锁与检修设备相应的控制操作，以达到安全运行的目的。

在进行挂牌操作时，系统可以自动判别系统运行模式，以实现自动安全闭锁功能，如：挂牌闭锁、防误操作闭锁等。闭锁逻辑可以根据使用的要求灵活定义。

三、置数功能

站控层单元应具有对模拟量、电度量等采集数据的人工置数功能。

四、信号监视及报警信息处理功能

（一）信号监视

站控层单元能够通过用户画面直观地显示变电所设备及操控系统各模块的运行状态和网络通信状态，并能够应用不同的颜色或其他显示方式，动态地显示出设备状态的变化等。

1. 监视分类

在信号监视中对于运行状态的监视，主要可以分为以下两类：

（1）正常运行状态监视，即对变电所内运行设备进行实时数据采集，并通过监视设备对各设备的运行状态进行实时监视。

（2）异常运行状态的监视，即对变电所内各运行设备在非正常运行状态下的信息内容进行实时监视。

2. 监视内容

在信号监视中对于异常信号的监视内容，主要可以分为以下几种：

（1）供电系统异常监视（如保护动作信号等）；

（2）供电系统设备异常监视（如设备故障信号等）；

（3）变电所综合自动化设备故障（如各种自检信息等）。

（4）变电所通道或综合自动设备电源故障。

（二）报警信息处理

站控系统对变电所异常运行状态提供报警提示功能，报警提示包括画面显示、文本信息和音响报警等方面，并提供警报确认、打印、分类、归档、存储等管理手段。

1. 报警信息级别

依据报警信息的程度不同，系统可对报警信息进行多级别划分。所有报警信息将根据报警级别的不同在警报表上区别显示，并可以通过不同颜色及显示方式在输出设备（打印机、显示器）上加以区分。

2. 音响报警要求

系统可分别提供预告及事故两种音响报警，两种报警音响应有明显区别且音量应可调。

音响报警功能应可以实现投入/退出的要求，且对音响应设置延时复归功能，延时时间可调。

3. 报警提示和处理方式

1）报警提示

对于报警信息的提示，其基本的表达方式应包括以下几种：

① 产生可视信号及音响提示；

② 在 LCD 上显示警报信息；

③ 提供操作员确认手段；

④ 当产生新报警信息时，自动输入新的报警至相关记录。

2）处理方式

对于报警信息的处理，基本方式如下：

① 可通过在显示器上的用户画面对供电系统及其设备的运行状态进行实时监视。

② 当发生事故跳闸时，可以调出变电所主接线画面，同时在故障记录画面中记录故障内容，跳闸开关符号闪光，音响报警产生，等待操作员进行确认处理。

当操作员对故障信号进行复归（按复归键）后，故障闪光及音响报警停止；同时，在故障报警画面显示的故障内容，经操作员确认后，若故障仍存在，则继续保留故障内容（对故障内容的确认与未确认应有明显区别）。

系统应具备对多个报警提示处理的功能。

③ 对于发生的报警，操作员可调出警报类型画面，以判断警报情况，并进行警报处理。

④ 系统提供事件记录、操作记录、报警记录，用于对各种信息进行统计列表；操作人员可通过记录所定义的时间、站名、对象、报警级别等内容方便地检索所需信息，且可进行打印输出（具有实时打印、定时打印、随机打印等方式）。

五、测量量监视及处理功能

控制系统通过变电所间隔单元交流采样方式对本所内电流、电压等模拟量进行实时采集，对电度量可以通过与电度测量智能单元接口方式或通过计算方式实时获得，另外还可以通过召唤方式对测量量或数据（如整定值参数等）进行读取。

测量量显示及处理方式如下：

1. 以数字方式实时显示

在显示器的主接线图上，以数字方式实时显示测量参数。

2. 设置专用图表画面显示遥测参数

设置以下专用图表画面用来显示遥测参数：

（1）电流、电压等曲线图。

（2）电度量直方图，可以同时用不同颜色显示有功、无功电度量。

（3）定期统计报表。系统按每时（天、月、季、年）定期统计电度量、模拟量极值、开关动作次数（区分操作与事故情况）、主要设备的运行/退出时间等进行统计，并列表存储。

对于模拟量越限而进行的统计列表，其内容应包括：越限出现及复限时间、持续时间、越限极值等。

3. 模拟量数据处理

（1）阈值监视：对每个模拟量值的阈值域进行参数化，并通过数据库进行修改。

（2）刻度值处理：每个模拟量值均具有通过数据库定义的测量值转换成工程值的规则。

（3）限值校验：每个模拟量值均有超上限和下限校验，每个量值与正常值的偏差限值由数据库定义，越限级别至少四级（上、下限各两级）。

量值具备越限报警功能。当所测量的参数出现越限时，需在显示器画面该参数显示数值上给出变色或底色提示，以提醒操作人员密切注意该参数的变化情况。

（4）死区抑制报警功能。

（5）计算的最大、最小值：实时统计最大值、最小值、平均值等，并对规定时间范围内的最大、最小值进行数据库录入操作。

（6）可处理带符号二进制数。

（7）具有模拟量人工置数功能。

4. 脉冲量数据处理

（1）接收并处理上传发送的实测脉冲计数值。

（2）进行增量、累加和刻度的计算。

（3）能按峰、谷、平时段处理电度量，峰谷时段可定义选择。

5. 其他测量量处理

（1）动态负荷监视；

（2）电能质量监测；

（3）故障测距处理；

（4）故障录波分析。

系统可以读取故障记录装置主机中的保护录波数据并以文件的形式进行存放，以进行故障录波波形显示；系统还可以实现事故发生时各数据量变化的动态重现，并且可对相关故障量的前后有效值进行统计。

六、存储功能

系统应具有足够的容量用于对历史数据的存储，对信号量及各测量值的存储时间均应不少于1年。

七、统计计算功能

系统可根据使用人员提供的各种公式对数据进行数学、逻辑等运算。

八、画面显示功能

系统采用全图形、多窗口化显示风格，可同时监视多幅画面。

（1）画面的背景色应有多种颜色可供用户选择。

（2）系统应提供丰富的用户画面，配置各种图表显示方式。

（3）用户画面种类应满足下述要求：

① 供电系统示意图：显示供电系统结构。

② 综合自动化系统构成示意图：包括站级管理层、通信层、间隔层设备以及所内监控网络等配置情况和各种模块运行状态信息。

③ 主接线图：动态显示变电所的主接线和设备的运行状态及系统运行参数。

④ 程控显示画面：在主接线图中用鼠标点中程控操作菜单后，将显示该站的程控项目窗口。

⑤ 遥测曲线画面：显示各遥测量的趋势曲线。

⑥ 电度量直方图：显示有功电度量和无功电度量。

⑦ 统计报表：显示各种报表，包括但不限于以下报表：

- 事件记录、操作记录、警报记录；
- 每日（月、季、年）电量及极值统计报表。

（4）系统除具备上述画面外，还需具有对下述特殊数据显示处理的画面：

① 动态负荷监视画面；

② 电能质量监测画面；

③ 故障测距画面；

④ 故障录波分析画面。

九、口令功能

对系统的操作设置权限，对不同权限的运行管理人员进行不同的口令级别设置，以开放不同的系统资源。系统至少具备三级以上的口令级别，即：操作员、应用软件维护工程师、系统软件编程工程师。

十、值班管理功能

系统应提供值班记录功能，并具有根据需要编制运行调度操作卡片的功能。

十一、数据库管理功能

系统设置有实时数据库和历史数据库，以保存相关监控数据。数据信息应包括时间、地点、对象、性质、结果、值班员等内容。

系统对监控信息可提供存储、调用、检索等功能。

十二、报表管理及打印功能

1. 报表管理

系统应具有灵活的报表处理功能，提供可交互定义各种格式报表的手段，可进行表格的各种数学及逻辑运算，运算公式可在线设置和修改；可在报表上对报表数据进行修改。

2. 打印功能

对于系统产生的所有信息，均可根据需要在打印机上以实时打印、定时打印、随机打印等方式进行打印输出。当不需要打印或打印机关机、故障时，各种信息应自动保存在硬盘的指定目录内。

十三、汉化功能

为便于操作，系统的所有用户界面均应进行“汉化”处理，操作界面应提供全汉字菜单、汉字图形显示、汉字制表及打印，并提供多种汉字输入方式等。对于一些特殊汉字，应具有用户自定义功能。

十四、在线维护、修改、扩展功能

系统应具备运行态和编辑态两种方式。在编辑态下，可对主接线图、各种图形/曲线图（历史/实时）、系统配置图、常用数据表以及使用人员自定义的各类画面等进行修改、增加和删除等编辑修改工作，而不会影响系统的正常运行。

编辑状态下的图形修改工作应操作简单，应提供专用图形工具板以绘制各种图形；并提供移动、拷贝、删除图元功能，改变颜色、改变图元宽度大小功能；提供改变文字字体、颜色功能；提供移动字符功能。

在图形修改中，其图元数目应不受限制。

十五、系统参数查看及修改功能

该功能主要包括保护定值、保护配置、软压板、开入量、系统信息、测量值、保护动作报告等的查看。在具有相应修改权限的人员通过口令输入开放权限后，可以对相应数据进行修改操作。

十六、事故追忆及事故重演功能

当事故发生后，后台监控系统应能记录事故前后保护动作、装置启动、开关、刀闸等变位情况，事后系统可以模拟事故过程中各种数据量的变化情况。

综合自动化系统站控层除了具有以上 16 项功能外，还具有容错、自诊断和自恢复功能。

第八章　牵引供电调度自动化系统

随着我国高速铁路的飞速发展，现在中国已经成为世界上高速铁路系统技术最全、集成能力最强、运营里程最长、运行速度最高、在建规模最大的国家。中国铁路已经引领着世界高铁发展的新潮流，而高速铁路运营需要可靠的电力供应支持，对于电力系统高度依赖，只有可靠地供电才能满足高速铁路行车设备正常运作，才能保证“复兴号”高速列车安全地飞驰在祖国大江南北，所以高速铁路稳定、高效地运行与高速铁路可靠供电密不可分。在此背景下，牵引供电调度自动化系统应运而生。牵引供电调度自动化系统有着信息完整、正确掌握系统运行状态、提高效率、快速诊断系统故障的优势，牵引供电调度自动化系统的建设在高速铁路建设中具有重要地位。

第一节　牵引供电调度自动化系统概述

一、牵引供电调度自动化系统的分类

牵引供电调度自动化系统是以牵引供电 SCADA（Supervisory Control and Data Acquisition）系统为基础，基于 Windows 操作系统平台，并在 Wonderware ArchestrA 平台软件基础上二次集成开发而成的，功能涵盖 SCADA 监控、施工维修计划管理、系统异常自检、系统维护、网络管理、数据存储备份、系统安全等。

牵引供电调度自动化系统（PSCADA 系统）的通道结构通常采用环形结构。按实现模式不同分为以下几类：

（1）利用传输系统的 SDH 网络（同步数字体系是一种将复接、线路传输及交换功能融为一体，并由统一网管系统操作的综合信息传送网络）构成 2M 环形通道。如：普速铁路既有结构（G.703/E1 接口）、沪杭（上海—杭州）客专（FE 以太网电接口）。

（2）利用传输系统的 MSTP 网络（基于 SDH 的多业务传送平台）提供的以太网接入。如：合武（合肥—武昌）、石太（石家庄—太原）、郑西（郑州—西安）客专中应用。

（3）PSCADA 系统自构通道：仅在变电所、配电所处利用传输通道站间独立铺设光缆，PSCADA 自构环形通道。

二、牵引供电调度自动化系统的发展趋势

牵引供电调度自动化系统未来发展趋势：

（1）实现馈线故障点参数的传送、计算和故障地点的标定。

（2）地理信息图的显示等功能。

（3）培训功能：系统应具有操作人员、运行维护人员的上岗培训功能，使其掌握 PSCADA 调度系统的运行管理和操作方法。

（4）端源维护：基于建模标准对智能牵引供电设施的数据模型进行远程同步与更新，实现牵引供电设备静态参数的自动生成及同步，提高工程调试效率。

（5）全线所亭均设计为无人所亭，实现对智能化变电所的机器人巡检、遥视功能及环境监控功能。

（6）提供最佳应急方案，即利用预先设计的接触网故障判定逻辑，根据变电所推送的故障数据、大数据推送的故障点附近地形环境、天气情况以及人工输入信息，进行故障类型的判定并提供辅助性的处理意见。

（7）开关位置判别，即对变电所、开闭所、分区所断路器及纳入远动的隔离开关分合状态等有无异常进行检查、判定。

（8）实现智能化停送电。与供电施工、维修作业计划系统相融合，根据施工、维修计划范围和内容形成停电程控卡片，实现施工、维修作业智能化停送电。

第二节　牵引供电调度自动化系统功能及构成

一、牵引供电调度自动化系统的功能

（一）监视和控制功能

1. 遥控功能

1）遥控基本功能

调度员在相应的监控工作站显示器画面上对牵引、供电设备进行遥控操作。

① 单控：对被控站内某一开关设备进行的分、合控制，自动装置的投切控制等。遥控过程严格按“选择-返校-执行”的原则操作执行，确保控制操作准确可靠。

② 程控：把所控对象内容按预先设定的若干单控操作步骤组合成一个控制程序。在程序控制执行前首先自动检查各控制对象是否具备控制条件，列出不具备控制条件的控制对象，并在报警框给出提示，以提示操作人员处理。当出现不正常情况时系统能给出明确的提示，提醒值班人员注意。在程控过程中可以人为终止程控的执行。

程序控制分所内程控和所间程控两种。

③ 开关模拟置位操作：当被控站设备或通道故障时，可手动设置被控站开关的位置状态。此外，显示器画面上显示的手动隔离开关的状态亦采用手动置位操作方式。

2）控制命令种类及执行过程

控制命令分两种：有校核控制和无校核控制。

① 有校核控制，控制过程分为“选择-返校”和“执行”两步。第一步中选择后，需进行校核。校核成功后才能运行第二步执行操作。

② 无校核控制，包括信号复归、保护复归、变压器档位调节；控制方式为单步操作，选择命令送出后不经校核执行。

2. 遥信功能

系统具备采集处理牵引供电系统各种开关状态、保护动作信号及其他报警信息的能力。

（1）运行状态监视：对各被控站进行实时数据采集，并通过监控工作站显示器屏幕对各被控站供电设备运行状态进行实时监视。遥控开关状态的显示颜色：合闸为红色，分闸为绿色。

（2）报警信息处理：系统对异常运行状态提供报警提示功能，报警提示将包括画面显示、文本信息和音响报警，并提供警报确认、打印、分类归档、存储等管理功能。

① 报警条件：供电系统设备异常；调度系统设备故障；被控站自动化设备故障；远动通道故障。

② 报警处理：产生可视信号及音响提示；在监控工作站显示器屏幕上显示警报信息；修改相关的显示画面；提供操作员确认手段；自动输出新的报警至相关记录。

③ 警报种类：系统的所有报警将根据警报级别在警报表上区别显示。系统信息类别不少于 5 级，并在打印机及监控工作站显示器屏幕上可以通过不同颜色及显示方式区别。

④ 音响报警：系统应能分别提供事故、预告音响报警，两种音响应有明显区别。

⑤ 显示和处理方式。

操作员可通过在显示器上的用户画面对供电系统及其设备的运行状态进行实时监视。

当发生事故跳闸时，显示器上被控站名闪光。同时在故障记录中有故障内容，此被控站的跳闸开关符号闪光，音响报警产生，等待操作员进行确认处理。操作员按复归键后停止闪烁及音响报警；同时在故障报警画面显示故障内容，确认当警报发生后，操作员可调出警报类型画面，判断警报情况，进行警报处理。未确认的内容应有明显区别。应具有对多站报警提示处理的功能。

系统提供事件记录、操作记录、报警记录，用于对各种信息的统计列表，用户可通过定义时间、站名、对象、报警级别等内容方便地检索所需信息。

3. 遥测功能

（1）遥测预处理。

（2）系统应能实时查询系统内所定义的遥测对象值，并根据需要进行数据类型转化的预处理。

（3）显示处理方式。

① 系统应在显示器所显示的被控站主接线图上，以数字方式实时显示电流、电压及功率等测量参数。

② 系统应设置专用图表画面用来显示遥测参数。

③ 电流、电压、功率等曲线图：在同一曲线图上可以同时用不同的颜色来显示多条不同的相关模拟量以进行比较。

④ 电度量直方图：可以同时用不同颜色显示有功、无功电度量。

⑤ 定期统计报表：系统按每时（天、月、季、年）定期统计电度量、模拟量极值，并列表存储。

（4）模拟量数据处理。

① 阈值监视：系统应接收有效变化的值，每个模拟量值的阈值域应参数化，并通过数据库进行修改。

② 限值校验：系统每个模拟量值均应有超上限和下限校验，每个量与正常值的偏差限值由数据库定义，越限级别至少应定义四级（上、下限各两级）。

③ 最大、最小值的计算：系统应对所定时间范围内各遥测点的最大值和最小值进行统计存储。

④ 当所测量的参数出现越限时，系统应在显示器画面该参数显示数值上给出变色或底色提示，以提醒操作员密切注意该参数的变化情况。

（5）脉冲量数据处理。

系统应提供以下（但不限于）脉冲量处理功能：

① 读取电度参数；

② 增量、累加和刻度的计算；

③ 存储至数据库内；

④ 为电度量参数提供手动置数功能并刷新数据库；

⑤ 系统需考虑足够的容量用于对测量值的显示和存档。

（二）遥视功能

遥视是将被控站设备的视频信号传送给调度台，进行远方图像监视，亦称视频监控系统。

（三）画面显示功能

系统应提供动态显示的供电系统图、监控系统图、变电所主接线、记录、报警、牵引网供电分段示意图、程控等用户画面，以及变电所盘面动态显示图。系统应满足以下用户画面种类和要求（包括但不限于）：

（1）全线线路示意图；

（2）供电系统示意图；

（3）供电设备分布示意图；

（4）监控系统构成示意图；

（5）变电所自动化构成示意图；

（6）各变电所主接线和接触网线路图；

（7）程控显示画面；

（8）遥测曲线画面；

（9）电度量直方图；

（10）日报报表；

（11）月报报表；

（12）年报报表；

（13）越限统计报表；

（14）操作记录报表；

（15）警报信息画面；
（16）变电所自动化系统网络拓扑图。

（四）报表统计功能

系统应提供包括但不限于以下统计报表：
（1）事件记录、操作记录、警报记录；
（2）每日（月、季、年）遥测量极值、电度统计报表。

（五）打印功能

系统所有信息均应能根据需要在打印机上打印。

（六）数据库管理功能

系统应设置实时数据库及历史数据库管理系统，用于对在线运行数据及历史数据的管理。历史数据库应采用工业数据库管理系统。

（1）系统应提供大量的数据库在线监视、管理、统计、维护等工具。数据输入和修改采用在线方式进行。

（2）数据库管理软件可以快速访问常驻内存数据和硬盘数据，在并发操作下能满足实时响应的要求。

（3）允许不同程序对数据库内的同一数据集进行并发访问，保证在并发方式下数据库的完整性和一致性。

（4）具有良好的可扩性和适应性，满足数据规模的不断扩充及应用程序的修改。

（5）数据库管理系统应能保证对数据库访问的实时性、灵活性和数据的一致性，以及数据库的可维护性和可靠性。

（6）数据库应具有高压缩比以节省存储空间，能满足系统大容量数据存储的要求。

（七）设备管理功能

（1）系统应具备对现场保护装置的运行状态、整定值、事件报告、自检报告、故障报告和故障录波数据等进行查询的功能。

（2）应能对 PMMIS 系统的设备履历进行浏览。

（3）应支持对各种用电量、模拟量极值统计、设备运行时间累计等报表的生成、统计、归档、打印。

（八）在线维护功能

（1）系统应具有在线维护、修改系统数据功能，对各种用户画面和数据库进行在线修改、编辑和定义。系统应提供简捷易用的界面工具对系统数据库、报表和画面进行增加、删除和修改。

（2）在某台工作站上生成或修改数据库后，应能方便地发布至系统各个相关运行节点，并保证在系统范围内所有相关节点的数据是一致的。

（九）安全审核功能

1. 监管范围定义与审核

系统应具有对调度监管范围动态划分，并对范围内每个监控信息点的监控权限进行灵活配置的功能。通过安全审核以防止操作员的越区操作。

2. 用户权限定义与审核

系统应对各等级的运行管理人员进行角色级别设置，确定管理人员的管理范围，确保系统安全正常运行。角色等级至少应分为调度长、值班调度主任、调度员、数据库与应用软件维护管理等级别。

（十）容错及自诊断功能

（1）系统应具有高度的容错能力。

（2）系统应具有自启动、自恢复功能，系统在复电或从严重故障中恢复时，应自动启动并恢复正常运行，保证系统安全可靠运行。

（3）系统应对整个系统的运行状况实施监视，具有故障自诊断功能，并以图表来直观反映。

（4）当历史数据库服务器失效时，系统应能暂时保存失效时段内的历史数据，当历史数据库服务器恢复运行时，上载至历史数据库服务器。

（5）系统应具有对各通道进行监视的功能，若有通道故障，能以声音和报警窗口形式报警。

（十一）通道切换功能

系统应实现对通道的监视和告警。主用通道发生故障时应自动投入备用通道。

（十二）容量扩展功能

系统应具备高度的扩展能力，包括设备、信息处理能力和数据存储空间等，以满足系统容量扩展的要求。当处理能力不能满足需求时，应只需要添加服务器，同时将原来服务器上的部分负载部署至新服务器上，客户端不再需要额外工作。

系统还应具备易于扩展的能力。系统应具备信息对象的自动命名功能，向系统中增加新的信息对象不需要进行烦琐的重名检查；系统应提供设备建模功能，能将设备的各个属性组合成模型，在系统扩展时，只需要由模型生成相应的设备实体即可，减少工程实施的工作量。

（十三）接口功能

系统应能实现与其他外部系统的接口功能。

（十四）系统时钟同步功能

在正常情况下，应与时钟系统接口并以其作为 PSCADA 系统的时钟同步源。此外，系统还应设置一套 GPS 时钟系统，作为备用时钟源。

PSCADA 调度系统应具备对所管辖的所有被控站系统进行时钟同步的功能。

（十五）WEB 浏览功能

系统应具备向远程客户端提供标准 WEB 浏览服务的功能。

二、牵引供电调度自动化系统构成

牵引供电调度自动化系统基于牵引供电调度 SCADA 系统，其主要包括：牵引供电 SCADA 系统、电力 SCADA 系统、综合维修管理系统，电力、牵引供电 SCADA 系统主要由调度端、通道、被控站三部分组成。其中调度端设在铁路局调度所，通道由通信专业提供专用承载网络，被控站一般设置在牵引变电所、分区所、AT 所、接触网开关控制站、车站电力配电所、区间基站、区间中继站。

三、牵引供电调度自动化系统的性能指标

遥控命令传送时间≤1 s；
遥信变位传送时间≤3 s；
画面调用响应时间≤3 s；
遥控正确率≥99.999%；
遥信正确率≥99.9%；
模拟量遥测误差≤0.5%；
设备可利用率≥99.95%；
事件顺序记录分辨率≤5 ms；
平均无故障工作时间（MTBF）>50 000 h。

第九章　综合自动化系统的调试、维护、运行

第一节　综合自动化系统的调试

一、装置调试前检查

（一）通电前检验

（1）检查保护装置外观是否有损坏。

（2）检查各插件中元器件是否有松动、脱落、损坏。

（3）检查各插件插拔接触是否可靠。

（4）检查液晶显示屏电缆连接是否可靠。

（5）检查盘内二次接线与设计图纸是否相符，是否松动。

（二）装置通电检查

（1）装置带电后不允许插拔插件。

（2）装置无故障显示，无通信异常报警，此时装置处于正常工作状态，方可按下列步骤进行检验。

（三）保护定值检查

（1）将供电段下发的保护定值导入综合自动化保护装置。

（2）检查各种保护投/退、软硬压板、控制字等是否正确无误。

（3）检查通道系数、微调系数是否正确（输入到装置的各交流量通道系数出厂时已调配好，现场不需要再整定）。

（四）电压电流回路检查

（1）将电压 100 V 接入装置，所施加的电压值与装置的液晶显示值误差满足技术指标要求。

（2）将电流 5（1）A 接入装置，所施加的电流值与装置的液晶显示值误差满足技术指标要求。

二、主变压器保护调试

（一）主变压器保护调试项目

（1）差动速断保护；

（2）比率差动保护；
（3）低电压闭锁三相过流保护；
（4）低电压闭锁单相过流保护；
（5）过负荷保护；
（6）失压保护；
（7）TV 断线保护；
（8）非电量保护；
（9）整组传动试验。

（二）差动速断保护调试

差动电流速断保护方案框图如图 9-1 所示。

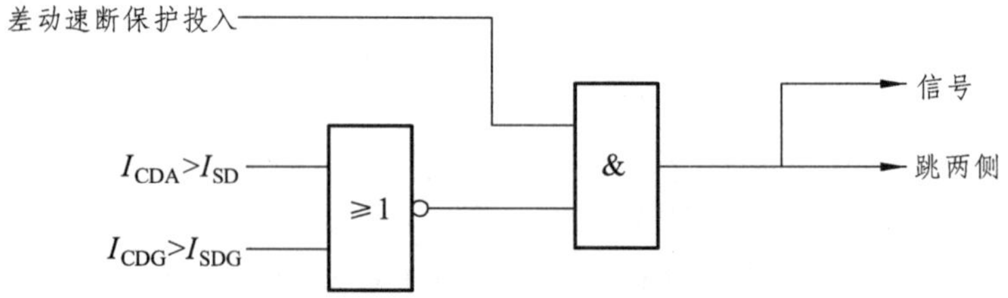

图 9-1　差动电流速断保护方案框图

（1）保护定值试验：在通入不同的高低压侧差动速断电流时测出使差动速断保护动作的电流，试验时要求动作电流误差应不超过 2%。

（2）动作时间试验：测试时用相应断路器跳闸接点作为保护动作反馈接点，要求保护固有动作时间不大于 30 ms，时间元件的准确度不超过 ± 2%。

（三）比率差动保护调试

二次谐波制动的比率差动保护方案框图如图 9-2 所示。

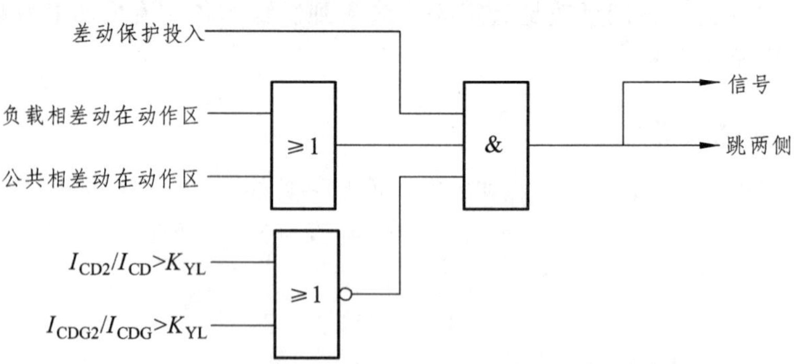

图 9-2　二次谐波制动的比率差动保护方案框图

（1）保护定值试验：在通入不同的高压侧电流时测出使差动保护动作的电流，试验时要求动作电流误差应不超过 2%。

（2）比率制动系数试验：在通入不同的高压侧电流时测出使差动保护动作的电流，试验时要求动作电流误差应不超过 2%。

（3）二次谐波闭锁特性试验：给 I_A 或 I_C 或 I_a 或 I_b 加入差动电流，同时施加不同比例的二次谐波含量，试验时要求可靠闭锁误差应不超过 2%。

（4）动作时间试验：要求动作时间应不超过 30 ms。

（四）低电压闭锁的三相过流保护调试

低电压启动的高压侧过电流保护方案框图如图 9-3 所示。

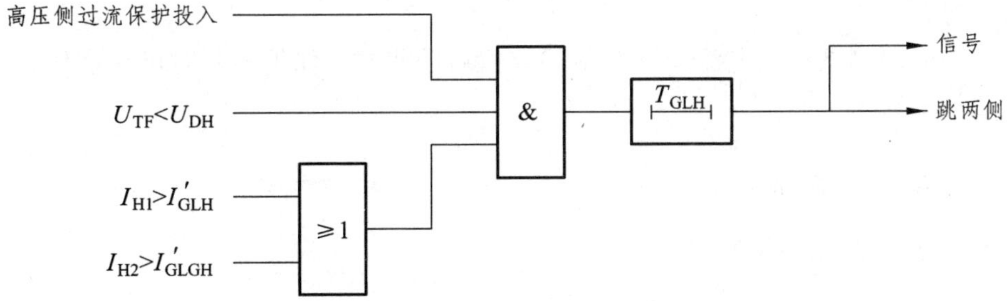

图 9-3　低电压启动的高压侧过电流保护方案框图

（1）过电流保护试验：不加电压，给高压侧加电流，试验时要求动作电流误差应不超过 2%。

（2）低电压闭锁试验：加电压 70 V，给高压侧加电流，缓慢降低电压，测试低电压闭锁的临界值；试验时要求闭锁电压误差应不超过 2%。

（3）动作时间试验：设电流为 1.2 倍整定值（不用施加电压）启动测试，保护经延时可靠动作，要求时间误差应不超过 ± 2%。

（五）低电压闭锁单相过流保护调试

低电压启动的低压侧过电流保护方案框图如图 9-4 所示。

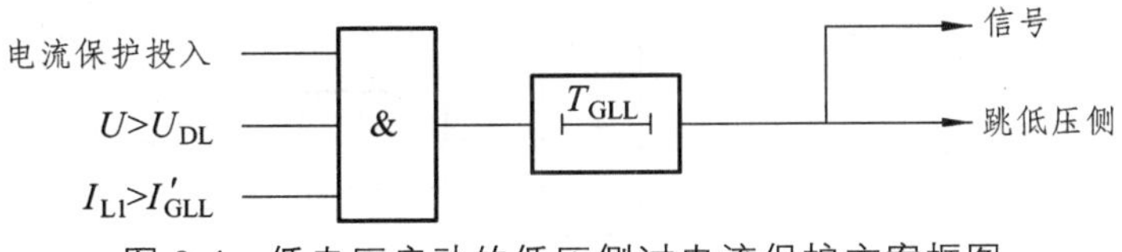

图 9-4　低电压启动的低压侧过电流保护方案框图

（1）过电流保护试验：不加电压，给高压侧加电流，试验时要求动作电流误差应不超过 2%。

（2）低电压闭锁试验：加电压 70 V，给高压侧加电流，缓慢降低电压，测试低电压闭锁的临界值；试验时要求闭锁电压误差应不超过 2%。

（3）动作时间试验：设电流为 1.2 倍整定值（不用施加电压）启动测试，保护经延时可靠动作，要求时间误差应不超过 ± 2%。

（六）过负荷保护调试

过负荷 I 段保护方案框图如图 9-5 所示。

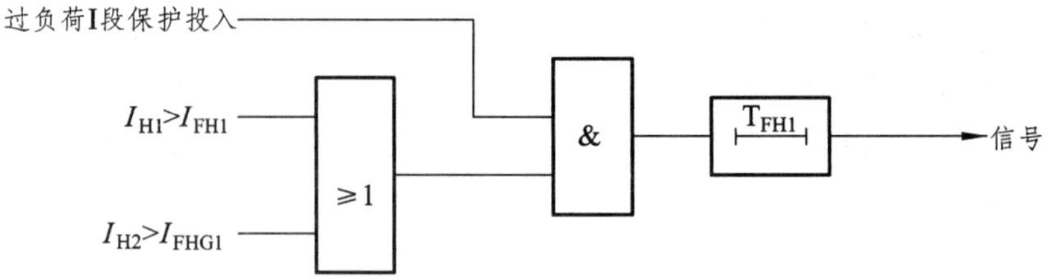

图 9-5　过负荷Ⅰ段保护方案框图

（1）过负荷定值试验：设定继电保护测试仪的电流初始值为 0.975 倍整定值及步长，逐步升高电流（每升一步间隔时间应大于过负荷时限）至保护可靠动作；试验时要求动作电流误差应不超过 2%。

（2）动作时间测试：设电流为 1.2 倍整定值启动测试，保护经延时可靠动作，要求时间误差应不超过 ± 2%。

（七）失压保护调试

失压保护方案框图如图 9-6 所示。

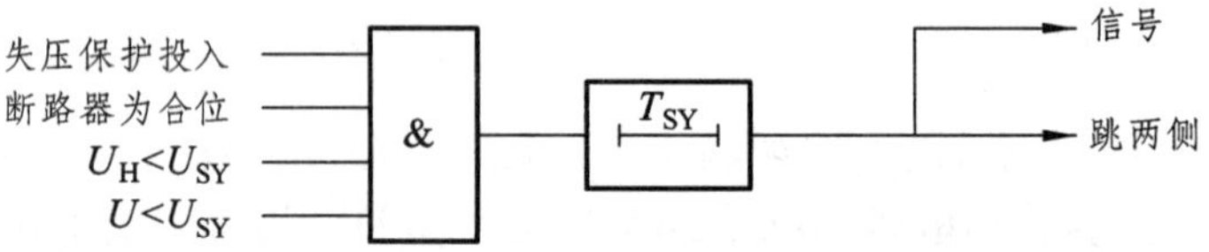

图 9-6　失压保护方案框图

给高低压侧同时加 70 V 电压，修改定值将失压保护投入，将高低压侧断路器合上，缓慢降低电压直至失压保护动作；试验时要求动作电压误差应不超过 2%。

（八）TV 断线保护调试

TV 断线保护方案框图如图 9-7、图 9-8 所示。

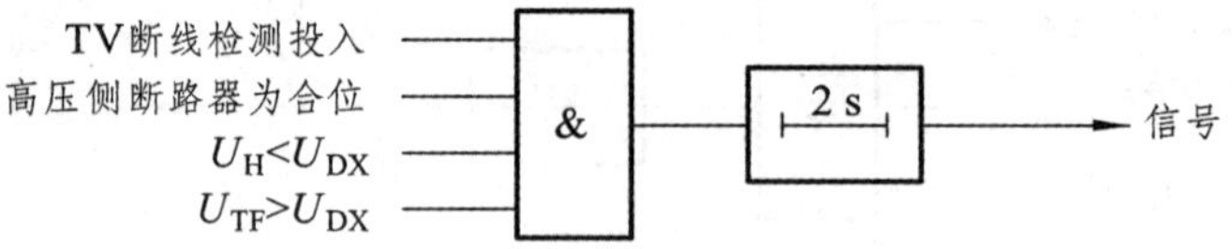

图 9-7　高压侧 TV 断线检测方案框图

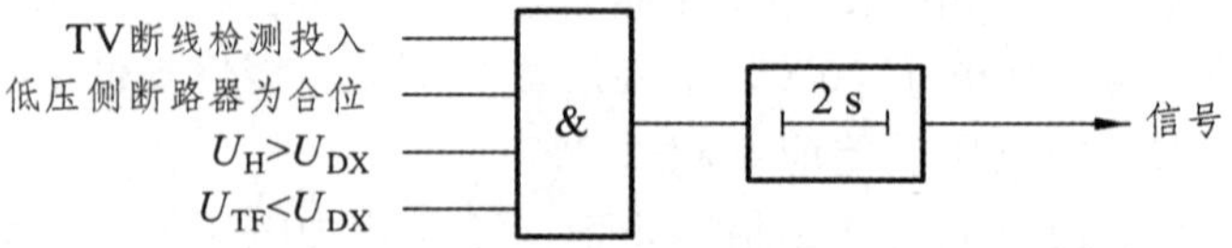

图 9-8　低压侧 TV 断线检测方案框图

给高、低压侧电压回路同时加电压 70 V，将高压侧断路器合位开关及低压侧断路器合位开入均接入。将任一路电压断开，则相应的 TV 断线告警；电压恢复，则 TV 断线告警返回。

（九）非电量保护调试

（1）重瓦斯保护：在瓦斯继电器上按动探针，主变压器高、低压断路器应跳闸。
（2）轻瓦斯保护：短接瓦斯继电器信号回路端子，应发报警信号。
（3）温度Ⅰ段保护：使温控器指针达到定值，应发报警信号。
（4）温度Ⅱ段保护：使温控器指针达到定值，主变压器高、低压断路器应跳闸。
（5）压力释放保护：提起压力释放阀上部标志杆，主变压器高、低压断路器应跳闸。

（十）整组传动试验

（1）检查变压器各保护整定值、软硬压板投入正确。
（2）合上主变压器高、低压侧断路器。
（3）模拟差动、高/低压过流、失压保护动作，高/低压侧断路器跳闸正确。后台机显示与保护定值相符，音响正常（带断路器最少一次）。
（4）轻/重瓦斯、压力释放、温度Ⅰ/Ⅱ段等非电量在主变压器本体上进行试验，动作正常（配电盘显示及音响，后台机显示）。
（5）模拟各断路器在分、合闸回路断线时应发“控制回路断线”信号（配电盘显示及音响，后台机显示）。
（6）操作延时信号应正常，在弹簧未储能的情况下，合开关，应发“机构故障”或“操作延时”信号。
（7）确认保护装置、后台机各种信号、报文正确无误。
（8）复归保护装置各种信号。

三、主变压器保护调试举例

（一）比率差动

1. 试验接线

按照图 9-9、图 9-10 所示，将继电保护测试仪 A（或 B、C）相电流输出端子通过试验线分别接入 A、B、C、α、β 相差动保护电流回路中。

2. 试验步骤

（1）合上继电保护测试仪电源，仪器启动正常后，进入相应测试界面。
（2）设定电流步长，开始测试。逐渐升流，使差动保护动作并记录动作电流。试验结束后退出测试。以此分别试验高压侧 A、B、C 相和低压侧α、β相差动保护动作值并与整定值比较，误差应符合表 9-1 的要求。

（二）比率差动二次谐波闭锁

1. 试验接线

按照图 9-9、图 9-10 所示，将继电保护测试仪 A 相电流输出端子通过试验线分别接入 A、B、C、α、β 相差动保护电流回路中，将继电保护测试仪 B 相电流输出端子与 A 相端子短接。

表 9-1　部分保护装置厂家误差范围

保护名称		成都交大许继电气有限责任公司	北京国控天成科技有限公司	天津凯发电气股份有限公司	国电南京自动化股份有限公司	国电南瑞科技股份有限公司
主变压器保护						
差动电流		±5%	±5%	±3%	±2%	<2.5%或 $0.01\times I_n$ 中较大者
过流		±2.5%	±2.5%	±3%	±2%	<2.5%或 $0.01\times I_n$ 中较大者
过流时限		±2.5%	不超过 40 ms	时限小于 1 s 时，误差不大于 15 ms；时限为 1～80 s 时，误差不大于 1.5%	不超过 30 ms	<时间定值×1%+35 ms
失压及低电压		±2.5%	±2.5%	±3%	±2%	<2.5%或 0.10 V 中较大者
失压时限		±2.5%	不超过 40 ms	时限小于 1 s 时，误差不大于 15 ms；时限为 1～80 s 时，误差不大于 1.5%	±2%	<时间定值×1%+35 ms
零序过流		±2.5%	±2.5%	±3%	±2%	<2.5%或 $0.01\times I_n$ 中较大者
零序过流时限		±2.5%	不超过 40 ms	时限小于 1 s 时，误差不大于 15 ms；时限为 1～80 s 时，误差不大于 1.5%	±2%	<时间定值×1%+35 ms
馈线保护						
过流、速断		±2.5%	±2.5%	±3%	±2%	<2.5%或 $0.01\times I_n$ 中较大者
过流、速断时限		±2.5%	不超过 40 ms	时限小于 1 s 时，误差不大于 15 ms；时限为 1～80 s 时，误差不大于 1.5%	±2%	<时间定值×1%+35 ms
电流增量		±7.5%	±7.5%		±2%	<2.5%或 $0.01\times I_n$ 中较大者
电流增量时限		±2.5%	不超过 40 ms	时限小于 1 s 时，误差不大于 15 ms；时限为 1～80 s 时，误差不大于 1.5%	±2%	<时间定值×1%+35 ms
阻抗	在额定电流、线路阻抗角及精确工作电压下	±5%	±2.5%	±3%	±2%	±2.5%
	0.1～0.5 Ω	±10%	—	—		
阻抗时限	在 0.7 倍整定值下		不超过 30 ms	不超过 40 ms	±2%	不超过 30 ms
	在 0.9 倍整定值下	±2.5%	不超过 40 ms	时限小于 1 s 时，误差不大于 15 ms；时限为 1～80 s 时，误差不大于 1.5%	±2%	

续表

保护名称	成都交大许继电气有限责任公司	北京国控天成科技有限公司	天津凯发电气股份有限公司	国电南京自动化股份有限公司	国电南瑞科技股份有限公司
并电容保护					
过流	±2.5%	±2.5%	±2.5%	±2%	<2.5%或 0.10 A 中较大者
过流时限	±2.5%	±40 ms	时限小于 1 s 时，误差不大于 15 ms；时限为 1～80 s 时，误差不大于 1.5%	±2%	<时间定值×1%+35 ms
高次谐波过流	±2.5%	±2.5%	±5%	±2%	<2.5%或 0.10 A 中较大者
高次谐波过流时限	±2.5%	±1%或±40 ms	时限小于 1 s 时，误差不大于 15 ms；时限为 1～80 s 时，误差不大于 1.5%	±2%	<时间定值×1%+35 ms
差压	±2.5%	±2.5%	±3%	±2%	<2.5%或 0.10 V 中较大者
差压时限	±2.5%	±40 ms	时限小于 1 s 时，误差不大于 15 ms；时限为 1～80 s 时，误差不大于 1.5%	±2%	<时间定值×1%+35 ms
低压、过压	±2.5%	±2.5%	±3%	±2%	<2.5%或 0.10 V 中较大者
低压、过压时限	±2.5%	±40 ms	时限小于 1 s 时，误差不大于 15 ms；时限为 1～80 s 时，误差不大于 1.5%	±2%	<时间定值×1%+35 ms

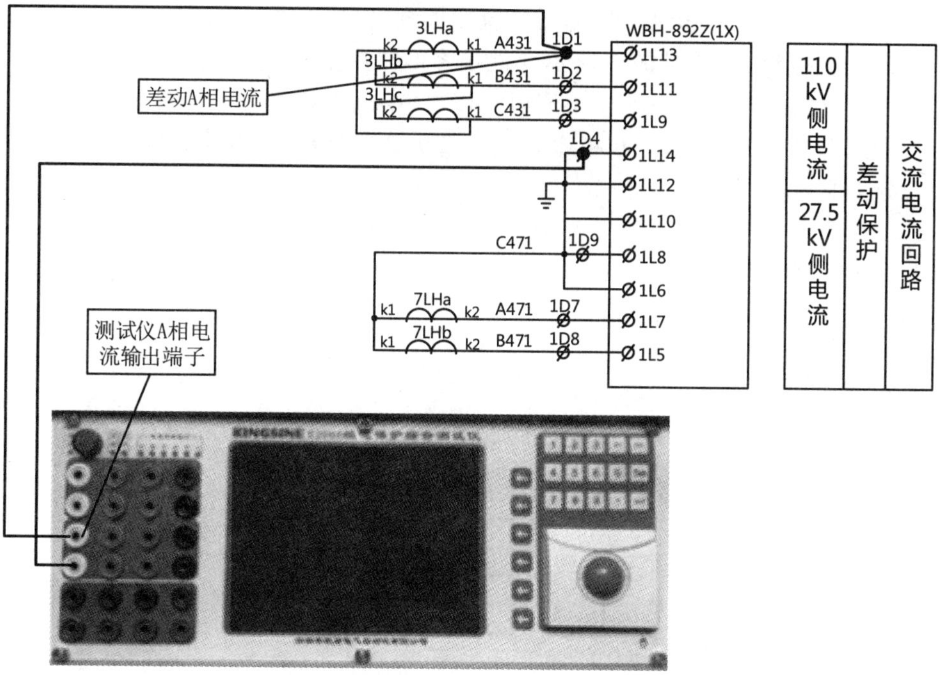

图 9-9　差动 A 相试验接线示意图

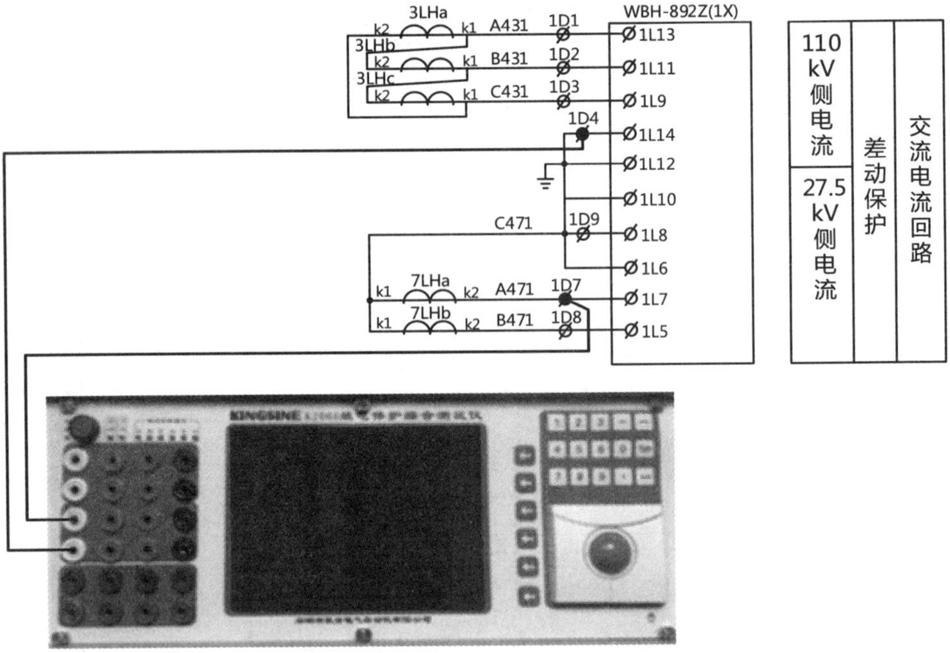

图 9-10　差动 α 相试验接线示意图

2. 试验步骤

（1）设定继电保护测试仪 B 相输出电流（100 Hz）为比率差动电流整定值 × 二次谐波闭锁整定值。

（2）开始测试，同步输出 A、B 端子电流，逐渐升高 A 端子输出的基波电流，使差动保护动作，记录动作电流，（或基波电流不变逐步降低二次谐波电流使差动保护动作）；退出测试。二次谐波电流除以差动保护动作电流再乘以 100%与整定值比较，误差应符合表 9-1 的要求。以此分别试验 A、B、C、α、β 相比率差动二次谐波闭锁。继电保护测试仪 A、B 相端子电流必须设定为同相。

（三）差动速断保护

1. 试验接线

试验接线同比率差动。

2. 试验步骤

（1）退出比率差动保护。

（2）确认仪器运行正常，进入相应测试界面。

（3）按差动速断整定值设定电流初始值，开始测试，使差动速断保护动作，记录动作电流，退出测试。以此分别试验高压侧 A、B、C 相和低压侧 α、β 相差动速断保护动作值并与整定值比较，误差应符合表 9-1 的要求。

（4）投入比率差动保护。

（四）失压保护试验

1. 试验接线

按照图 9-11 将继电保护测试仪电压端子用试验线分别接入 A、B、C、α、β 相失压保护回路。

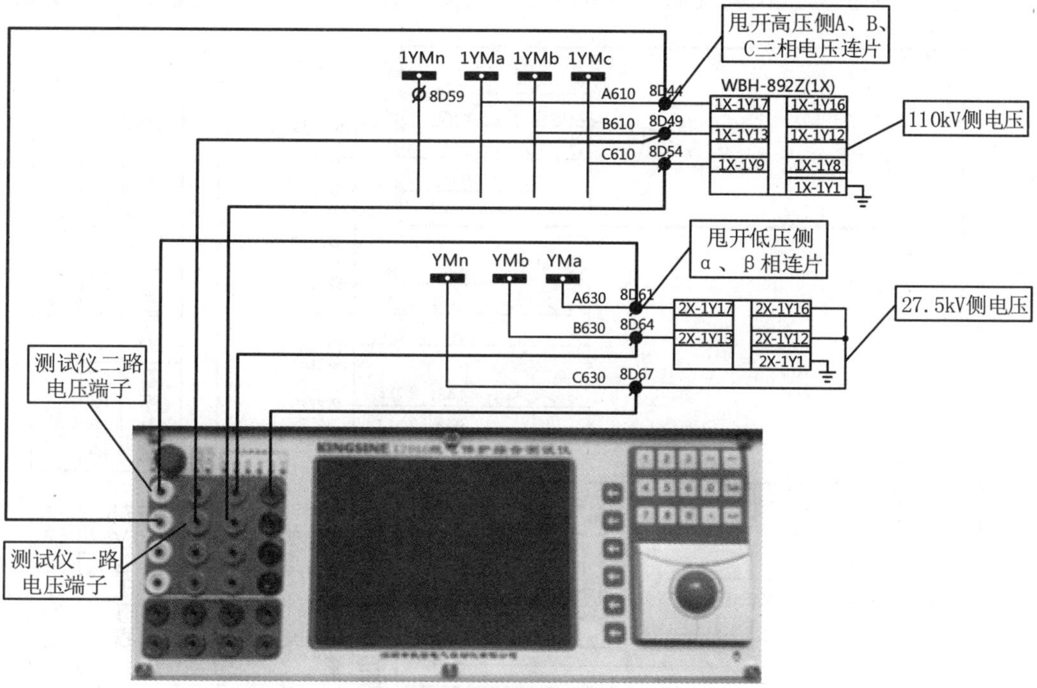

图 9-11　失压保护试验接线示意图

2. 试验步骤

（1）合上继电保护测试仪电源，仪器启动正常后，进入相应测试界面。

（2）设定继电保护测试仪一路 A、B、C 端子电压为 57.7 V、步长为 1 V，相位分别为 0°、120°、240°；二路 AN、CN 端子电压为 100 V、步长为 1 V，相位分别为 0°、120°。启动仪器输出，保护装置显示与实际所加电压一致，合上所试主变压器高压侧断路器。

（3）逐渐降低继电保护测试仪一路 AB 端子电压至失压保护整定值以下，失压保护应不动作；降低继电保护测试仪二路 AN、CN 端子电压，使失压保护动作，分别记录 U_{α}、U_{β} 动作电压并与整定值比较，误差应符合技术标准。升高继电保护测试仪 A、B 端子电压至整定值以上，复归失压保护。

（4）合上所试主变压器高压侧断路器，逐渐降低继电保护测试仪二路 AN、CN 端子电压至失压保护整定值以下，失压保护应不动作；降低继电保护测试仪一路 AB 端子电压，使失压保护动作，记录 U_{AB} 动作电压并与整定值比较，误差应符合表 9-1 的要求。

（5）升高一、二路电压至整定值以上，合上所试主变压器高压侧断路器，同时断开一、二路电压，失压保护动作，记录动作时间并与整定值比较，误差应符合表 9-1 的要求。

（6）有的保护装置判定失压保护的条件为高压侧无压、无流，断路器在合位，试验时无须给低压侧加压，在高压侧施加电流时失压保护不动作，撤除电流时失压保护动作。

（五）低电压启动三相过电流保护

1. 试验接线

按照图 9-12 所示接线，将继电保护测试仪电压端子用试验线分别接入 α、β 相电压保护回路中，将继电保护测试仪电流端子用试验线分别接入 A、B、C 高压侧过流保护电流回路。

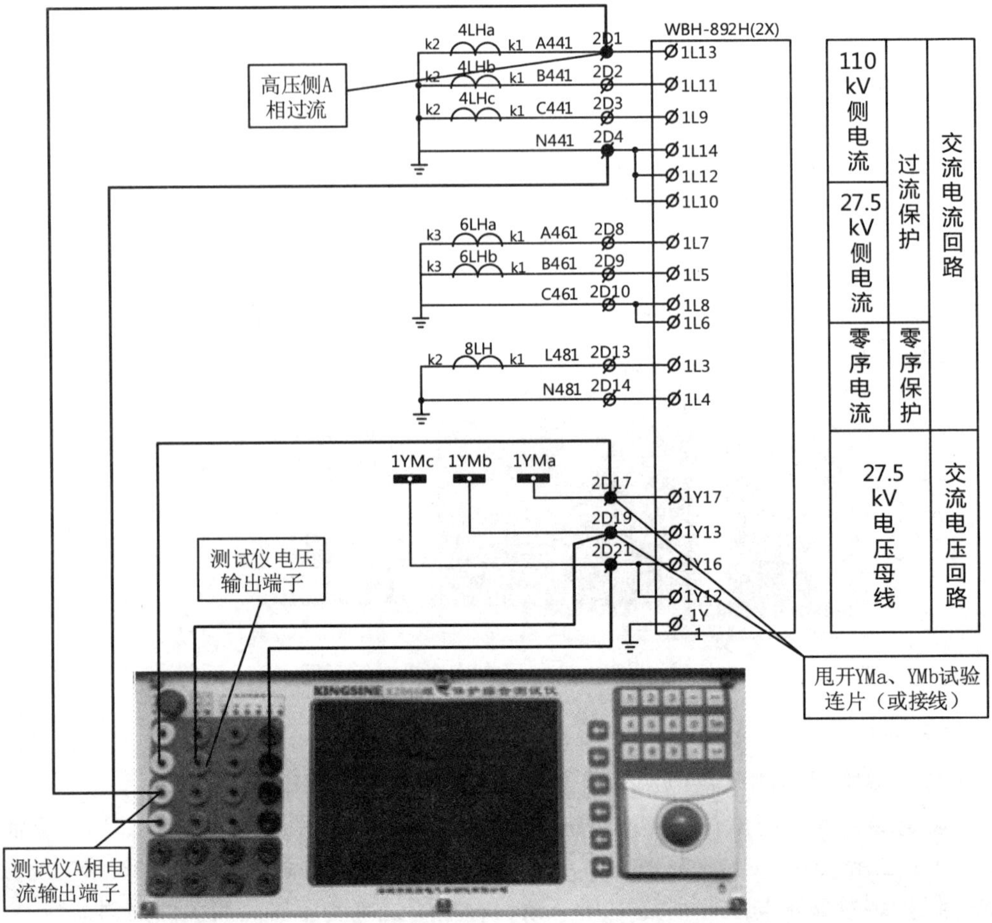

图 9-12　低电压启动的过流保护试验接线示意图

2. 试验步骤

（1）设定继电保护测试仪 A、B 电压端子为 100 V、步长为 1 V，继电保护测试仪 A 电流端子设为 1.2 倍过流整定值，启动仪器输出，此时保护应不动作；逐步降低继电保护测试仪 A 或 B 电压端子输出电压，至保护装置动作，记录 U_α 或 U_β 动作电压并与整定值比较，误差应符合技术标准。将继电保护测试仪 A 电流端子输出电流归零，复归保护装置。

（2）逐步升高继电保护测试仪 A 电流端子输出电流，至保护装置动作，记录 A 相动作电流并与整定值比较，误差应符合表 9-1 的要求。

（3）设定继电保护测试仪 A 电流端子为 1.2 倍整定值，（不用施加电压）启动测试，保护经延时可靠动作；记录动作时间并与整定值比较，误差应符合表 9-1 的要求。

以此方法进行其他相过流保护试验。

（六）过负荷保护

1. 试验接线

按照图 9-13 所示接线，将继电保护测试仪电流端子用试验线分别接入 A、B、C 高压侧电流保护回路。

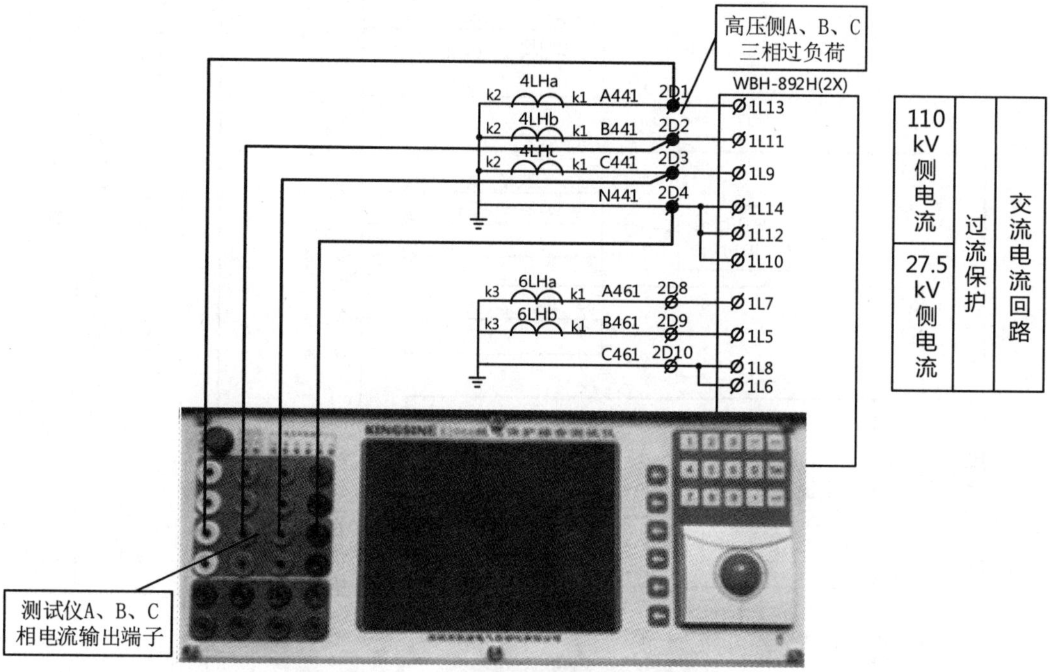

图 9-13　过负荷试验接线示意图

2. 试验步骤

（1）设定继电保护测试仪 A 电流端子初始值为 0.975 倍整定值及步长，逐步升高继电保护测试仪 A 电流（每升一步间隔时间应大于过负荷时限）至保护可靠动作，试验时要求动作电流误差不超过 2%。

（2）设定继电保护测试仪 A 电流端子为 1.2 倍整定值，启动测试，保护经延时可靠动作，要求时间误差应不超过 ± 2%。

（七）低电压启动单相过电流保护

1. 试验接线

（1）按照图 9-14 所示将继电保护测试仪电压端子用试验线分别接入 α、β 相电压保护回路中，将继电保护测试仪电流端子用试验线分别接入 α、β 相过流保护电流回路。

2. 试验步骤

（1）设定继电保护测试仪 A 电压端子为 100 V、步长为 1 V，继电保护测试仪 A 电流端子设为 1.2 倍过流整定值，启动仪器输出，此时保护应不动作；逐步降低 A 电压端子输出电压至保护装置动作，记录 U_{α} 动作电压并与整定值比较，误差应符合技术标准。

（2）逐步升高继电保护测试仪 A 电流端子输出电流，至保护装置动作，记录 α 相动作电流并与整定值比较，误差应符合表 9-1 的要求。

（3）设定继电保护测试仪 A 电流端子为 1.2 倍整定值，启动测试，保护经延时可靠动作；记录动作时间并与整定值比较，误差应符合表 9-1 的要求。

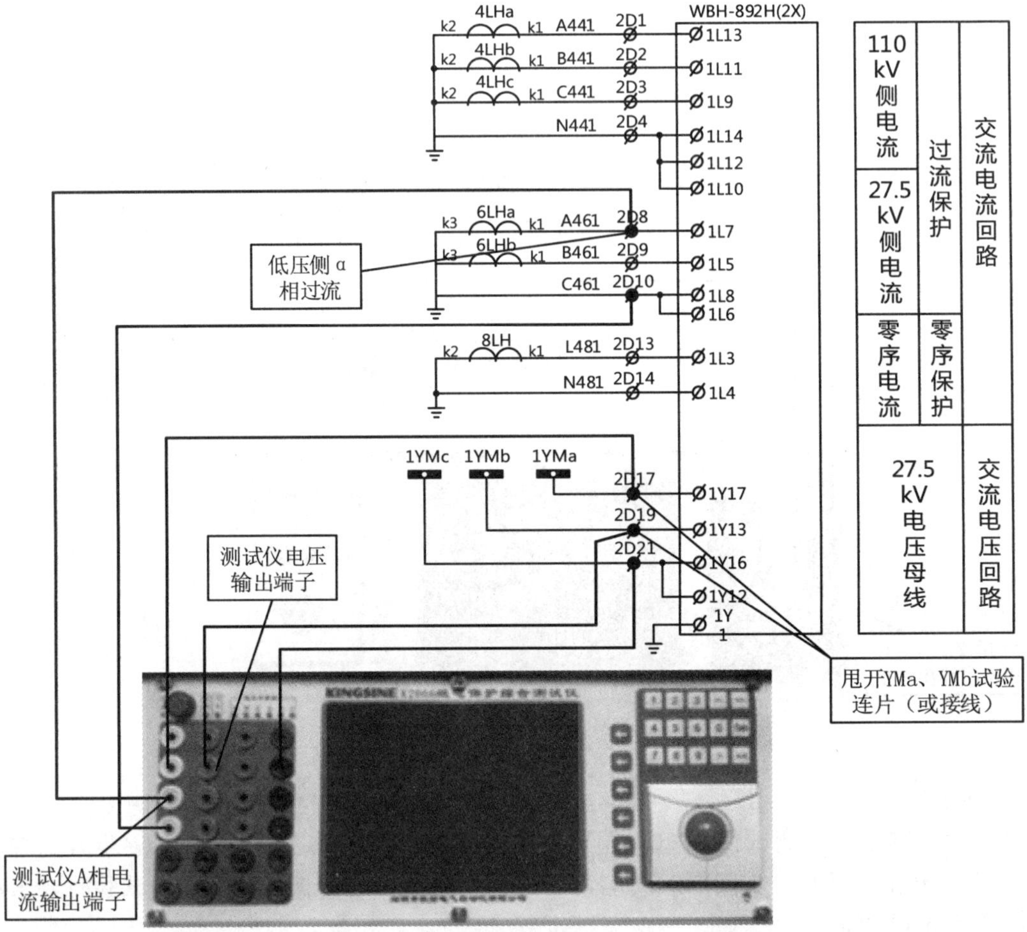

图 9-14　低电压启动的过流保护试验接线示意图

四、馈线保护调试

（一）馈线保护调试项目

馈线保护调试项目包括：

（1）过电流保护；

（2）电流速断保护；

（3）阻抗保护；

（4）高阻Ⅰ段（电流增量）保护；

（5）TV 断线；

（6）重合闸。

（二）过电流保护试验

（1）保护定值试验：按整定值在电流回路加基波电流，试验时要求动作电流误差应不超过 2%。

（2）过流低电压启动功能试验：在控制字中投入低电压启动功能，加电压 100 V，加整定值电流，此时过电流保护应该不会动作；逐渐降低电压，直到过电流保护动作。试验时动作电压的误差应该不超过定值的 2%。

（3）保护动作时间试验：设定 1.2 倍电流整定值（不用施加电压）启动测试，保护经延时可靠动作，记录动作时间并与整定值比较，误差应符合表 9-1 的要求，时间元件的准确度不超过 ± 2%。

（三）电流速断保护试验

电流速断保护方案框图如图 9-15 所示。

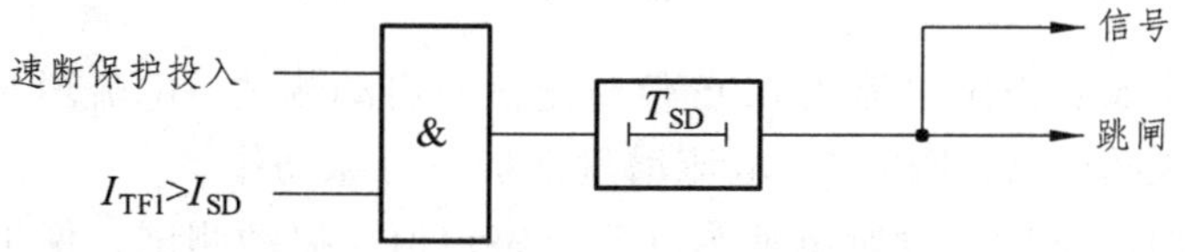

图 9-15　电流速断保护方案框图

按整定值在电流回路加基波电流，试验时要求动作电流误差应不超过 2%。

（四）阻抗保护试验

谐波闭锁的自适应阻抗 I 段保护方案框图如图 9-16 所示。

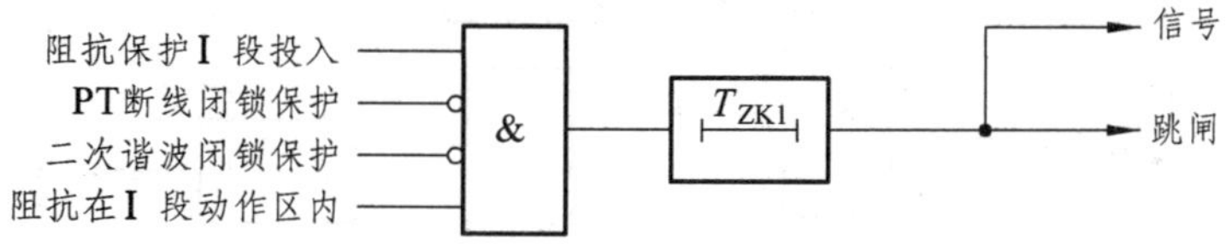

图 9-16　谐波闭锁的自适应阻抗 I 段保护方案框图

（1）保护定值试验：设定电压为 100 V、步长为 1 V、相位为 0°，电流设为 5 A，逐步降低电压至保护动作，记录动作电压、电流及相位，计算动作阻抗与整定值比较，误差应符合表 9-1 的要求。

（2）保护动作时间试验：设定电压为 0.7 倍动作电压、相位为 0°，电流设为 5 A，启动仪器输出，保护经延时可靠动作；记录动作时间并与整定值比较，误差应符合表 9-1 的要求。

（3）以此方法进行线路阻抗角度整定值试验。

（五）二次谐波闭锁试验

二次谐波闭锁判断方案框图如图 9-17 所示。

在满足阻抗保护可靠动作的条件下同时施加占基波 17%的二次谐波电流，则阻抗保护被可靠闭锁，施加占基波 13%的二次谐波电流则阻抗保护能正确动作，一般而言二次谐波定值取基波的 15%。

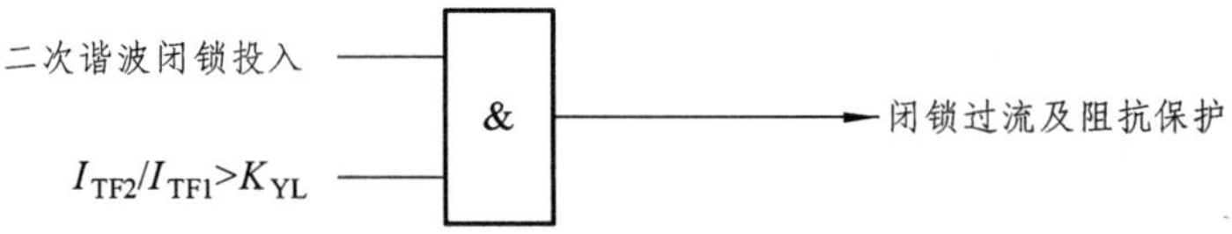

图 9-17 二次谐波闭锁判断方案框图

（六）高阻 I 段（电流增量）保护试验

高阻 I 段保护方案框图如图 9-18 所示。

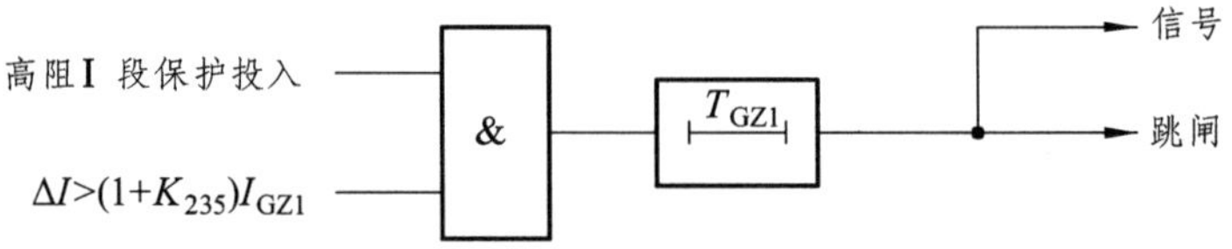

图 9-18 高阻 I 段保护方案框图

（1）保护定值试验：设定电流为 0.95 倍整定值，启动测试，电流增量保护应不动作；设定电流为 1.05 倍整定值，启动测试，电流增量保护应可靠动作。

（2）保护动作时间试验：设定电流为 1.2 倍整定值，启动测试，保护经延时可靠动作；记录动作时间并与整定值比较，误差应符合表 9-1 的要求。

（七）TV 断线试验

TV 断线检测方案框图如图 9-19 所示。

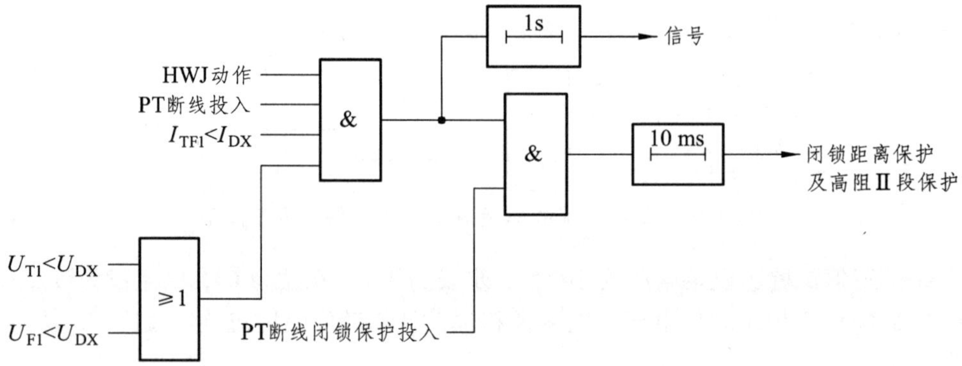

图 9-19 TV 断线检测方案框图

（1）TV 断线告警：合断路器，设定电压端子为 100 V、相位为 0°，电流设为 0.5 A，启动仪器输出，逐步降低电压至 TV 断线发出，记录此时电压值即为 TV 断线告警电压值。将该值与整定值比较，误差应符合技术标准。

（2）TV 断线告警返回：逐步升高电流至 TV 断线告警返回，记录此值即为 TV 断线告警返回电流，将该电流值与整定值比较，误差应符合技术标准。

（八）重合闸试验

（1）重合闸充电时间设为 15 s，则每次保护装置上电后 15 s 内或每次开关合闸后 15 s 内，保护装置闭锁重合闸。

（2）阻抗保护、电流速断保护、过电流保护、电流增量保护均设为一次自动重合闸功能。

（3）在满足重合闸条件时，加入保护动作所需交流量，保护动作后经重合闸延时，保护重合成功，装置面板“保护合闸”灯亮。

（4）保护动作重合成功后，模拟故障电流仍然存在，保护重合失败，装置面板分闸、故障灯亮。

（九）整组传动试验

（1）检查馈线各保护整定值、软硬压板投入正确。

（2）合上馈线断路器，重合闸充电时间和动作时间与定值相符；重合闸充电完成。

（3）模拟增量保护、过流保护、速断保护、距离保护动作，馈线断路器跳闸、重合闸动作正常，后台机显示与保护定值相符，音响正常（带断路器不少于一次）。

（4）模拟手合于故障线路断路器跳闸，动作正常、故障报告正确，重合闸不启动。

（5）模拟保护动作重合失败一次，动作正常、故障报告正确，重合闸启动、后加速保护动作。

（6）模拟断路器失灵信号应正常：断路器在合闸后，将合闸电源断开，模拟断路器跳闸重合成功，再次跳闸，断路器不重合，发断路器失灵信号、控制回路断线信号。

（7）操作延时信号应正常，在弹簧未储能的情况下，合开关，应发“机构故障”或“操作延时”。

（8）在保护盘甩线模拟分、合闸回路断线时应发“控制回路断线”信号。

（9）确认保护装置、后台机各种信号、报文正确无误，复归保护装置各种信号，分开馈线断路器。

五、馈线保护调试举例

（一）过流保护试验

（1）按照图 9-20 所示接线，将继电保护测试仪电流端子用试验线接入电流保护电流回路中。

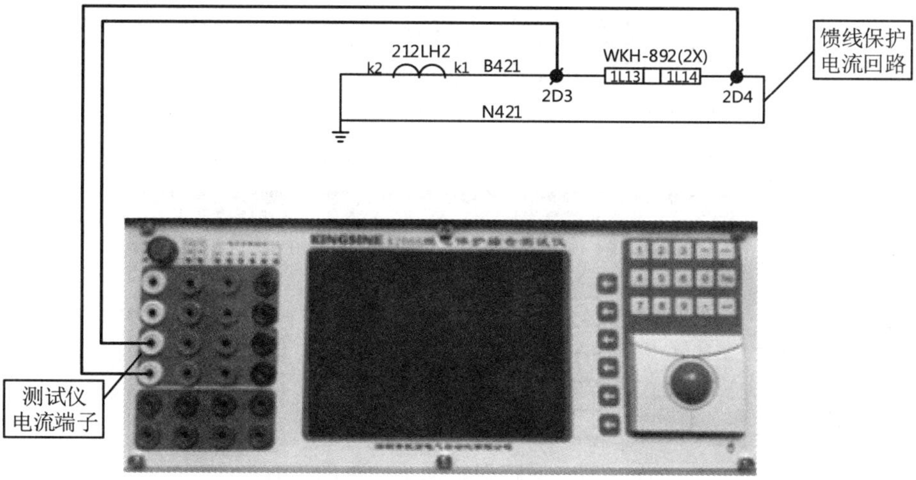

图 9-20 馈线电流保护试验接线示意图

（2）设定电流步长，开始测试；逐渐升流，使过流保护动作；记录动作电流并与整定值比较，误差应符合表 9-1 的要求。

（3）设定继电保护测试仪 A 电流端子为 1.2 倍整定值，启动测试，保护经延时可靠动作，记录动作时间并与整定值比较，误差应符合表 9-1 的要求。

（二）电流速断保护试验

（1）试验接线同过流保护试验。

（2）按速断整定值设定电流初始值，开始测试，使速断保护动作，记录动作电流并与整定值比较，误差应符合表 9-1 的要求。

（3）设定继电保护测试仪 A 电流端子为 1.2 倍整定值，启动测试，保护经延时可靠动作，记录动作时间并与整定值比较，误差应符合表 9-1 的要求。

（三）高阻 I 段（电流增量）保护试验

（1）试验接线同过流保护试验。

（2）设定继电保护测试仪 A 电流端子电流为 0.95 倍整定值，启动测试，电流增量保护应不动作；设定继电保护测试仪 A 电流端子电流为 1.05 倍整定值，启动测试，电流增量保护应可靠动作。

（3）设定继电保护测试仪 A 电流端子为 1.2 倍整定值，启动测试，保护经延时可靠动作；记录动作时间并与整定值比较，误差应符合表 9-1 的要求。

（四）阻抗保护试验

（1）按照图 9-21 所示接线，将继电保护测试仪电流、电压端子用试验线接入距离保护电流、电压回路中。

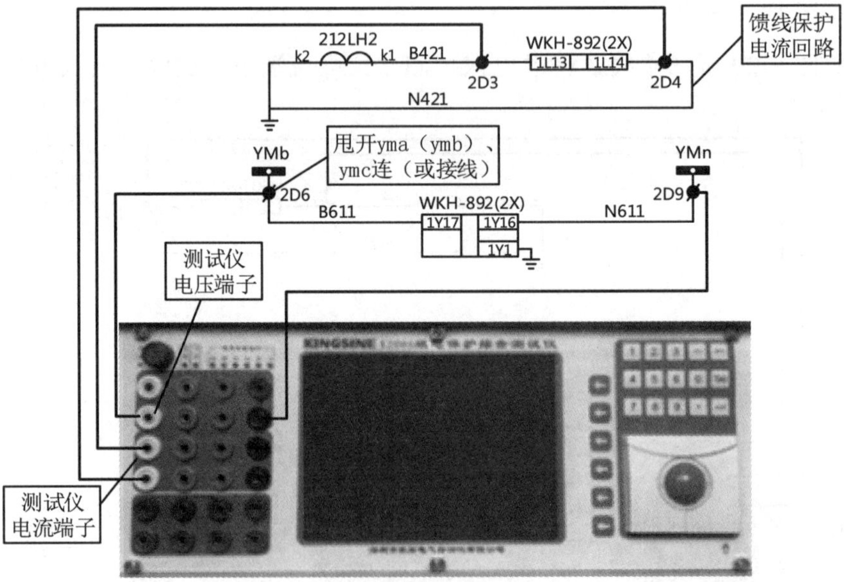

图 9-21 阻抗保护试验接线示意图

（2）设定继电保护测试仪 A 电压端子为 100 V、相位为 0°　、步长为 1 V，继电保护测试仪 A 电流端子设为 5 A，启动仪器输出，确认保护装置显示值与继电保护测试仪输出值一致。

（3）逐步降低继电保护测试仪 A 电压端子电压至保护动作，记录动作电压、电流及相位，退出测试。计算动作阻抗并与整定值比较，误差应符合表 9-1 的要求。

（4）设定继电保护测试仪 A 电压端子为 0.7 倍动作电压、相位为 0°，继电保护测试仪 A 电流端子设为 5 A，启动仪器输出，保护经延时可靠动作，记录动作时间并与整定值比较，误差应符合表 9-1 的要求。

（5）以此方法进行线路阻抗角度整定值试验。

（五）TV 断线试验

（1）按照图 9-22 所示接线，将继电保护测试仪电压端子用试验线接入馈线保护电压回路中。

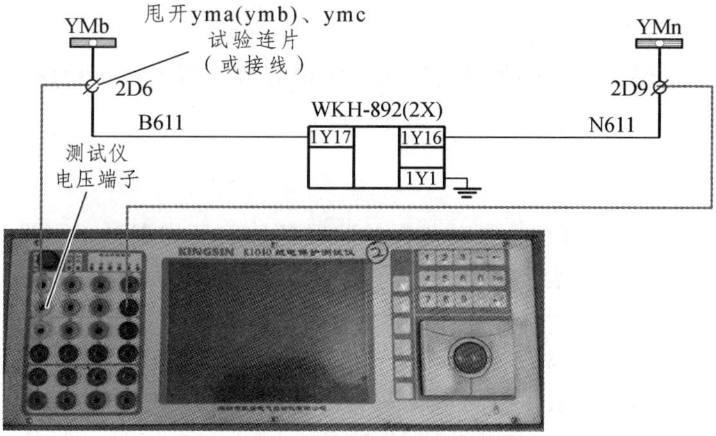

图 9-22　TV 断线试验接线示意图

（2）TV 断线告警：合断路器，电压端子为 100 V、相位为 0°　，电流设为 0.5 A，启动仪器输出；逐步降低电压至 TV 断线发出，记录此时的电压值即为 TV 断线告警电压值。将此值与整定值比较，误差应符合技术标准。

（3）TV 断线告警返回：逐步升高电流至 TV 断线告警返回，记录此值即为 TV 断线告警返回电流。将此电流值与整定值比较，误差应符合技术标准。

第二节　综合自动化系统的运行管理

一、保护定值管理

（1）牵引变电所新建、大修及设备更新改造后，保护整定值和保护投撤由设计部门计算提供，应经供电段技术科审核后执行。

（2）需要调整保护定值时，由各供电段或委托设计部门出具定值变更通知书。高速铁路经供电段主管领导批准并报供电处核备后实施；普速铁路经主管领导批准后执行。

（3）保护整定值修改、保护投撤必须以定值通知单的形式进行，一式三份，按年度进行编号，变电所、试验班组、技术科各留存一份，且须提前电传告知供电调度。

（4）定值通知单必须经技术科主管科长签字，主管段长审核批准，加盖段技术科印章后方可下发执行。

（5）保护整定值内容应包含保护装置运行必须设定的所有参数和保护投撤情况。

（6）涉及事故信号（跳闸）的整定值变更必须停电进行，修改完成后必须进行传动试验，验证保护动作的正确性和定值的准确性。

（7）无定值通知单，变电所值班员不得同意试验班组进行整定值修改和保护投撤。

（8）整定值修改后，工作领导人对修改后的新定值进行打印签字并在变电所留存一份。值班员必须严格按照定值通知单核对定值，确认正确、试验合格后方可结束工作票。工作领导人、值班员及时填写《保护装置整定记录》。

（9）在紧急情况下，可由当班的供电调度员远程更改或下令由值班人员更改定值，事后供电调度员和值班人员应做好记录。

（10）运行的继电保护装置必须设置密码，定值修改密码由负责检修试验的人员管理。

二、日常管理

（1）值班人员应熟练掌握综合自动化保护装置各种信息的查看、调阅、处理。

（2）日常巡视时，应对综合自动化进行全面检查，随时准确掌握综合自动化的四遥信息。检查内容如下：

① 检查后台机主接线图与设备实际运行状态是否一致。

② 检查各遥测量的实时数据是否能够及时刷新。、

③ 检查保护装置及后台机是否有异常报警信息。

④ 检查预告、事故音响是否完好。

（3）设备发生异常报警时，值班人员应及时检查、核对信息，并按规程对事故及异常情况进行应急处置。

（4）严禁在综合自动化保护后台机上随意删除、移动文件或做与设备运行无关的事情。

第三节　综合自动化系统的使用和维护

一、综合自动化的维护

（1）所有保护动作后，必须确认打印数据后才能对保护装置进行复归，复归时间不得小于 3 s。

（2）微机保护动作时，若打印故障时间与实际时间不一致，均以实际时间汇报、记录；不能自动校时时，由值班员进行修改。

（3）变电所每月 5 日对微型打印机、打印纸检查一次，交接班时接班人员对后台打印机

状态进行检查；微型打印机由试验工区负责维护；保护打印机纸张及色带（硒鼓）由变电所进行更换，故障时由试验工区进行处理。

（四）综合自动化系统投运后，任何人任何时候不得随意修改计算机属性的各种参数，变电所人员只有操作权，试验工区有保护、综合自动化后台机程序参数的修改权，不得将修改密码外泄。

（五）微机保护监控后台机 USB 接口由试验工区进行贴封，封条加盖试验工区试验章，封条注明贴封日期。需修改后台机程序时，由试验工区上报供电技术科，经供电技术科同意后方可使用专业移动盘符，其他任何人不得使用外接 U 盘、移动硬盘等。

二、注意事项

（1）在运行中不允许带电插拔插件。

（2）在运行中不允许做保护传动试验。

（3）在运行中可通过 LCD 显示器观察输入量的数值及断路器的运行状态。

（4）在更换装置交流插件后需要重新修正通道系数，保证精度。

第十章 综合自动化系统常见故障及处理

第一节 站控层设备常见故障及处理

一、站控层

站控层主要设在各变电所、分区所、开闭所等主控室内，它由后台监控机、通信管理机、GPS 接收器构成。通信管理机是站控层的核心，它通过多种类型的标准通信接口和通信规约来沟通各智能单元、后台、远动中心间数据的交换。

（1）通信管理机与数据采集装置、保护装置进行通信，搜集牵引变电所运行中各实时信息并传递到后台机及远动中心，以供对各变电所进行运行监视；接收和转发来自监控系统的各类操作命令，以对变电所进行遥控和遥调。

（2）通信管理机还通过 RS-232 标准接口与 GPS 对时系统通信，使本装置和所有与之相连的保护装置、数据采集装置、后台监控装置都严格与 GPS 保持时钟同步，从而实现系统的同步采样、故障分析和动态监测。

（3）后台机也称上位机，是牵引变电所自动化系统的管理中心，主要负责人机联系、信息汇总与处理、运行管理和优化控制等。后台机通常安装在牵引变电所主控室内，与通信管理机间采用 RS-232 串行通信。

二、站控层设备故障处理

1. 所内监控通信中断处理

（1）检查监控主机网卡是否禁用。

（2）检查监控系统设置是否正常。

（3）检查是否有网络病毒入侵主机。

2. 后台机四遥错误处理

（1）检查后台机参数设置是否正常。

（2）检查站控层、网络层、间隔层通信是否正常。

（3）检查后台操作是否超时。

（4）确认保护装置中信号、测量是否正常，检查盘控是否正常。

三、站控层设备故障及处理案例

（1）2017 年 1 月 19 日，××变电所后台机发“21B 馈线通信故障”信息，21B 远动无法操作，后台机于 13 时 33 分发 21B 馈线通信恢复，随后后台机交替发 21B 馈线通信故障、通信恢复信息。

① 发现后台机检测 21B 通信状态，有通信延时现象，检查 21B 装置状态，网线插口处绿色信号灯异常闪烁（正常为绿色常亮）。

② 对 21B 保护装置电源插件（与通信插件为一体）进行更换，用酒精棉对网线头进行擦拭处理，更换处理后设备运行正常。

③ 原因分析：21B 保护装置通信插件状态不良，造成通信传输不稳定。

（2）2015 年 2 月 25 日，××变电所处理 B 相动补工控机黑屏故障。检修人员到达变电所现场，对 B 相动补工控机进行检查，发现工控机运行正常、液晶屏幕无显示（工控机与液晶屏幕为一体机）。

① 将原液晶显示屏与工控机相连接的原 VGA 视频线拔出后插至携带的备用液晶显示屏上，备用液晶显示屏显示正常。

② 使用备用 VGA 视频线将工控机与原液晶显示屏连接，原液晶显示屏显示正常。

③ 将原 VGA 视频线再次与原液晶显示屏进行连接，原液晶显示屏显示正常，运行 15 min 后，原液晶显示屏再次黑屏。

④ 将原 VGA 视频线拔出进行检查测量，发现 VGA 视频线接线口插针 3、4、11 号不通。

⑤ 更换备用 VGA 视频线，将工控机与原液晶显示屏连接，运行 30 min 后，液晶显示屏与工控机显示正常，运行状态良好。

（3）后台机与保护装置通信正常，后台遥测数据不变化。

① 检查后台定义是否正确。

② 检查有无连接到后台上的其他智能设备数据大量变位。

第二节　间隔层设备常见故障及处理

一、间隔层

间隔层由牵引变电所各保护测控单元模块和其他智能仪表构成。每个保护测控单元集保护、控制、测量、智能通信功能于一体，每个模块控制着与之相对应的断路器，各智能单元挂接在 RS-485 网上相互通信并共享数据。

通信处理单元在以太网和 Lon 网之间实现规约转换，并采用技术先进的 Lonworks 网络控制技术与测控、保护等节点进行信息交换，同时为全所提供时间基准（GPS）。Lonworks 现场总线为双环光纤网，是实现综合自动化系统功能的核心，具有良好的开放性、互操作性。

二、间隔层设备故障处理

1. 遥测量错误处理

（1）检查端子排、保护装置接线是否正确，是否有松动。

（2）检查交流插件是否正常。

（3）检查变比设置是否正确。

2. 遥信量错误处理

（1）检查端子排、保护装置接线是否正确，是否有松动。

（2）确认设备实际位置与遥信量是否一致。

（3）检查数据库遥信是否取反。

（4）检查设备辅助接点是否正常。

3. 遥控错误处理

（1）检查“远-直-单”转换开关是否正常。

（2）检查端子排、保护装置接线是否正确，是否有松动。

（3）检查是否满足闭锁条件。

（4）检查相关保护插件是否正常。

三、间隔层设备故障及处理案例

（1）2015 年 5 月 27 日，××变电所动力变送电时，237 A 断路器不能合闸。检修人员赶至变电所检查发现 237 A、237B 显示分位，302 显示合位，303 显示分位；后台机于 27 日 17 时 47 分发“237 保护板通信不良”信号；保护盘发“微机装置故障”信号，动力变保护装置告警灯亮；检查 237 A、237B 断路器开距、压缩等各部技术数据均符合标准，在当地位分合 3 次、直接位分合 3 次均正常。检查动力变保护装置，发现继电器板烧损并当即予以更换；核对保护定值，进行传动试验均正常后结束工作票，送电成功。与厂家技术人员共同分析，初步判断为疑似操作过电压所致。

（2）2017 年××变电所后台机 231 并补保护测控装置告警，报“AD1 不良、AD2 不良”异常信息。试验人员到达变电所对 231 保护装置重启后，装置仍告警，异常信息未消失；对 231 保护定值、后台程序进行备份后，检查 231 保护装置内保护主板，发现保护主板有烧黑现象；更换 231 保护装置主板，重新下装保护程序后，装置上电，运行灯不亮；更换 231 保护装置电源板，装置上电，告警灯灭，异常现象消失；随后对 231 保护装置定值进行核对无误后，对 231 断路器进行传动试验，设备状态良好。

第三节　网络层设备常见故障及处理

一、网络层

网络层设备故障主要分为远动通信网络设备故障和所内综合自动化网络设备故障。远动通信网络设备故障主要是通信设备的故障，如路由器、协议转换器等故障；所内综合自动化网络设备故障主要是通信管理机、交换机等故障。

二、网络层设备故障处理

1. 路由器故障处理

（1）检查路由器工作指示灯是否正确。
（2）检查路由器参数配置是否正确或丢失，重新配置参数。
（3）采用设备打环确定路由器本体工作是否正常。
（4）更换路由器，配置相关参数。

2. 通信管理机故障处理

（1）检查通信管理机工作指示灯是否正确。
（2）检查通信管理机参数配置是否正确或丢失，重新配置参数。
（3）采用设备打环确定通信管理机本体工作是否正常。
（4）更换通信管理机，配置相关参数。

3. 协议转换器故障处理

（1）检查协议转换器工作指示灯是否正确。
（2）采用设备打环确定协议转换器本体工作是否正常。
（3）更换协议转换器。

4. 交换机故障处理

（1）检查交换机工作指示灯是否正确。
（2）采用设备打环确定交换机本体工作是否正常。
（3）更换交换机。

5. 所内网络故障处理

（1）检查网络配置是否正确、IP 地址是否冲突。
（2）检查测试网线是否完好。
（3）检查是否存在网络病毒。

三、网络层设备故障及处理案例

（1）调度端无法远程监视、控制变电所设备，所内设备可以通过后台进行监视、控制。

① 首先检查所内远动设备光端机、路由器、交换机设备指示灯状态是否正常，发现光端机信号灯无法显示设备故障状态。

② 拔掉一根光纤后，光端机无报警灯显示，判断为光端机故障。更换一对变电所及机械室光端机后，光端机信号显示正常。

③ 使用红光笔对变电所至机械室光端机进行打光测试，将变电所两根光纤甩开后，在机械室对光纤进行打光测试时，通光状态显示正常、光纤正常。

④ 使用后台机登录至路由器进行 ping 命令：开始→运行→输入“cmd”→telnet 空格 10.1.4.1→输入密码“jdxj”，ping 分区所 IP 显示超时、无法拼通。

⑤ 所内设备查无问题后，前往分区亭检查设备。分区亭通往变电所方向的协议转换器灯光正常。通过 ping 命令，可以拼通另一方向变电所 IP，但故障变电所 IP 无法拼通。判断分区所至故障变电所方向协议转换器故障，更换协议转换器后仍不能拼通。

⑥ 更换分区所至故障变电所方向协议转换器数据线后可以拼通故障变电所方向，远动恢复正常。

⑦ 原因分析：分区亭数据线状态不良，导致变电所数据无法通过分区所至故障变电所方向传输到调度。

（2）后台及电调仅个别装置通信不上。

① 首先检查装置本身有没有故障异常。装置正常情况下，在交换机屏后理出与该装置相连的网线，观察该口收发指示灯是否正常；若不正常，则将该对网线换至交换机的备用端口看是否正常。

② 如还不正常，则应考虑更换通信插件或网线。

（3）所有装置与后台机都通信不上。

① 首先到交换机屏后观察各口收发灯是否正常，如果光口指示灯大部分都不闪烁，则关掉交换机电源，再重开启电源观察；如果问题仍未解决，则重启后台 NDT65 监控软件或重启后台机后重启后台 NDT65 监控软件，观察之。

② 如果后台机屏幕右下角 XP 任务条上的本地连接图标上有红叉，表示后台机网络连接断开，此时应重点检查后台机到交换机的网线。

③ 如果排除了网线和交换机的问题，则可能是后台机网卡有问题。如果屏幕右下角任务条上的本地连接图标消失，在（开始菜单）网络连接里面看不到本地连接的图标，并且在“我的电脑—（右键）属性—硬件—设备管理器”里面网络适配器工作不正常或找不见网卡，则可以判定是网卡有问题。

第十一章　牵引变电所智能监控系统

第一节　牵引变电所安全监控系统简介

一、变电所安全运行现状

（一）主要单元

传统安全监控系统单元由视频监控和防灾报警功能组成，可与遥控、当地监控构成联动系统，有效完成安全监控任务。并可增设自动灭火系统，即针对控制室、变压器室、高压室内的火警，包括烟感、温感、高低压电缆的温度感测，防非法闯入；包括激光对射、红外幕帘、碎窗，电缆沟、夹层的水浸探测，设备室的温度湿度监测，等等。

（二）存在的问题

目前牵引变电所安全防护有消防系统、环境监测系统、视频监控系统、综合自动化系统等，但均为分立系统，各司其职，相互间没有联系，距离智能安全防护系统还有不小的差距。目前国内还没有一个完整的变电所安全运行的解决方案，大多数变电所的安全防护都处在非智能范畴。因为首先，视频监控目前尚停留在普通的网络视频监控（IP 监控、数字化监控）的概念上，不具备“智能化”视频监控的内涵。其次，各安全防护设备或系统间相互独立，不能给运行人员以自动的判断和结论，必须加以人工分析。再次，部分安全防护仍然采取简易的人工设置方式，存在很大的安全隐患。

二、新型安全监控系统

（一）技术要求

（1）视频监控：传统的视频监控仅限于单纯的网络视频监控，无法根据设定的情景自动调出提示场景，来辅助运行人员进行安全管理。随着新一代智能视频监控技术的发展，把视频监控的最新技术引入变电所以提高监控技术水平成为发展趋势。

（2）环境监测：应设置完备的环境监测系统，最大限度地保证变电所的安全运行环境。环境监测内容包括：防止入侵、警戒设置、火灾报警及消防、温湿度监控。

（3）设备状况监测：变压器等一次设备绝缘在线监测系统与变压器油色谱在线监测系统。

（二）功能要求

对变电所监控系统的操作、监护、保护设置、报表维护、数据库维护提供权限管理，为监控系统执行遥控操作提供模拟操作功能，并对所有的系统操作进行详细记录。在安全监控系统实现各个子系统的互动，对其他子系统的操作和检修提供支持，通过软件系统内部机制上的沟通，在必要时可进行某些操作上的限制，最大限度地提供安全保障。

安全监控系统要求设置合理，充分考虑系统功能的冗余和热备，在各个环节充分考虑系统架构的合理性，并保证系统的可靠性。该系统具有自诊断和自恢复功能，能对其软硬件定时进行自诊断，当诊断出故障后能自动闭锁或退出故障单元及设备并发出告警信号。该系统具备一定的容错性，即任一装置、部件、软件故障或退出均不影响系统的正常运行，并且运行人员的误操作不致引起系统功能丢失和崩溃。

（三）系统解决方案

牵引变电所安全监控系统配置如图 11-1 所示。系统主网采用双 10/100 M 以太网配置，采用 IEC-60870-103 以太网协议。主网的双网配置可完成负荷平衡及热备用双重功能，在双网正常的情况下，双网以负荷平衡工作，一旦其中一套网络故障，另一套网则接替全部通信负荷，保证实时系统的 100%可靠。

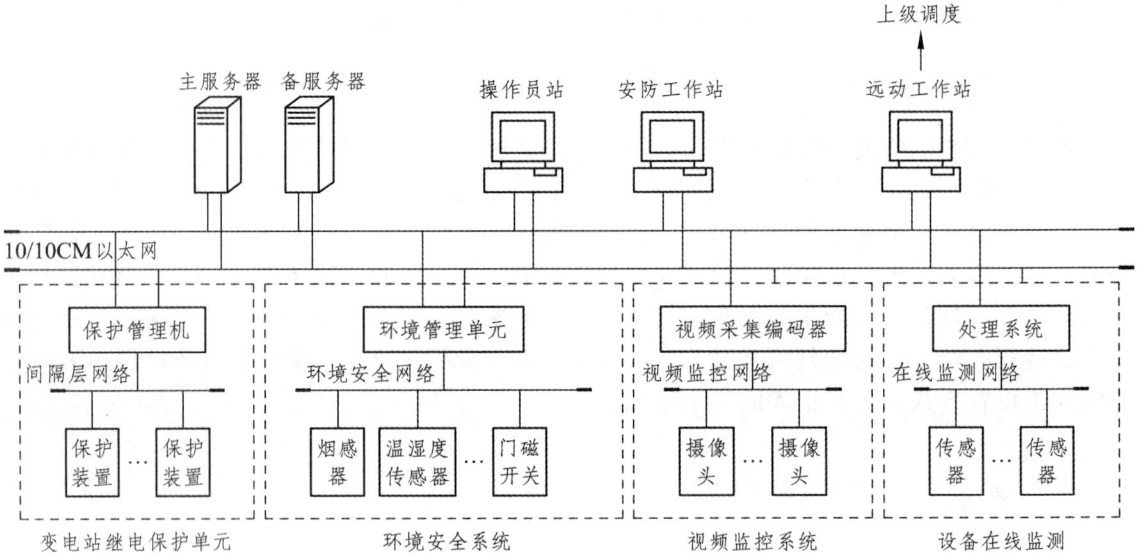

图 11-1　牵引变电所安全监控系统配置示意图

目前变电所安全监控系统把视频监控、所内安全监控及设备在线监测作为重要的子系统，纳入了所内安全防护系统（下文简称安防系统）管理。安防系统把变电所综合自动化系统、视频监控系统及环境安全监控系统、设备在线监测系统有机地融合在一起，把过去需要在不同系统分别实现的功能集中在安防系统实现，并且能够联动，大大提高了安防工作的效率。

安全监控系统作为安防系统的核心，能够通过综合、汇总各系统的相关信息，提示值班员当前安全信息是否变化；对重要的安全事件给出语音告警，同时系统做出联动判断；自动或手动驱动视频监控摄像头，给出直观的现场场景，帮助值班员做出事故判定和采取措施，缩短安全事故事件反应和处理时间；对各类安全事件信息进行分类汇总、保存并上传至调度端，取代常规的人工安全防护工作；通过安全监控系统对设备现场进行安全监护，对各间隔设备的检修进行监控保护，以避免事故的发生。

（四）各单元安全监控功能

1. 变电所自动化系统

目前国内的计算机监控系统软件普遍采用 C++、TCP/IP、OLEDB、SQL、DCOM 与 Active X 等国际标准，具有很好的开放性。针对变电所综合自动化系统，根据安全需要，系统本身应具有安全管理功能。

2. 权限管理子系统

包括对变电所监控系统的操作、监护、保护设置、报表维护、数据库维护；对于较高的安全要求，在变电所操作时应把操作信息送往调度端，调度端若监视变电所的操作，必须经申请→批准的环节，操作才能被执行。通过数据库的参数设置，调度主站和变电所都可以操作，调度主站的优先级更高。同时，一方操作会在另一方生成告警提示，提醒有人正在进行操作。

3. 模拟操作

执行遥控操作之前，先进行一次模拟操作，以保证操作的正确性，系统应提供模拟操作功能。

4. 报警功能

在系统接收到保护事件或保护故障等信息后，综合自动化系统的告警模块依据事先定义的信息确定告警级别。一般设置三级告警级别，即事故告警、一般异常告警、严重异常告警，并采用不同颜色、不同音响进行自动告警。

5. 系统安全机制

系统在线运行时，能够定时进行自诊断，能够检测其工作状态，判断故障内容，指出故障的设备及插件，并使其自动退出在线运行，以便能迅速更换；双机系统中的一台主机发生故障时，要求自动切换至另一台的时间不大于 30 s 时，说明该系统满足安全监控的技术要求。

（五）变电所智能视频监控系统

变电所级网络视频监控系统分前端摄像机、后端数字视频显示控制系统、存储管理服务系统及网络传输平台。它主要由 3 部分组成：图像采集子系统、信号传输子系统、控制子系统。

该系统主要实现全部视频信号汇集、控制、监视、录像存档、检索查询、远程监控，并实现对系统前端设备操作控制，对前端信号采集和对信号传输系统故障判断报警等功能。同时该系统可对大范围、多种室内外场景、多路摄像头采集的视频图像进行智能分析；通过安防系统统一设置，视频监控系统还可与综合自动化系统、环境安全系统之间形成联动。

（六）变电所环境安全系统

变电所内环境安全监控信息通过所内安全监控通信单元送至安全防护主机，再送至远方监控中心。该系统实现所内各安全环节中不同警戒手段的集中和联动，当监控模块出现异常时，能及时给出现场报警信号和综合报警信号并反映在安防工作站上，及时给出报警信息并推出相关画面，提示值班人员关注提示信息并给出初步的安全判断。

（七）设备在线监测系统

变电所高压电气设备绝缘在线监测系统采用分层分布式结构，它综合运用了先进传感器技术、数字信号处理技术、计算机技术等，实现信号采集的就地数字化和智能化，并由现场总线将实时数据送入变电所通信管理系统。设备在线监测系统还可以通过网络通信把监测数据汇集送至安全监控系统，以实现对变电所内电气设备绝缘状态的在线监测和诊断。

（八）调度电话监控系统

调度电话监控系统的监控对象是运行调度电话，其目的是反映调度电话的工作状况，实时记录所有的调度电话。该系统不仅可实时监听电话内容，也可根据不同条件，对所有历史调度电话进行查询和重听。

第二节　牵引变电所在线监测系统

一、牵引变电所在线监测系统简介

（一）结构

牵引变电所在线监测系统采用 IEC61850 通信标准。IEC61850 以完整的分层通信体系，采用面向对象的方法，构建智能化变电所监测系统。该系统包括几个部分：电气设备、变压器、在线设备与集中在线监测主机。其逻辑结构也分为三层：过程层、间隔层和站控层。牵引变电所在线监测系统结构如图 11-2 所示。

过程层作为一次设备和二次设备的结合层，负责输变电设备特征参数的检测、状态参数的在线检测与统计、操作控制的执行等任务。

间隔层负责本间隔实时数据信息的汇总及处理，可对一次设备实施保护控制，具有承上启下的作用。

站控层汇总全站的实时数据信息，对全站的运行状况进行质量评估，将有关数据信息送往调度或控制中心并接受调度或控制中心有关控制命令，并向间隔层、过程层发送控制命令等。

（二）要求

在不影响设备正常运行的前提下，对设备工作时的状况进行连续或定时地监测，通常这种监测可自动进行，并且检测装置（至少是采样装置）与被监测设备同在生产线上运行。

（三）分类

在线监测系统按构成可分两种：集中式和分布式。前者通过线缆将信号传输至中央控制站；后者是仅在就地显示，也可以就地打印。还有的仅在设备上安装传感器，运行人员手执指示仪表去测取信息数据，这种结构也可称之为分布式半在线。

（四）特点

变电所在线监测系统实现了信息共享平台化、系统框架网络化、设备状态可视化、监测目标全景化、全站信息数字化、通信协议标准化、监测功能构件化与信息展现一体化等功能，并能实时采集所内设备的状态数据，进行综合的诊断分析和全寿命评估。变电所在线监测系统一方面是一个相对独立的内部互联配变设备网络，另一方面又是远方主站的一个节点，可向主站发送变电所内部设备的监测诊断信息和自身状态信息。

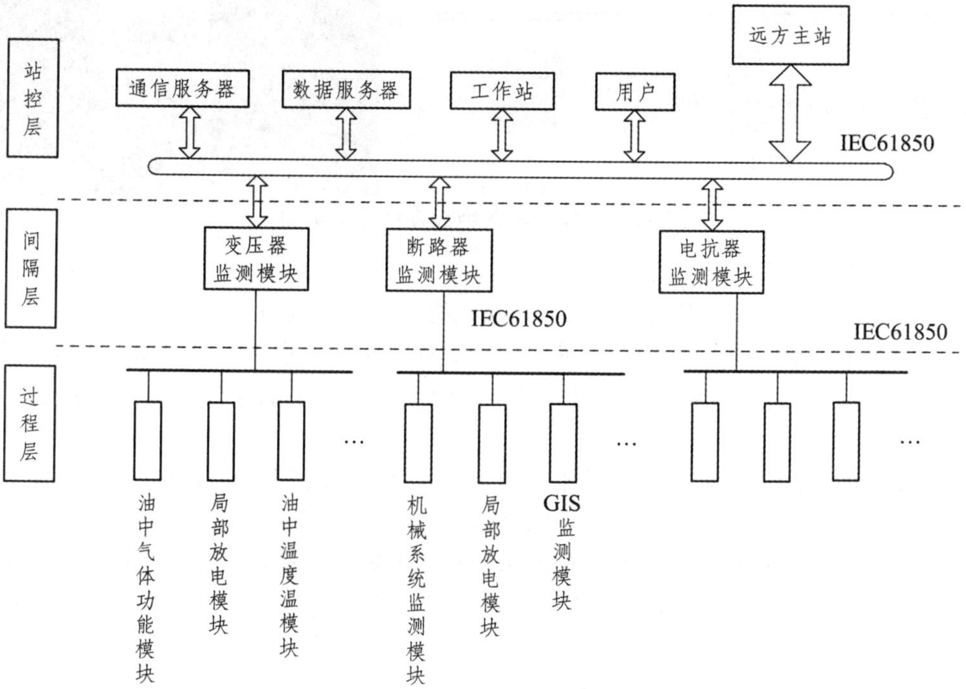

图 11-2　在线监测系统结构示意图

二、牵引变电所在线监测系统分类

（一）电气设备与变压器在线监测系统

变电所内电气设备及变压器在线监测系统主要包括：容性设备绝缘在线监测装置，氧化锌避雷器在线监测装置，变压器铁芯接地在线监测装置，变压器油中故障气体（单组分）在线监测装置，变压器油中复合气体（多组分）在线监测装置，变压器局部放电在线监测装置，高压断路器动作特性在线监测装置，SF_6 气体泄漏在线监测装置，电气接点温度在线监测装置和 GIS 局部放电在线监测装置等。

1. 容性设备绝缘在线监测装置

1）基本原理

该装置针对不同监测对象形成 CVT 监测、TA 监测、TV 监测、高压套管监测与耦合电容监测等单元。系统可有针对性地在线采集各高压容性设备的状态信息，包括介质损耗、电容量、泄漏电流与系统电压等，形成完备的高压容性设备状态监测信息就地在线监测网，并利用专家系统分析、判断、预测容性设备绝缘状况。此在线监测装置如图 11-3 所示。

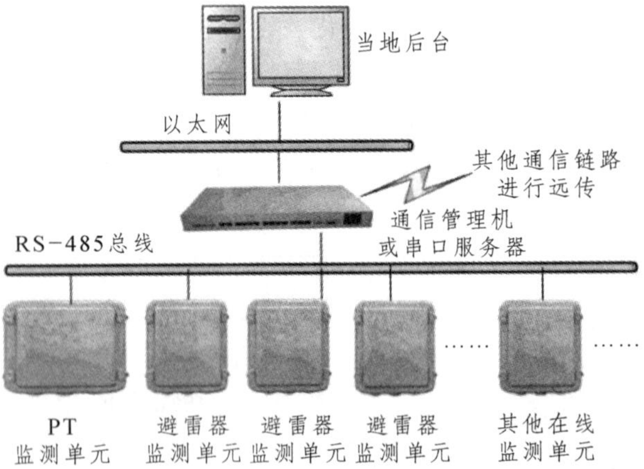

图 11-3　容性设备绝缘在线监测装置

2）装置特点

① 应用范围广，可广泛应用在 35 ~ 500 kV 的高压容性设备上。

② 采用高精度的零磁通微电流传感器，保证相位变换误差的精确度和稳定性；采用高性能嵌入式处理器，并应用以离散傅里叶变换（DFT）为核心的数字信号处理方法，具备极强的信号处理运算功能。

③ 电压监测单元与电流监测单元相互独立，采用独特的算法保证同步性能，多套监测设备可共用参考电压信号，不用将 TV 二次信号进行远距离传输。

④ 能在线连续分析容性设备的三相泄漏电流、电容值、介质损耗。监测装置采用独特的电磁兼容设计，减小干扰源的发射，切断干扰途径，增加装置的抗干扰能力，具有优良的电磁兼容性能。

⑤ 交流/直流/太阳能电池等多种供电方式可选，无线/有线多种通信方式可选。容性设备绝缘在线监测装置技术特点与性能参数如表 11-1 所示。

表 11-1　容性设备绝缘在线监测装置技术特点与性能参数

监测参数	测量范围	精　度
末屏电流	3 ~ 1000 mA	±（标准读数 ×1% + 0.1 mA）
介质损耗因数	0.001 ~ 0.3	±（标准读数 ×1% + 0.001）
等值电容	100 ~ 50 000 pF	±（标准读数 ×1%）

2. 氧化锌避雷器在线监测装置

1）基本原理

氧化锌避雷器在线监测装置采用数字滤波技术，从采集到的避雷器泄漏总电流中分离出阻性电流部分，并根据阻性电流来判断避雷器的绝缘状况，能有效抑制电网的谐波干扰，更真实地反映实际情况，并可以实现无人值班变电所对避雷器绝缘状况的在线监测。该在线监测装置如图 11-4 所示。

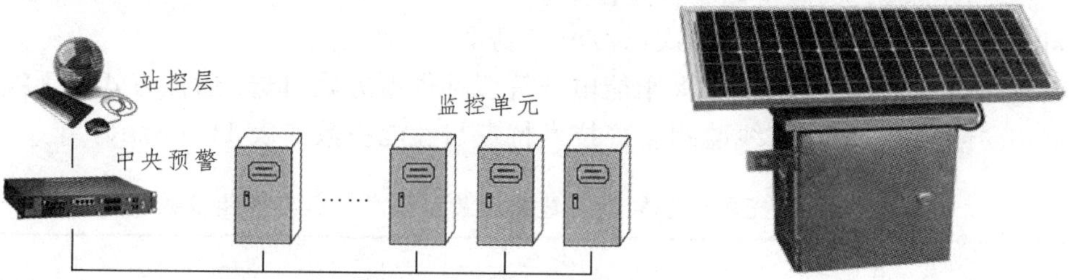

图 11-4　氧化锌避雷器在线监测装置

2）装置特点

① 实时监测氧化锌避雷器（MOA）的泄漏电流和阻性电流基波及 3、5、7、9 次谐波，峰值，雷击次数，全电压及全电流之间的相角差。

② 传感器采用穿芯感应方式，与一次系统没有电联系，可不改变避雷器的接线及电气特性。

③ 电压监测单元与电流监测单元各自独立，采用独特的算法保证同步性能，多套监测设备可共用参考电压信号，不用将 TV 二次信号进行远距离传输。

④ 装置电源通常有交流/直流/太阳能电池等多种供电方式可选，通信方式有无线/有线等方式可选。氧化锌避雷器在线监测装置技术特点与性能参数如表 11-2 所示。

表 11-2　氧化锌避雷器在线监测装置技术特点与性能参数

监测参数	测量范围	精　度
泄漏电流	100 μA ~ 650 mA	±（标准读数 × 5% + 5 μA）
阻性电流	10 μA ~ 10 mA	±（标准读数 × 5% + 5 μA）

3. 变压器铁芯接地在线监测装置

1）基本原理

变压器铁芯接地在线监测装置通过对铁芯接地电流的监测，来发现箱体内异物、内部绝缘受潮或损伤、油箱沉积油泥、铁芯多点接地等类型的故障，从而及早发现潜伏隐患，提出预警，避免事故的发生，为变压器实现状态检修提供技术保证。此在线监测装置如图 11-5 所示。

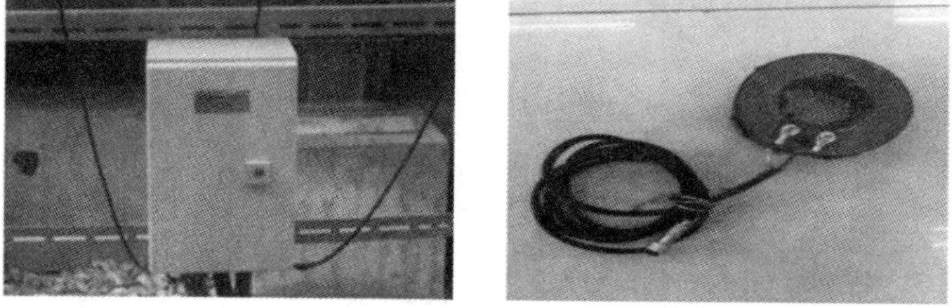

图 11-5　变压器铁芯接地在线监测装置

2）装置特点

① 传感器采用穿芯式微电流传感器技术制造，不改变设备原有结构及接地方式，与高压设备无直接电气连接，安全可靠。

② 设备性能优异，灵敏度高，稳定性好。

③ 可进行傅里叶频谱分析与多次谐波电压测量。

④ 装置电源通常有交流/直流/太阳能电池等多种供电方式可选，通信方式有无线/有线等方式可选。变压器铁芯接地在线监测装置技术特点与性能参数如表 11-3 所示。

表 11-3　变压器铁芯接地在线监测装置技术特点与性能参数

类　别	技术参数
测量范围	5 mA ~ 10 A
测量精度	± 2%
工作环境温度	− 20 °C ~ + 65 °C
工作环境湿度	≤95%

4. 变压器油中故障气体（单组分）在线监测装置

1）基本原理

变压器油中故障气体（单组分）在线监测装置主要监测 H_2（氢气）、CO（一氧化碳）、C_2H_2（乙炔）与 C_2H_4（乙烯）这 4 种气体的综合含量，利用高分子膜的选择性及燃料电池对不同气体的敏感程度，完成对以氢气为主的 H_2、CO、C_2H_2 和 C_2H_4 等气体的在线监测，帮助电力系统运行人员及时了解变压器绝缘状况及其劣化趋势，使得该装置能够在发生重大绝缘事故之前进行计划维修，从而避免不必要的停机。该在线监测装置如图 11-6 所示。

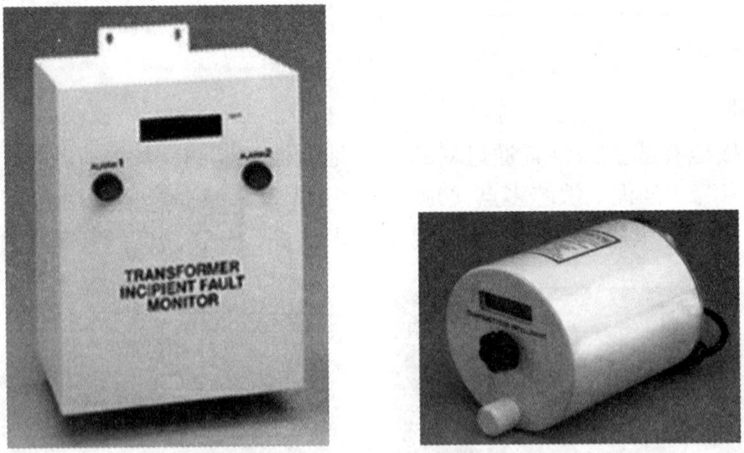

图 11-6　变压器油中故障气体（单组分）在线监测装置

2）装置特点

① 带警报特征的每小时、每日趋势（目标周期内的 PPM 变化）。

② 带日期、时间取样的历史数据和事件记录。

③ 二级气体阈值报警及增长率报警功能报警，预警定值可调节。

④ 传感器与系统有自测诊断功能。

⑤ 遥控或本机配置，传感器校正，程序升级及采集前端电脑前置机时有全单机工作能力。

装置技术特点与性能参数如表 11-4 所示。

表 11-4　变压器油中故障气体（单组分）在线监测装置技术特点与性能参数

类　别	技术参数
测量范围	0 ~ 2000 ppm [等量的氢气（H_2）体积]
精　度	± 10%或 25 ppm（20 ~ 50 °C）
相对灵敏度	氢气（H_2）：含量的 100%；一氧化碳（CO）：含量的 18 ± 3%；乙炔（C_2H_2）：含量 8 ± 2%；乙烯（C_2H_4）：含量的 1.5 ± 0.5%
响应时间	10 分钟（阶跃变化的 90%）
报警接点	气体高和自身故障报警接点；每样报警都有一个无源常开接点和一个无源常闭接点
油　压	0 ~ 700 kPa；不允许真空
电　源	100/115/200/230 V 交流 ± 10%，50 ~ 60 Hz，最大 350 V · A

5. 变压器油中故障气体（多组分）在线监测装置

1）基本原理

变压器油中故障气体（多组分）在线监测系统是基于气相色谱检测技术的变压器油气在线监测产品，装置能按预设的周期连续在线检测出变压器油中溶解的 H_2（氢气）、CO（一氧化碳）、CH_4（甲烷）、C_2H_6（乙烷）、C_2H_2（乙炔）、C_2H_4（乙烯）、CO_2（二氧化碳）等特征气体的含量，还可以根据用户需要和要求配置微水检测单元。该在线监测装置安装位置如图 11-7 所示。

图 11-7　变压器油中故障气体（多组份）在线监测装置

2）装置特点

① 最快速的检测周期（1 h 可以出一组检测数据），对于变压器快速发展性故障能起到“紧急”的看护作用。

② 检测灵敏度高，对油中溶解 C_2H_2 最小检测分辨率可达 0.1 ppm。

③ 配有恒温系统（环境温度模块设有恒温控制器），保证了系统分析的重复性和稳定性。

④ 装置支持无线和有线两种通信方式，可实现数据传输、远程监视、测量及控制功能。

⑤ 装置具备自检功能，当发现装置故障时进行亮灯提示。

⑥ 装置具备二级气体阈值报警及增长率报警功能，报警浓度和增长率可任意设定。

⑦ 装置配有判断潜伏性故障的专家系统，且油色谱故障诊断技术采用了 IEC60599 标准以及改良的模糊三比值法、大卫三角形、立方图示法等多种方法，用户可任意选择。装置技术特点与性能参数如表 11-5 所示。

表 11-5 变压器油中故障气体（多组分）在线监测装置技术特点与性能参数

气体	最小检测浓度	检测范围	检测精度
H_2	1 ppm	1～5 000 ppm	±10%或 1 ppm
CO	1 ppm	1～5 000 ppm	±10%或 1 ppm
CH_4	0.1 ppm	0.1～4 000 ppm	±10%或 1 ppm
C_2H_6	0.1 ppm	0.1～3 000 ppm	±10%或 1 ppm
C_2H_4	0.1 ppm	0.1～4 000 ppm	±10%或 1 ppm
C_2H_2	0.1 ppm	0.1～2 000 ppm	±10%或 1 ppm
总烃	1 ppm	1～8 000 ppm	±10%或 1 ppm
微水（可选）	1 ppm	1～1 000 ppm	±10%或 1 ppm
CO_2（可选）	5 ppm	5～10 000 ppm	±10%或 1 ppm

6. 变压器局部放电在线监测装置

1）基本原理

变压器局部放电在线监测装置能够对变压器及 GIS 设备内部局部放电产生的超高频信号进行采集，通过对放电信号的频谱特征分析实现对局部放电的故障判别与定位，实时监测运行状态下的设备内部局部放电信息，及时反映出设备的绝缘状态及其发展趋势，避免绝缘事故的发生。变压器局部放电在线监测装置如图 11-8 所示。

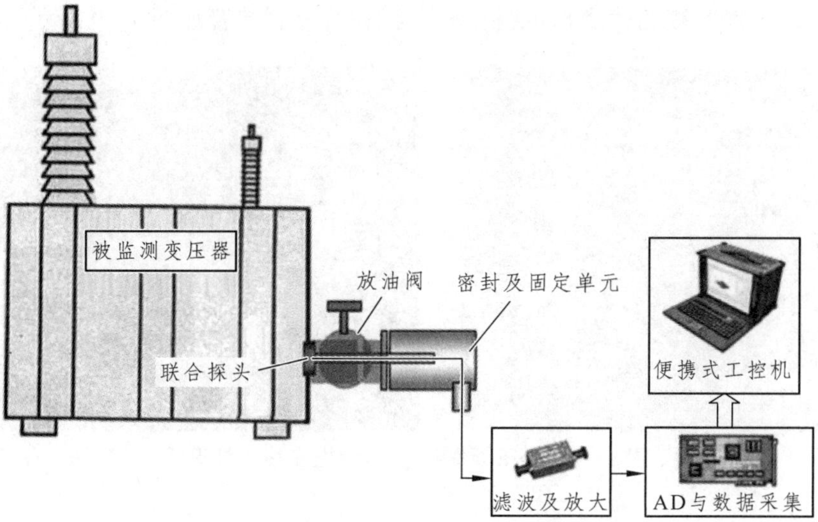

图 11-8　变压器局部放电在线监测装置

2）装置特点

① 检测频率高、频带宽，灵敏度高。

② 抗电磁干扰能力强，特别对空气中的电晕放电具有极强的免疫力。

③ 装置采集速率高，能够实时检测及显示变压器内部局部放电信号。

④ 强化的电源及通道保护设计，可靠性高，检测系统全数字化。

⑤ 采用了先进的统计和诊断算法，内置了大量标准的放电模式库，不仅能进行自动的类型识别，还能对不同类型的放电进行放电发展状况评估。

⑥ 检测系统与一次设备没有任何电气上的连接，不影响一次设备运行，对使用者和检测设备更安全。变压器局部放电在线监测装置技术特点与性能参数如表 11-6 所示。

表 11-6　变压器局部放电在线监测装置技术特点与性能参数

类　别	技术参数
超高频感应天线频率范围	300 ~ 1 500 MHz
检波输出信号频率范围	0 ~ 20 MHz
放大器	带宽与天线频带参数一致，增益为 40 ~ 50 dB
最小检测灵敏度	50 pC
传感器工作温度	− 20 ~ + 150 °C

7. 高压断路器动作特性在线监测装置

1）基本原理

高压断路器在线监测装置适用于真空、SF_6、少油或多油三大类不同电压等级的断路器，主要监测断路器在正常分闸、合闸过程中传动机构和储能机构的工作是否正常。通过对断路器机械特性进行在线监测，包括振动、分合闸线圈电流、行程特性、电磨损与开断电流在线监测等，可远程获得断路器的运行状况；通过分析故障参数，可在故障初期发现开关的异常状态，预测故障周期，为制订合理的维修计划提供科学根据。系统安装简便，免维护操作，感应式测量，不会影响断路器本体运行安全。该在线监测装置如图 11-9 所示。

图 11-9　高压断路器动作特性在线监测装置

2）装置特点

① 可在控制室内或断路器处以数字或模拟形式可视输出。

② 与标准 SCADA、中继、无继或其他通信系统通过 RS-232 接口进行远动控制。

③ 安装方便，可菜单方式编程，坚固耐用免维护。其技术特点与性能参数如表 11-7 所示。

表 11-7　高压断路器局部放电在线监测装置技术特点与性能参数

监测参数	测量范围	测量准确度
负荷电流 1 路	0 ~ 10 A	±（0.5%I_N + 10 mA）
分、合闸线圈电流各 1 路	0 ~ 10 A	±（0.5% I_N + 10 mA）
储能电机电流 1 路	0 ~ 20 A	±（0.5% I_N + 10 mA）
辅助开关状态和时间监测 2 路	4 000 ms	± 10 μs
储能电机状态和时间监测 2 路	4 000 ms	± 10 μs
触点输入触发反应时间	<100 μs	
电流输入触发反应时间	<100 μs	
采样速率	10 kHz	

8. SF_6 气体泄漏在线监测装置

1）基本原理

SF_6 气体泄漏在线监测装置，是按照电力行业安全法规的要求设计开发的一种智能化在线监测装置，它主要检测空气中 SF_6 气体含量和氧气含量，当环境中 SF_6 气体含量超标或缺氧时，能实时进行报警并启动相应保护动作。它独有的微量 SF_6 气体检测技术，能检测到超低浓度的 SF_6 气体，不仅可以保障人身安全，而且还能确保设备正常运行，防止误动作。该监测装置如图 11-10 所示。

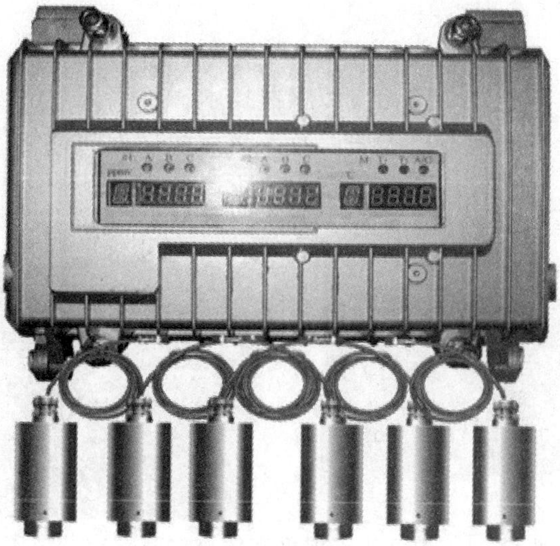

图 11-10　SF_6气体泄漏在线监测装置

2）装置特点

① 实时在线监测 SF_6气体泄漏，保证了 SF_6设备的安全运行和检测人员的安全。

② 当 SF_6气体有关指标出现变化时，给出变化曲线；有关指标达到报警状态时，能够报警或自动启动报警装置。

③ 当有关指标超标达到危险状况时，报警或自动启动闭锁装置，禁止断路器动作，以保障设备和变电所整套系统的安全。

④ 测量精度高，检测分辨率高，重复性好，稳定可靠，使用寿命长。装置技术特点与性能参数如表 11-8 所示。

表 11-8　SF_6气体泄漏在线监测装置技术特点与性能参数

监测参数	测量范围	测量准确度
湿度	测量范围：50～1 000 ppm（μL/L） 工作压力：0.10～1.00 MPa	－5% FS～＋5% FS
密度	测量范围：0.01～1.00 MPa	－1% FS～＋1% FS
温度	－50～100 °C	－0.5 °C
露点	－60～20 °C	±3 °C
湿度报警门限	300 ppm（用户可自由设定）	
报警门限	0.52 MPa（自由设定）	
报警解除	0.53 MPa（自由设定）	
闭锁门限	0.50 MPa（自由设定）	
闭锁解除	0.51 MPa（自由设定）	
安装接口	专制三通或根据断路器接口结构要求定制法兰盘	
工作环境	温度：－40 °C～＋60 °C，湿度：≤99%RH	

9. 电气接点温度在线监测装置

1）基本原理

电气接点温度在线监测装置采用无线传感器技术，可实现对电力系统的开关柜、高压和超高压母线、高压开关接点、运行电缆（以及人员无法接近的其他危险、恶劣环境）温度、湿度进行实时在线监测，实现在中心监控室内就可以监视设备的运行温度状态。电气接点温度在线监测装置安装位置如图 11-11 所示。

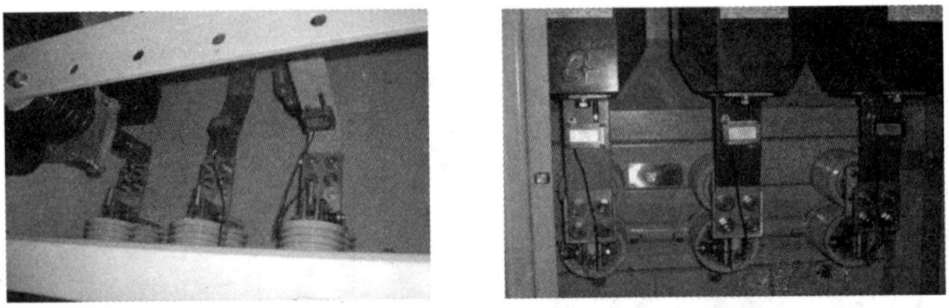

图 11-11　电气接点温度在线监测装置安装位置

2）装置特点

① 温度测量范围宽 – 40 °C ~ 125 °C，精度不超过 ± 0.5 °C。

② 数字温度检测器采用超低功耗设计，待机电流小。

③ 当地主机具备预警、告警及自检功能。

④ 温度记录功能，能记录 12 h 内温度变化情况。

⑤ 装置箱体按抗振动、防尘密封设计，适合安装于环境条件恶劣的现场运行。

装置技术特点与性能参数如表 11-9 所示。

表 11-9　电气接点温度在线监测装置技术特点与性能参数

类　别	技术参数
主机功耗	≤5 W
温度测量范围	− 40 ~ 125 °C
测量精度	− 0.5 °C ~ 0.5 °C
湿度测量范围	2% ~ 98%RH
电池寿命	>6 年

10. GIS 局部放电在线监测装置

1）基本原理

GIS 局部放电在线监测装置通过对 GIS 内部局部放电在线监测，可实时监测 GIS 的绝缘状况，及时发现 GIS 内存在的绝缘缺陷，避免绝缘事故的发生。装置主要包含传感器、UHF（超高频）放大电路、UHF 多路传感器选择模块、工作频带选择模块、信号调理模块、高速数据采集系统和工业控制计算机。装置如图 11-12 所示。

2）装置特点

① 基于外置传感器的 UHF 安装方法，安装安全方便，可不改变 GIS 原有的结构和运行方式。

② 系统能自动分析 UHF 频段内局部放电与背景噪声的频带分布情况，从而选择信噪比高的频带进行测量，对外部电晕、无线电通信等各种干扰有很好的抑制能力，具有较高的可靠性。

图 11-12　GIS 局部放电在线监测装置

③ 能保存重要的局部放电信息。例如，超高频方法可以保留局部放电的各种模式、相位、幅度、重复次数等信息。GIS 局部放电在线监测装置技术特点与性能参数如表 11-10 所示。

表 11-10　GIS 局部放电在线监测装置技术特点与性能参数

类　别	技术参数
传感器带宽	300～1 500 MHz
驻波比	<3
放大器增益	60 dB
噪声系数	NF<3 dB
传感器内置放大器的供电方式	电缆直接耦合（无需电池）
UHF 探头灵敏度	>20 pC

11. 电抗器智能监测模块

1）监测对象

电抗器智能监测模块的监测对象为电抗器局部放电、铁芯接地电流、油中气体与电抗器振动。即实时监测变压器、电抗器的振动幅值，通过分析其振动状态的特征量（峰谷值、有效值、频率等）的异常，及时发现设备内部的电气、机械故障，为变压器与电抗器的状态监测提供可靠依据。

2）技术指标

电抗器智能监测模块最多可支持 16 台信号采集分站，16×24 路振动信号监测通道；测量信号幅值范围为 1～1 000 μm；测量精度为 0.1 μm；测量频带：1～1 000 Hz。

12. 互感器与电力电缆智能监测模块

互感器智能监测模块可对互感器的电容、介质损耗和局部放电进行在线监测；电力电缆智能监测模块是通过对电力电缆的绝缘电阻、介质损耗、接地电流、局部放电等的监测，来判断电力电缆的运行状况和故障情况，从而对电力电缆的寿命进行评估。

（二）在线智能评估诊断模块

以上所述的变电设备与变压器在线监测装置都需要加上在线智能评估诊断模块，在线智能评估诊断模块集数据分析处理、状态评估、输变电设备控制保护以及设备信息上传等功能于一体。由于变电所电气设备差异，在线智能评估诊断模块具体的实现有所不同。可以这么说，具有在线智能评估诊断模块是现代智能输变电设备的主要标志，也是现代智能输变电设备与传统输变电设备的重要区别。在线智能评估诊断模块的系统构成如图 11-13 所示。

图 11-13　容性设备绝缘在线监测装置

（三）变电所其他在线监测系统

1. 变电所电能质量监测及评估系统

（1）具有电压和电流分析计算程序，可计算出母线电压、电流值及负载量。

（2）可根据综合数据分析并计算有功和无功功率值。

（3）可实时显示电网功率因数、电压、电流、有功功率、无功功率、频率的平均值、谐波总畸变率、1 ~ 15 次谐波含量和输出口投切状态等信息。

（4）能捕捉瞬时干扰的波形。

（5）其数据可远传至数据服务器，实现存储数据、历史数据查看等。

2. 自然环境监测系统

该系统能够在线对变电所内温度、湿度、日照、风速、雨量与污秽物等环境参数进行监测，并可据此评估变电所电气设备运行及老化等影响。

第三节　智能牵引供电系统简介

一、智能牵引供电系统概述

（一）电网智能化的发展

1. 国内外电力系统电网智能化发展

2001 年，美国电力科学研究院提出智能电网；2006 年，欧盟智能电网技术论坛推出《欧洲智能电网技术框架》。2009 年，中国国家电网公司提出，2020 年建成具有以特高压电网为骨干网架、各级电网协调发展的坚强网架为基础；以通信信息平台为支撑，具有信息化、自动化、互动化特征；实现“电力流、信息流、业务流”的高度一体化融合特点的坚强智能电网。

截至目前，中国国家电网公司系统内已经投运智能变电站 4 000 多座，覆盖 66 ~ 750 kV 电压等级，在标准制定、方案设计、设备研制、工程建设和运行维护等领域实现了重大突破。电网智能化方案设计要求涵盖 750 kV 及以下变电站工程典型设计方案并达到统一规划、统一标准、统一建设的工程要求。

2. 我国牵引供电系统现状

目前我国牵引供电系统在自动化、智能化方面也投入了相应监测设备、监控和管理平台，如图 11-14 所示。

（二）传统牵引变电所存在的问题

（1）系统繁多，缺乏系统间信息的共享与整合。

传统牵引变电所各系统平台相互独立，源数据采集分散凌乱；缺乏统一数据规范、标准、功能互动支撑平台；各系统间的信息相互独立或交互共享困难。

（2）传统保护测控系统的保护特性和故障定位准确度有待提高。

各所亭之间缺少实时通信和信息交换，难以实现所间实时开关联动闭锁；发生故障时，继电保护的速动性和选择性及故障定位的准确性也有待进一步提高，倒切闸作业停电时间较长，无法快速恢复供电。

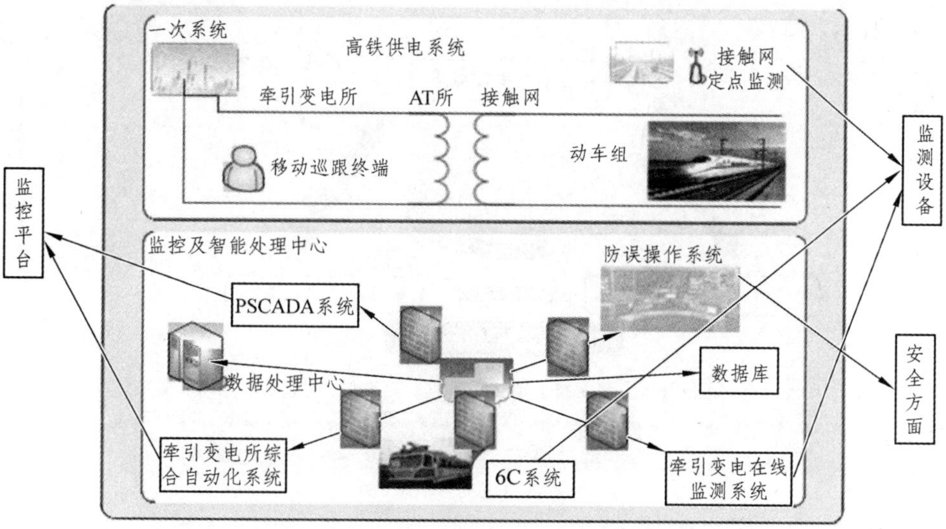

图 11-14　牵引变电所监测管理平台

（3）调度作业自动化程度和效率不高。

供电调度作业大多环节仍然靠人工操作模式，倒闸操作受人为影响严重，逐点核对工程调试增加了成本、降低了效率。

（4）运营维护模式有待进一步改进。

传统“反应式维护保障”措施无法满足繁重的维护工作，缺乏设备的早期预警及主动运维技术。

（三）智能牵引变电所研究的必要性

通过建设智能牵引供电系统，可实现以下功能。

（1）资源整合：整合系统、共享多信源，实现自动化与协同互动的需要。

（2）智能化处理：广域的继电保护、设备状态的可视化、故障下的系统重构，调度作业的自动化，可提高系统运行可靠性和灵活性。

（3）主动运维技术：改进维修策略、采取高效的主动运维技术，降低职工劳动强度，提高设备运行性能。

二、智能牵引供电系统技术方案

（一）智能牵引供电系统基础

1. 概　念

智能牵引供电系统是运用现代先进的测量、传感、控制、通信、信息、人工智能等技术，以智能化牵引供电设施和高速双向通信网络为基础，以信息化、网络化、自动化、互动化为特征，具备全息感知、多维融合、重构自愈、智慧运维特性，为铁路提供安全可靠、高效优质牵引动力的供电系统。

2. 智能牵引供电系统构架

智能牵引供电系统包括智能牵引供电运行控制系统和智能维护管理系统两个方面，其组成如图 11-15 所示。

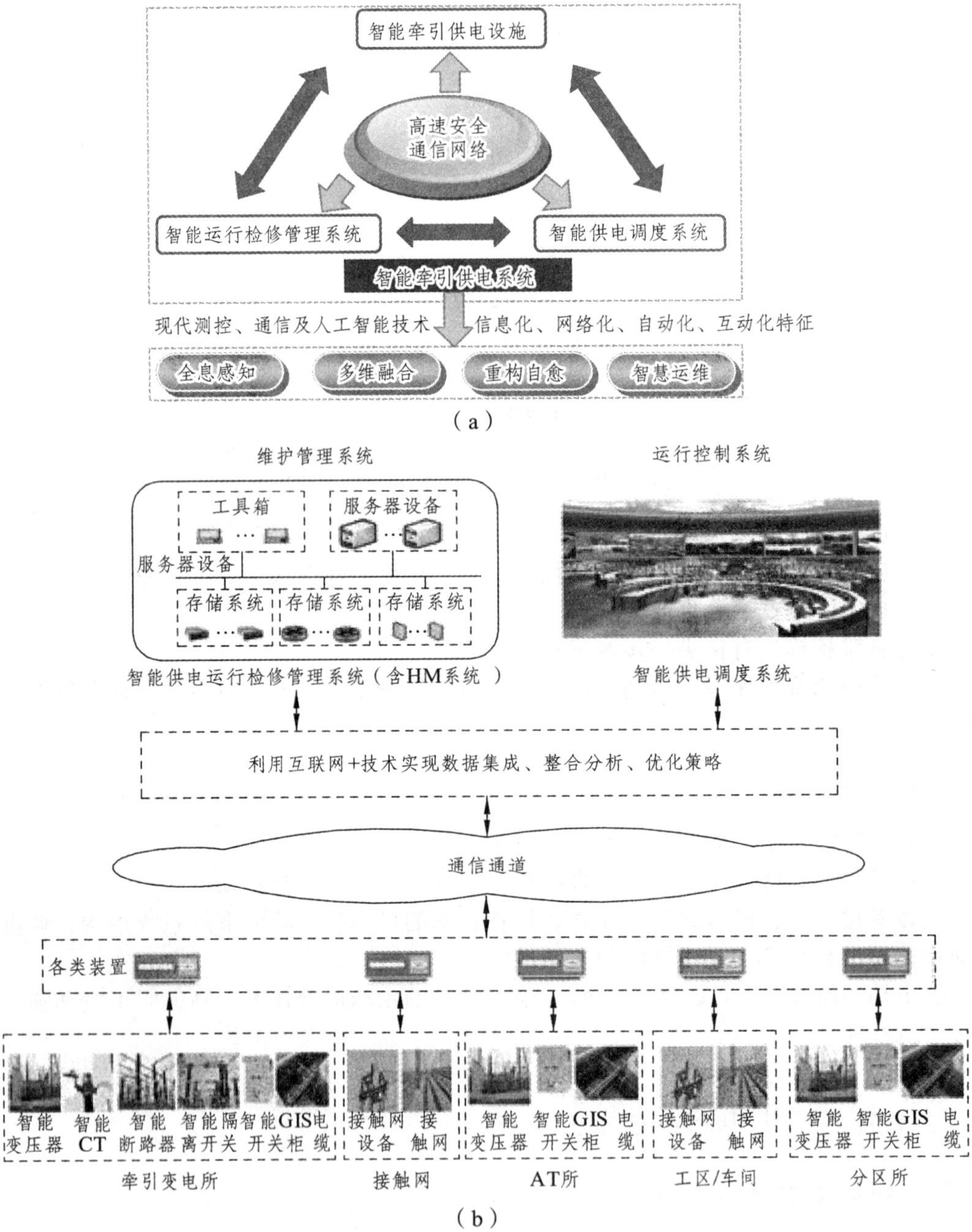

图 11-15 智能牵引供电系统

3. 智能牵引供电系统层级架构

智能牵引供电系统采用中国铁路总公司、铁路局、供电段、沿线智能牵引供电设施及车间/工区四级架构，如图 11-16 所示。

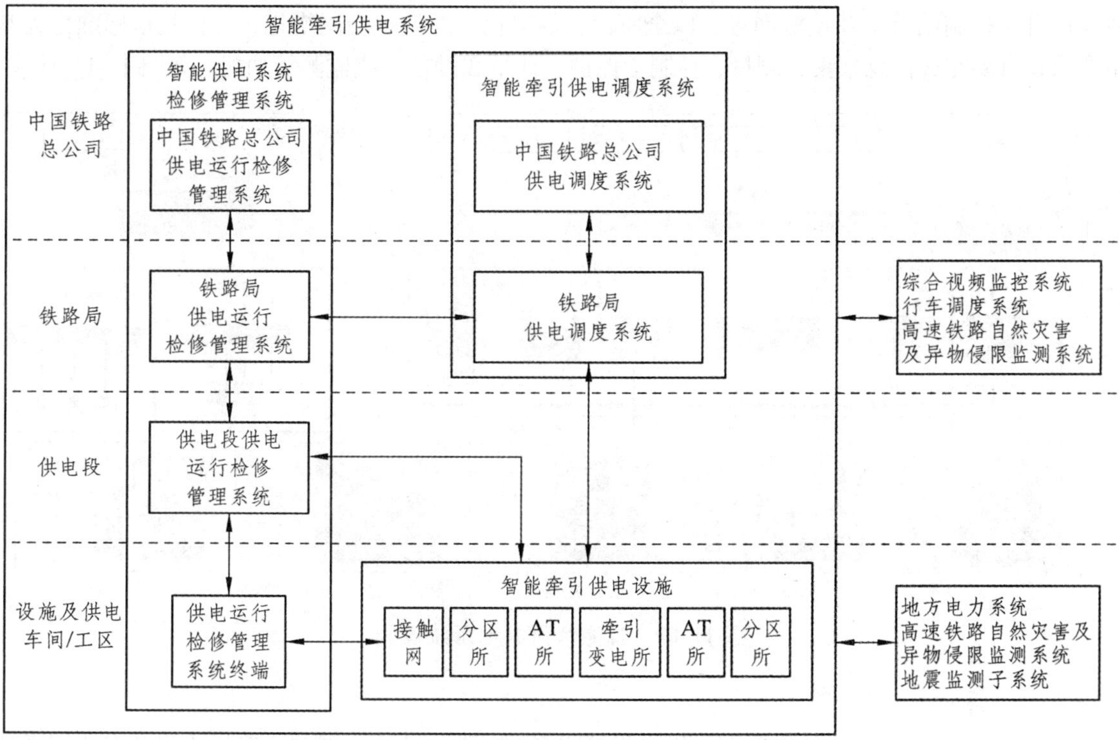

图 11-16 智能牵引供电系统架构

4. 智能牵引供电系统功能

（1）具备采集与共享沿线牵引变电所、分区所、AT 所及接触网上的智能供电设备基础数据的功能；通过广域测控保护系统，实现供电范围内以供电臂为单元的广域保护、开关分层闭锁等功能。

（2）实现对沿线智能牵引供电设备运行状态的实时监视、非正常报警以及对被控对象的遥控、遥测、遥信。

（3）能全面及时根据牵引供电系统运行检修的各类检测监测数据，实现供电运行检修相关的业务管理、数据管理和决策指挥等功能。

5. 智能牵引供电系统运行控制

智能牵引供电系统设置以就地保护、站域保护和广域保护组成的层次化保护，实现了供电系统继电保护的全冗余和全速动，供电系统故障的快速判断、快速定位、切除及快速重构运行方式等功能。

6. 智能牵引供电系统运营维护

实现故障预测与健康管理（PHM），包括关键设备故障预警、故障诊断、设备与系统健康评估、系统可靠性分析、风险评估、维修辅助决策等功能。

（二）智能牵引供电系统硬件

1. 智能牵引供电设施

智能牵引供电设施是基于智能设备组成的变电设施（包含牵引变电所、分区所、开闭所、AT

所及网开关控制站等）及接触网等，以全所信息数字化、通信平台网络化、信息共享标准化为基本要求，自动完成信息采集、测量、控制、保护、计量和设备在线监测等功能。如图 11-17 所示。

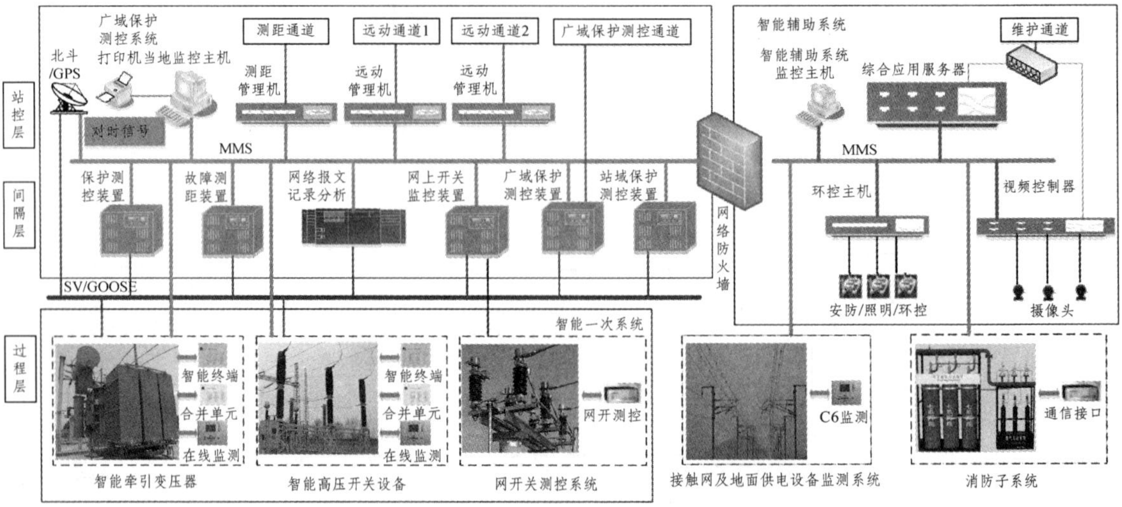

图 11-17　智能牵引供电系统设施

2. 智能供电调度系统

智能供电调度系统是对智能牵引供电设施设备进行远程监视、测量、控制及调度作业管理的系统，实现源端维护、综合告警、辅助调度决策等高级功能；是在既有供电 SCADA 系统的基础上，结合智能牵引供电设施的功能特点，融合供电调度作业全流程管理功能，实现运行数据全景化、报警分析综合化、调度作业自动化、调度决策精细化。其组成及功能如图 11-18 所示。

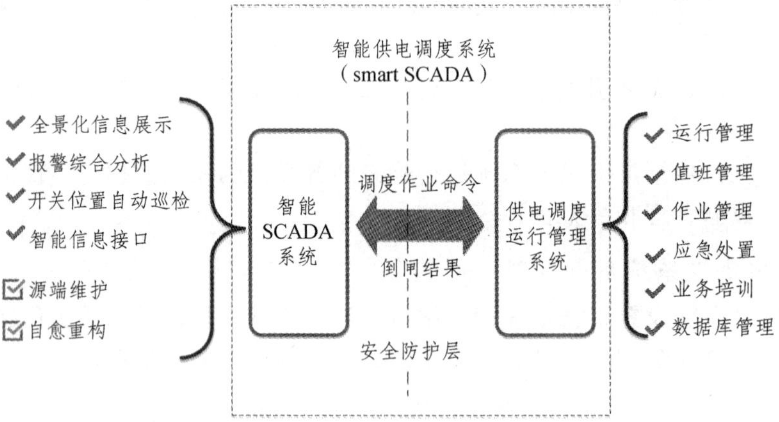

图 11-18　智能牵引供电调度系统的组成及功能

3. 智能运行检修管理系统

智能运行检修管理系统是以牵引供电系统运行检修所需的各类基础数据、检测监测数据以及数据处理为基础，对智能供电设施等设备的基础数据、检测监测、运行检修作业、设备状态评估与预测等进行全寿命周期管理的系统，可实现对牵引供电系统的故障预测与健康管理（PHM）、安全评估与预测、应急指挥、运营安全保障及辅助决策等高级功能。智能运行检修管理系统如图 11-19 所示。

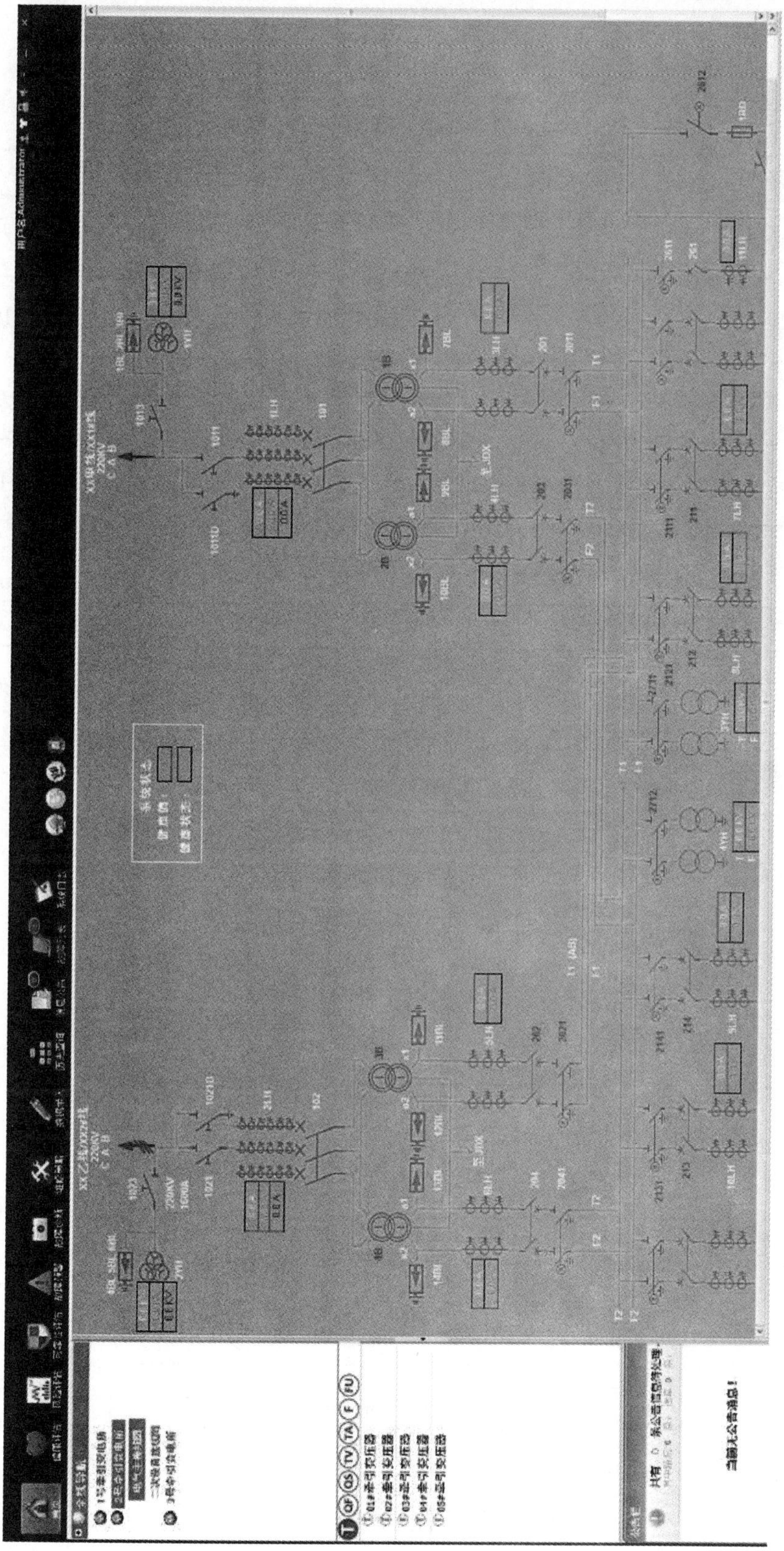

图 11-19　智能运行检修管理系统

4. 通信通道

智能牵引供电系统通信通道如表 11-11 所示。

表 11-11 智能牵引供电系统通信通道

序号	名称	通道对象	传输数据	通道要求
1	远动通道	牵引供电设施与供电调度所之间	SCADA 数据、辅助/监控系统数据	2 路，传输速率为 2 Mb/s
2	视频通道	牵引供电设施与供电调度所之间	视频流信息	1 路,传输速率为 10～100 Mb/s
3	复示通道	牵引供电调度所与供电段之间	SCADA 数据、辅助/监控系统数据	1 路，传输速率为 2 Mb/s
4	视频复示通道	牵引供电调度所与供电段之间	视频流信息	1 路,传输速率为 10～100 Mb/s
5	广域保护通道	牵引供电设施之间	广域保护信息	1 路，传输速率为 2 Mb/s，时延应不大于 10 ms
6	故障测距通道	牵引供电设施之间	故障测距信息	1 路，传输速率为 2 Mb/s
7	维护通道	牵引供电设施与供电段之间	在线监测、PHM 系统数据	1 路，传输速率为 2 Mb/s
8	供电信息管理通道	供电段与供电车间、工区间	供电管理信息数据	1 路，传输速率为 100 Mb/s

三、智能牵引变电所

（一）牵引变电所发展

1. 传统牵引变电所功能配置

传统牵引变电所功能配置如图 11-20 所示。

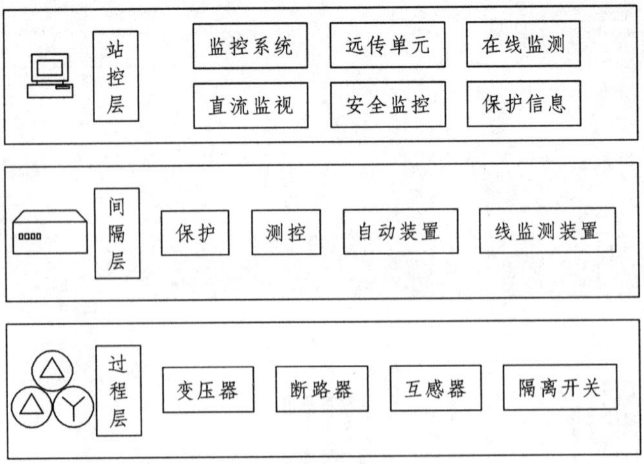

图 11-20 传统牵引变电所功能配置

2. 从传统到数字化牵引变电所

一次设备的智能化改变了传统变电所继电保护设备的结构：

（1）AD 变换移入互感器，采用高速数据接口。

（2）开关量输出、输入移入智能化开关。保护装置发布命令，由一次设备的执行器来执行操作。

数字化变电所特征如图 11-21 所示。

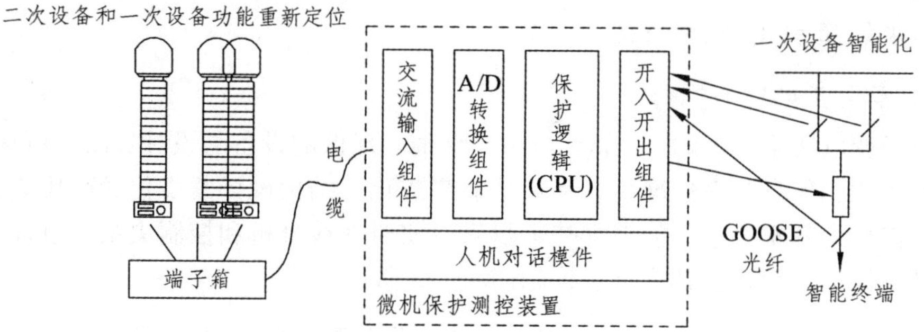

图 11-21　数字化变电所特征

3. 通信规约

目前的牵引变电所自动化系统缺乏统一的系统规范。广泛应用的 IEC60870-5-103 规约只是变电所内传输规约，缺乏对变电所系统模型、二次功能模型的描述，没有将系统应用与通信技术进行分层处理且其应用受到通信技术的限制，缺乏一致性测试标准，因此 103 规约不适合应用于未来数字化变电站的统一信息平台，而 IEC61850 标准的引入，则有效解决了上述问题。

4. 传统牵引变电所与数字化牵引变电所对比

传统牵引变电所与数字化牵引变电所的结构如图 11-22 所示。

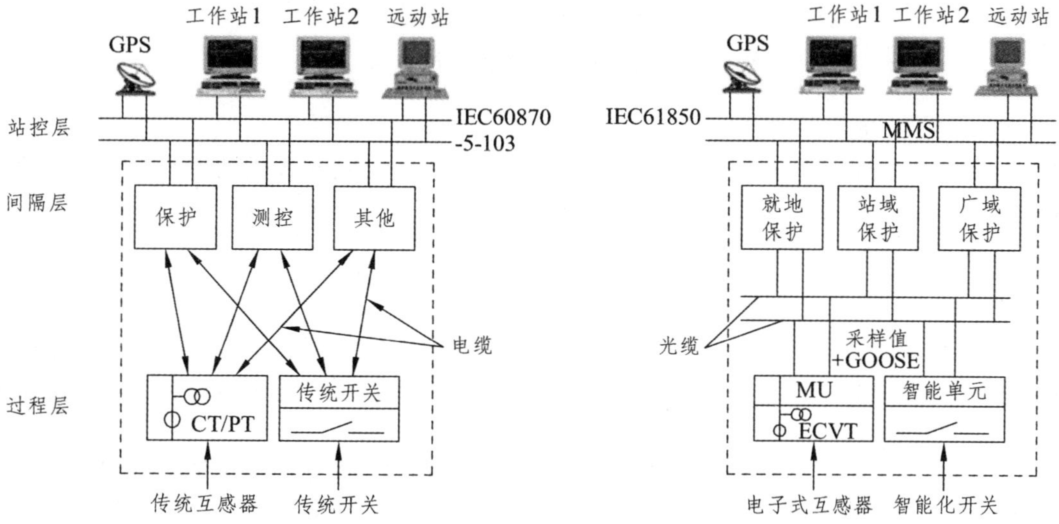

（a）传统变电所结构图　　（b）数字化变电所结构图

图 11-22　传统与数字化牵引变电所的结构

5. 从数字到智能牵引变电所

采用可靠、经济、集成、节能、环保的设备及设计方法，以全所信息数字化、通信平台网络化、信息共享标准化、系统功能集成化、结构设计紧凑化、高压设备智能化与运行状态可视化为基本要求，发展到能够支持牵引供电实时在线分析和控制决策，进而提高牵引供电运行可靠性及经济性的智能牵引变电所。

（二）智能牵引变电所基础

1. 智能牵引变电所的概念

智能牵引变电所采用可靠、经济、集成、节能、环保的设备与设计，以全所信息数字化、通信平台网络化、信息共享标准化、系统功能集成化、结构设计紧凑化、高压设备智能化和运行状态可视化为基本要求，能够支持牵引供电实时在线分析和控制决策，进而提高牵引供电运行的可靠性及经济性。其层级结构如图 11-23 所示。

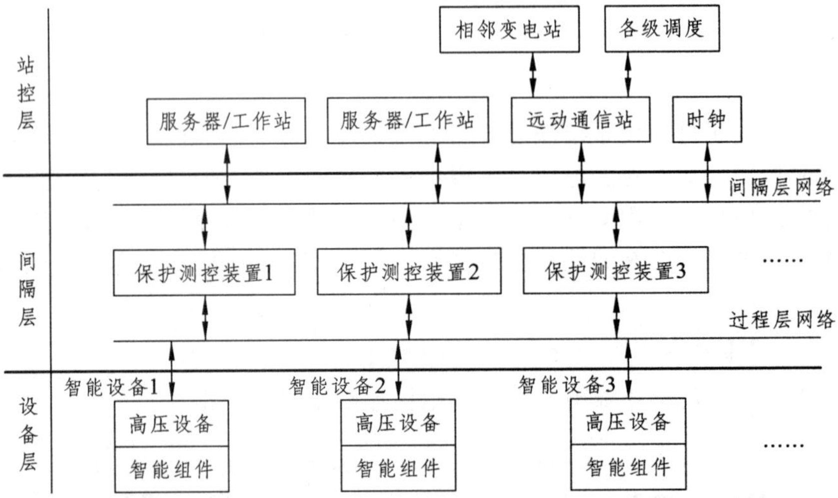

图 11-23　智能牵引变电所的层级结构

2. 智能牵引变电所的作用

智能牵引变电所除应满足常规的电能转换、分配，为电力机车提供动力及为此提供的测量、控制、保护、信号及与远动系统通信等基本常规功能外，还具有以下的基本功能、高级功能和智能辅助功能。

3. 智能牵引变电所的基本功能

（1）分层闭锁控制：具备牵引变电所供电范围内防止电气误操作的闭锁功能。根据牵引供电系统的主接线结构，实现开关设备间的闭锁，并根据高压设备的运行情况，实现防止电气误操作逻辑判断。

（2）层次化保护：分为就地保护、站域保护和广域保护。就地保护实现所内间隔的全部保护功能；站域保护基于全站信息实现保护的冗余和优化；广域保护基于牵引变电所、AT所、分区所的信息共享，使保护动作更为准确，提高保护的选择性和速动性。

（3）源端维护：智能牵引供电设施作为牵引供电调度系统数据采集的源端，应提供各种可描述的配置参量，维护时仅须在智能牵引供电设施利用同一配置工具进行配置，生成标准配置文件，包括主接线图、网络拓扑参数及数据模型。智能供电调度系统可以自动获得牵引供电设施的标准配置文件，并自动导入到自身系统数据库中。

（4）通信管理、网络记录分析及与外部系统信息交互的功能。

4. 智能牵引变电所的高级功能

（1）设备状态可视化：应采集主要一次设备（主变压器压器、断路器、隔离开关、互感器等）的状态信息，进行状态可视化展示并发送到上级系统，为实现优化牵引供电系统运行和设备运行管理提供基础数据支撑。

（2）告警与分析：应建立牵引供电设施故障信息的逻辑和推理模型，实现对故障告警信息的分类和过滤，对牵引供电设施的运行状态进行在线实时分析和推理，自动报告牵引供电设施异常并提出故障处理指导意见。

（3）故障信息综合分析决策：在故障情况下对事件顺序记录信号及保护装置、故障录波等数据进行数据挖掘、综合分析，以简洁明了的可视化界面综合展示牵引供电设施故障分析结果，并将其上送至上级系统。

（4）系统运行优化及重构：能根据故障位置及供电设备状态等信息，判别、确定适合供电系统的运行方式，并具备运行方式的快速重构与切换功能，能按保护定值区动态匹配不同的运行状态，以实现供电系统运行方式与保护定值的自适应。

5. 智能辅助功能

（1）视频监控：一方面，智能辅助系统采用统一平台，以图像智能分析处理为核心，具备视频监控、环境监控、安全防范等功能，同时具备智能牵引供电设施状态数据接入、 展示和上送功能。另一方面，智能辅助系统还应能对牵引供电设施的运行情况及操作过程实现可视化监控，辅助完成调度系统的调度作业；对变电所区域进行全天候视频监视，以保障供电设施外部安全。

（2）环境监控：智能辅助系统应能对牵引供电设施所在地的温度、湿度、风力、水浸、SF_6 浓度等环境信息进行实时采集、处理和上传；应能设置不同级别的环境信息告警值；环境信息数据的变化以 DL/T 860 协议统一上传到辅助系统监控平台；应支持本地/远程控制空调、照明、排风扇、抽水泵的启停。

（3）安全防范：智能辅助系统应能对供电设施所在地的边界进行安全警戒，对各种安全防范信息进行采集、管理，对所内各功能室大门实现出入口管理，并通过预置的规则进行视频系统的联动，以防止对供电设施的盗窃和破坏，维护供电设施的安全。

（三）智能牵引变电所设备构成

智能牵引变电所由智能一次设备、广域测控保护系统、辅助监控系统、辅助设施及层间通信构成。

1. 智能一次设备的作用与组成

智能一次设备可实时监测设备状态，并将监测数据上传至智能辅助系统进行状态可视化展示，并由智能辅助系统将数据上送至故障预测与健康管理（PHM）系统。

智能一次设备主要包括：智能牵引变压器、自耦变压器、220 kV 断路器、电子式电流互感器、电动隔离开关与 27.5 kV GIS 开关柜等。

智能一次设备由设备本体、传感器或执行器、智能组件等组成，能够完成数字测量、网络控制、状态评估与信息互动等功能。智能一次设备及构架如图 11-24 所示。

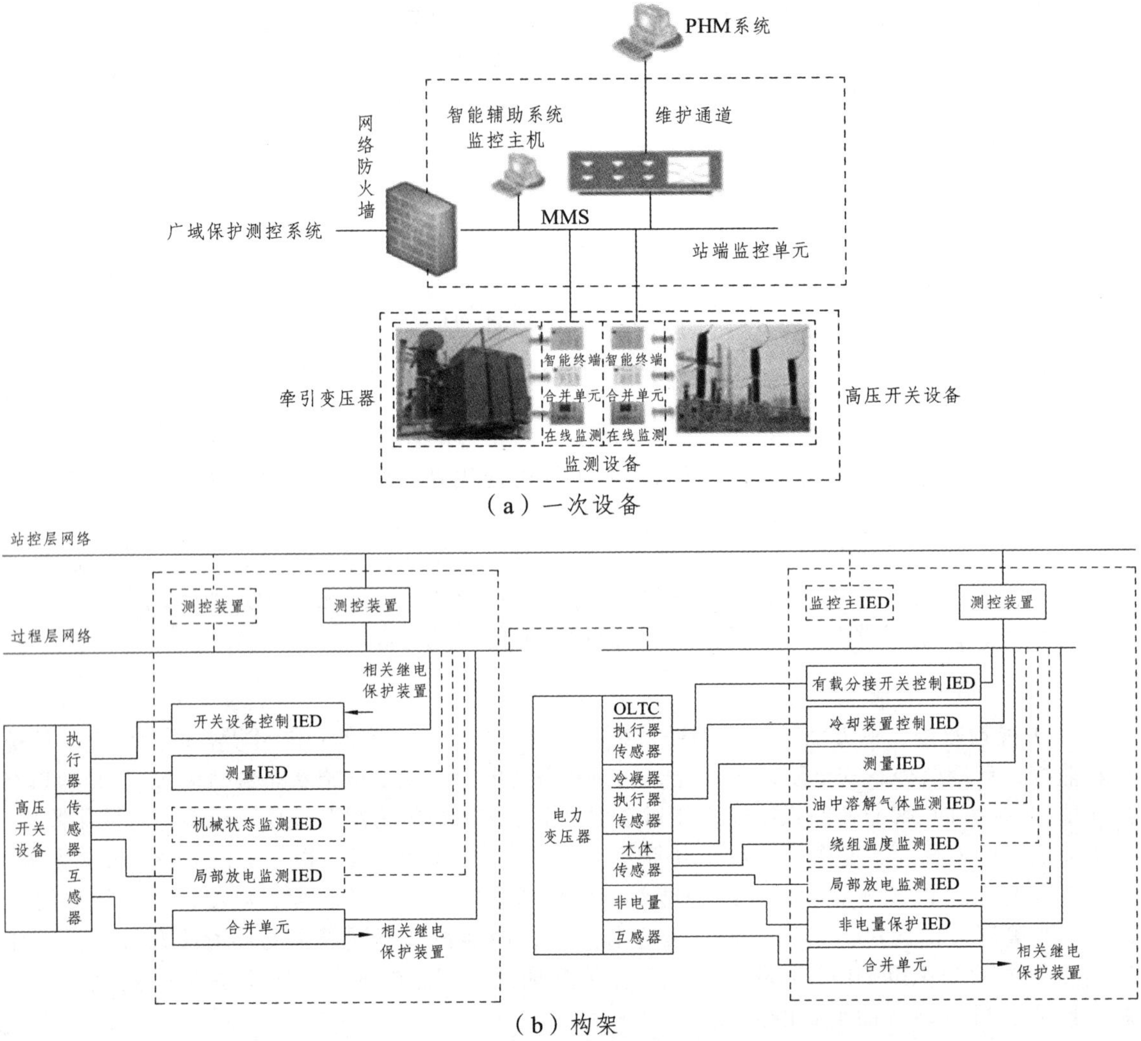

图 11-24　智能一次设备及其构架

2. 智能一次设备的分类

1）智能牵引变压器

智能牵引变压器如图 11-25 所示。

智能牵引变压器的智能化主要体现在包括光纤绕组测温监测单元、油中溶解气体监测单元、铁芯接地电流监测单元与智能组件柜。

智能牵引变压器主要作用：

① 采用光纤测温技术测量变压器的热点温度、高/低压绕组的温度和铁芯温度。

② 可对油中溶解气体进行监测，但需定期更换载气瓶与色谱柱构成多组分油色谱方案。

③ 采用了光声光谱技术，能够对铁芯接地电流进行监测并及时发现变压器内部绝缘受潮或受损、铁芯多点接地等故障。

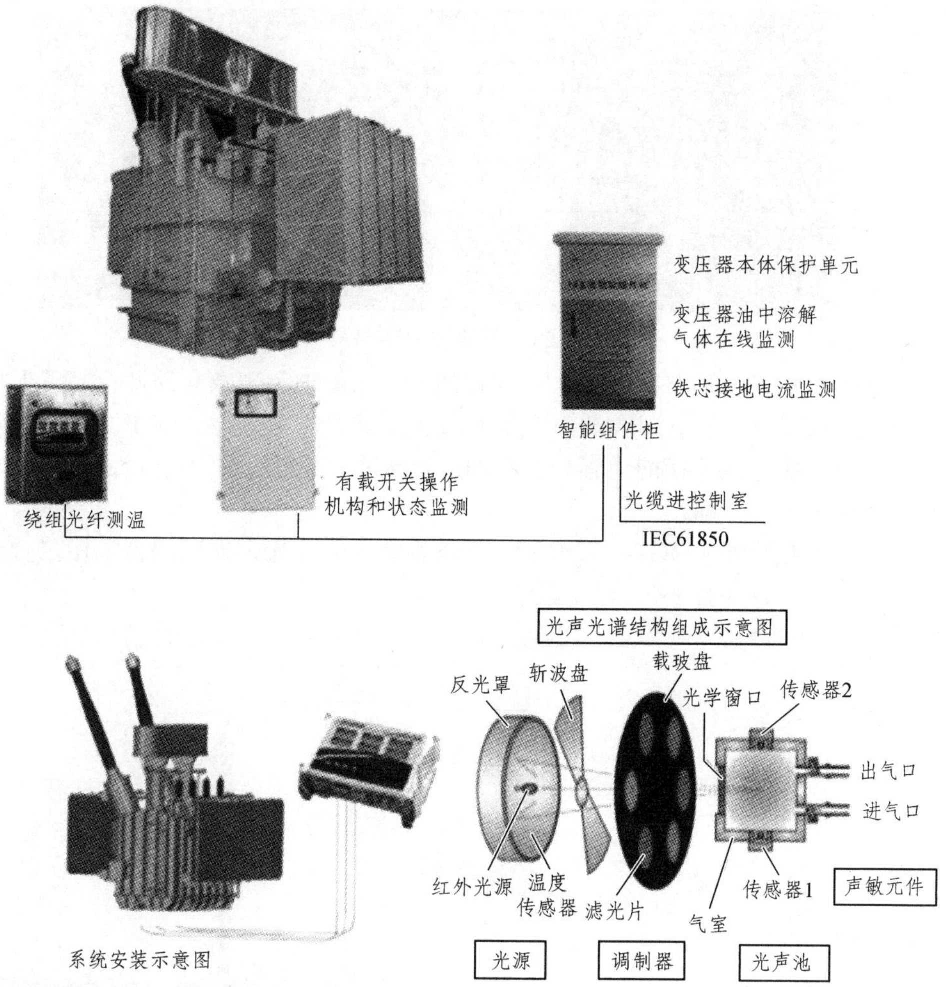

检测指标		
序号	监测项目	测量范围
1	测量电流范围	0 mA~10A
2	精度	±2.5%

图 11-25　智能牵引变压器

2）智能断路器

智能断路器可对行程曲线、机构电机电流、分合闸线圈电流、SF_6 气体压力和微水含量等参数进行实时监测。

3）智能隔离开关

智能隔离开关可对其触头的行程位置、泄漏电流、触头温升与本体操作机构回路电压、回路电流等进行实时监测。智能断路器与隔离开关如图 11-26 所示。

4）光学电子式互感器（OCT）

光学电子式互感器采用基于晶体光阀磁场传感元件的光学电流测量技术。该技术利用法拉第磁光效应感应磁场，即晶体光阀将磁场转换为光强，通过分析光强来计算磁场产生的电流。

图 11-26　智能断路器与隔离开关

光学电子式互感器具有以下优点：没有铁芯，无磁饱和现象，因此提高了保护动作的正确性；绝缘结构简单，没有因含油而产生的易燃、易爆炸等危险；ECT 二次侧开路时不会产生危险的高压；抗电磁干扰能力强且频率响应范围宽；适应了电力计量以及保护数字化、微机化和自动化发展的方向。

光学电子式互感器（OCT）采用了和断路器集成的方式，即断路器采用复合绝缘子，支柱绝缘子内置光纤，并且 OCT 可单独拆卸。

OCT 组成如图 11-27 所示。

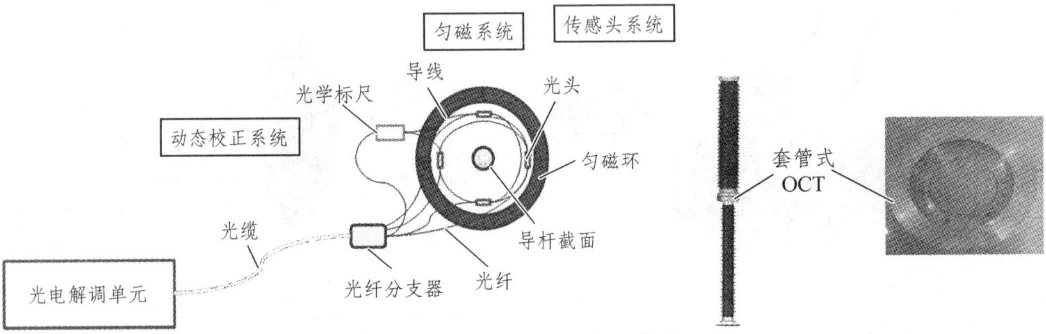

图 11-27　光学电子式互感器

5）27.5 kV 智能 GIS 开关柜

智能 GIS 开关柜可对一次状态、操作机构分合闸线圈电流、电机工作电流、SF_6 气体密度和温度、避雷器泄漏电流、放电次数与环境温湿度等参数进行实时监测。其保护单元、合并单元、智能化单元均可安装于柜体仪表室内。智能 GIS 开关柜原理如图 11-28 所示。

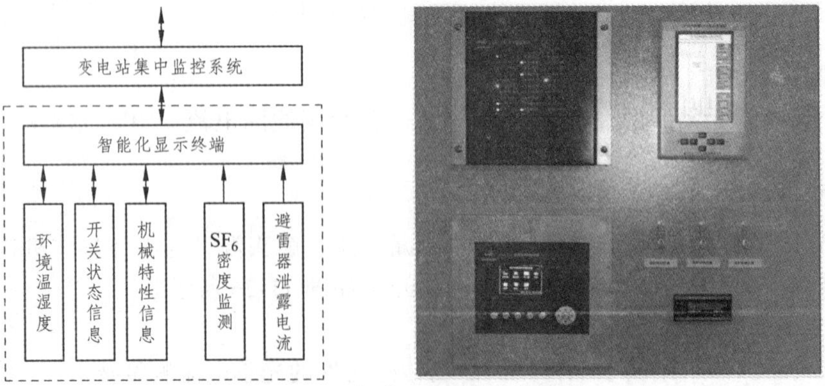

图 11-28　智能 GIS 开关柜原理

3. 广域测控保护系统

广域测控保护系统是以牵引变电所供电范围为单元，将各供电设施的二次设备经过功能的组合和网络通信，实现对牵引供电设施主要设备的自动监视、测量、自动控制、广域保护以及与牵引供电调度系统通信等综合自动化功能的系统。广域测控保护系统除应满足《电气化铁路牵引变电所综合自动化系统装置》（TB/T 3226—2010）中所规定的功能外，还应具备层次化保护、系统重构等功能。

1）广域测控保护系统的层次化保护

广域测控保护系统按逻辑功能分为三层：过程层、间隔层、站控层。智能牵引供电系统的数据源应标准化，实现网络共享，所亭间在间隔层实现数据通信。广域测控保护系统配置如图 11-29 所示。

广域测控保护系统按就地保护、站域保护和广域保护配置。

① 就地保护实现对单间隔的保护。

② 站域保护面向牵引变电所内多个对象，实现对就地保护功能的后备。站域保护接入全所的开关量、电气量等信息，集中决策，采用网采网跳，面向牵引变电所内多个对象，实现就地保护的冗余和优化。

③ 广域保护应通过采集供电臂范围内牵引变电所、分区所及 AT 所的故障及判断信息、综合决策，实现供电臂范围内的保护功能；其保护功能可配置在就地保护装置和站域保护装置中。

如图 11-30 所示为站域保护的实例。当母线发生故障时，馈线 211 保护元件、馈线 212 保护元件都不会启动，此时站域快速保护切除故障；而当线路发生故障时，站域保护不会越级切除故障。

2）广域保护的特点

广域保护以供电臂为单元，采用基于阻抗特征的供电臂联跳保护。试验证明，广域测控保护能准确定位故障位置，快速切除母线故障的特点。其工作原理如图 11-31 所示。

（1）自愈重构：广域保护系统划分了两个网孔四个段落的结构，并考虑 T、F、TF 故障情况，研究了馈线断路器失灵、供电臂故障等工况的重构技术，确定了馈线断路器失灵、供电臂故障及 4 个段落，3 种故障形态下的组合，确定了重构模型和重构逻辑。其原理及流程如图 11-32 所示。

由图 11-32 可知，自愈重构流程为：馈线故障保护跳闸→自愈启动→下行第 2AT 段 F 故障→选择自愈方案，请求执行→调度允许执行→检查当前状态→分开关→切定值→恢复供电（合 213）→自愈完成。

（2）分层闭锁与安全控制：分层闭锁分为就地的硬接线闭锁、间隔层装置的逻辑闭锁、站控层逻辑闭锁三个层次，能够保证开关操作的安全性。通过试验验证，间隔层逻辑闭锁、站控层逻辑闭锁与硬接线闭锁一起，实现了分层闭锁功能，共同保证开关的安全操作。其分层闭锁控制流程如图 11-33 所示。

图 11-29 广域保护测控系统配置

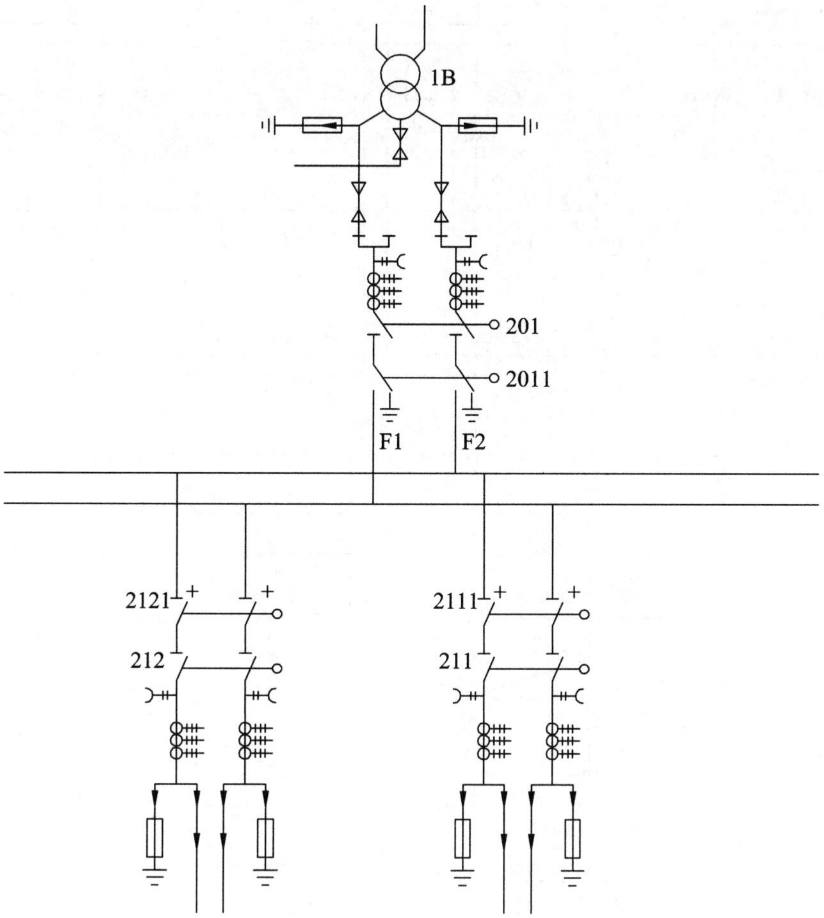

图 11-30　站域保护实例

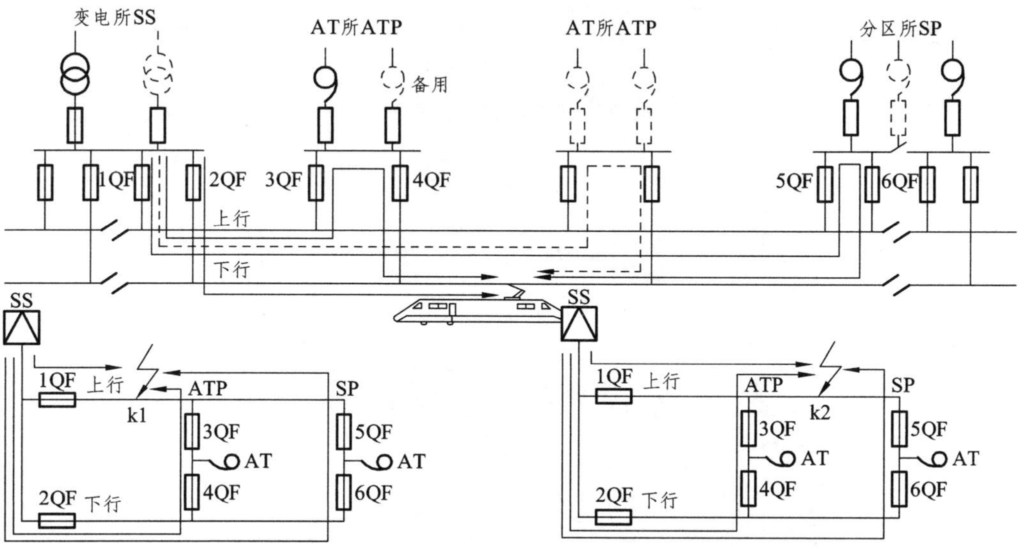

图 11-31　广域保护工作原理

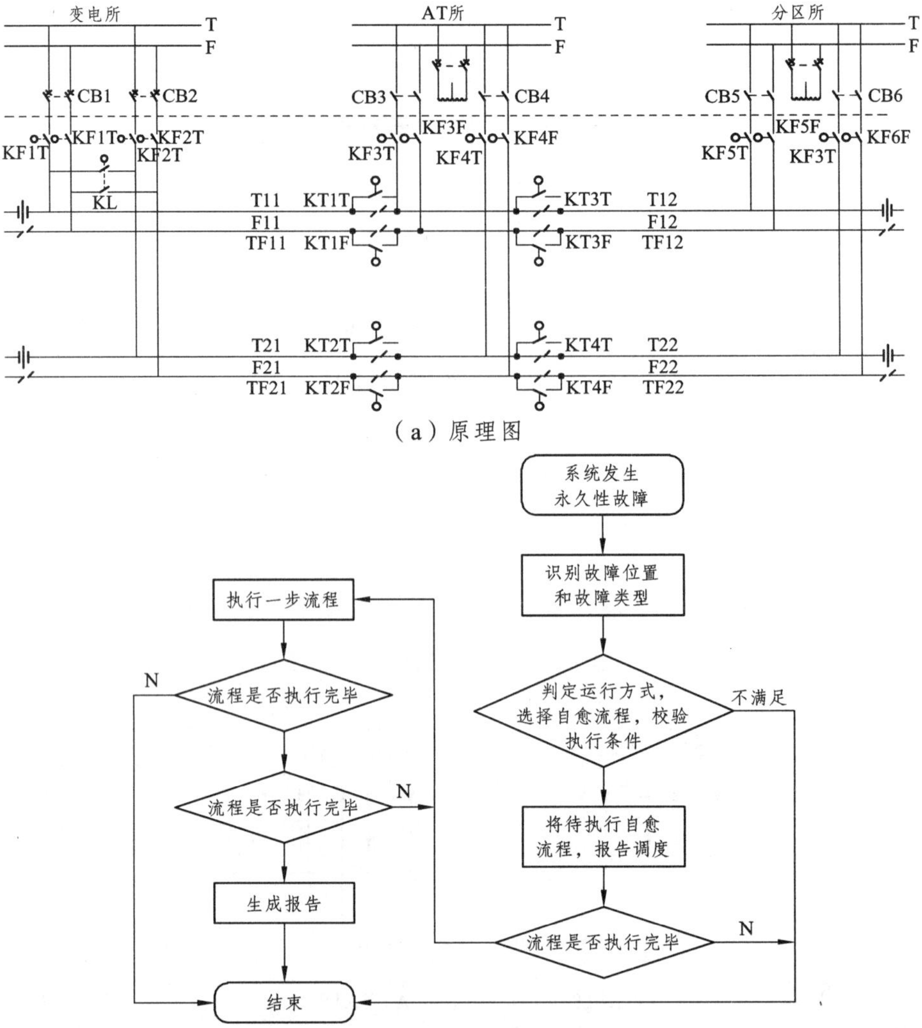

（a）原理图

（b）流程图

图 11-32　自愈重构原理及流程

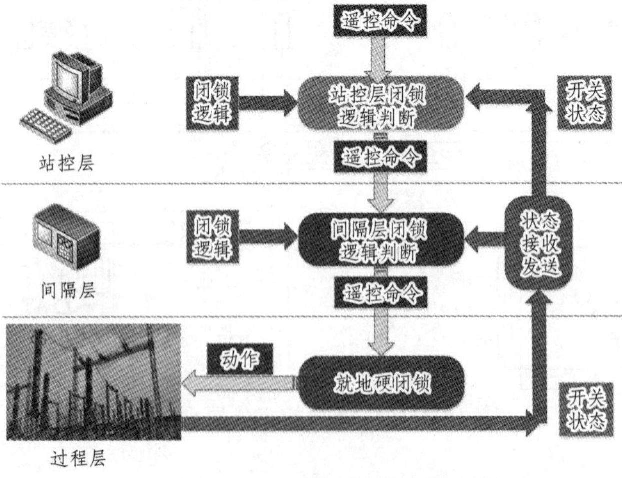

图 11-33　分层闭锁控制流程

（3）信息一体化及高级应用：广域测控系统能实现全所顺序控制、智能告警、源端维护与故障综合分析等高级应用功能，并实现该功能应用的实用化、模块化、标准化与提供智能短信报警功能。

（4）智能告警：广域测控系统在运行过程中，除正常监视外，对异常情况及需要告知用户的情况要进行主动告警，并根据告警信息的级别通过图像、声音、颜色及图形变化等方式给出告警信息。告警信息可按照重要程度，从重到轻依次分为事故信息、异常信息、变位信息、越限信息与告知信息五种类型。针对不同级别的告警信息应提供多种告警方式，如文字提示、光字牌、图元变色或闪烁、音响提示、语音提示、短信（异常状态发布功能）。针对历史告警信息，还提供多种查询方式，如按照间隔、按照设备、按照告警类型、按照时间、自定义综合查询等。智能告警显示如图 11-34 所示。

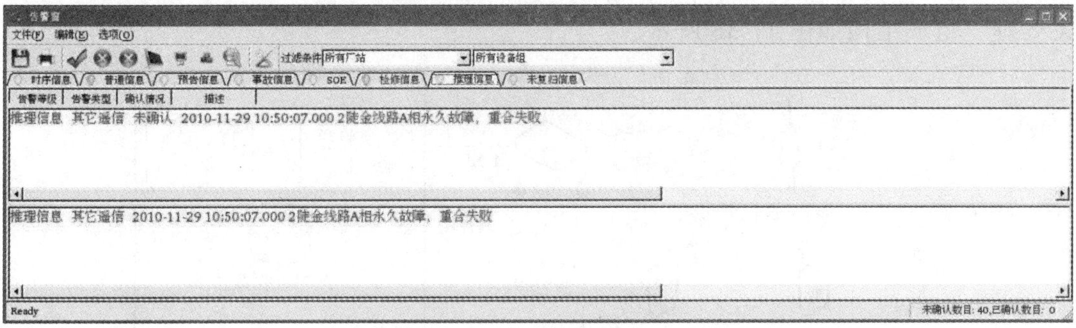

图 11-34　智能告警显示

（5）故障综合分析：故障综合分析即运用智能推理方式，根据故障发生的关键条件，结合接线方式、运行方式、开关变位、开关状态、遥测量与时序等，对变电所的主要故障进行综合判断，给出当前故障的故障类型、相关信息、故障结论及处理方式。其运行方式可通过拓扑技术获得。故障（事故跳闸）综合分析简报如图 11-35 所示。

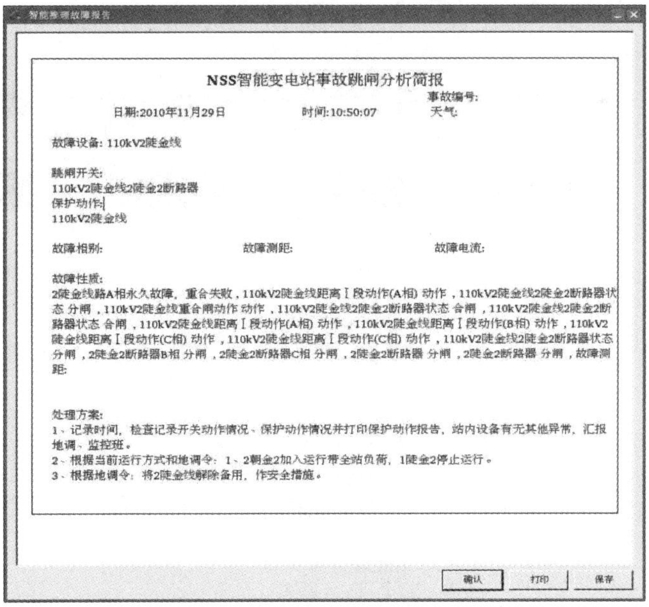

图 11-35　事故跳闸分析简报

（6）站域程控：一体化监控后台提供程控卡片功能，用户按照程控卡片规定的操作任务，可一次性按顺序自动完成多个控制操作。程控卡片中可设置总执行条件，也可设置每步的执行条件并提供多种分类管理方式，如按照间隔分类，分为全站程控、跨间隔程控、间隔内程控；按作用分类，如一号变压器倒二号变压器、二号变压器倒一号变压器等。在程控卡片管理页面，可方便、简单地对其进行维护。由于牵引所站域装置可通过 AT 所、分区所的站域装置，对 AT 所、分区所管辖的接触网开关进行遥控操作，所以牵引所一体化监控后台，不但可以对所内开关完成程控操作，还可以将供电臂上的接触网开关纳入程控操作范围，从而完成越区供电等操作。

（7）基于短信的智能报警：系统支持基于短信的智能报警功能。利用该功能可将综合自动化系统产生的各类报警信息（如故障报告、开关跳闸等）以短信方式自动发送给相关管理人员（如变电所值班员或供电段技术人员），使管理人员在第一时间收到报警并进行相关处理。组成结构如图 11-36 所示。

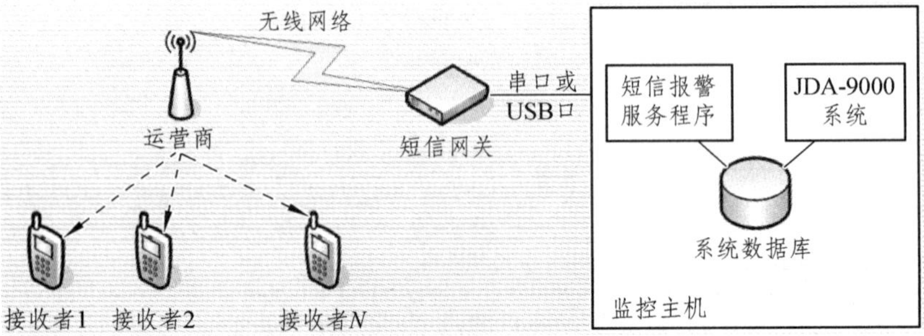

图 11-36　基于短信的智能报警系统

3）广域保护的通信信道

广域保护通信信道如图 11-37 所示。

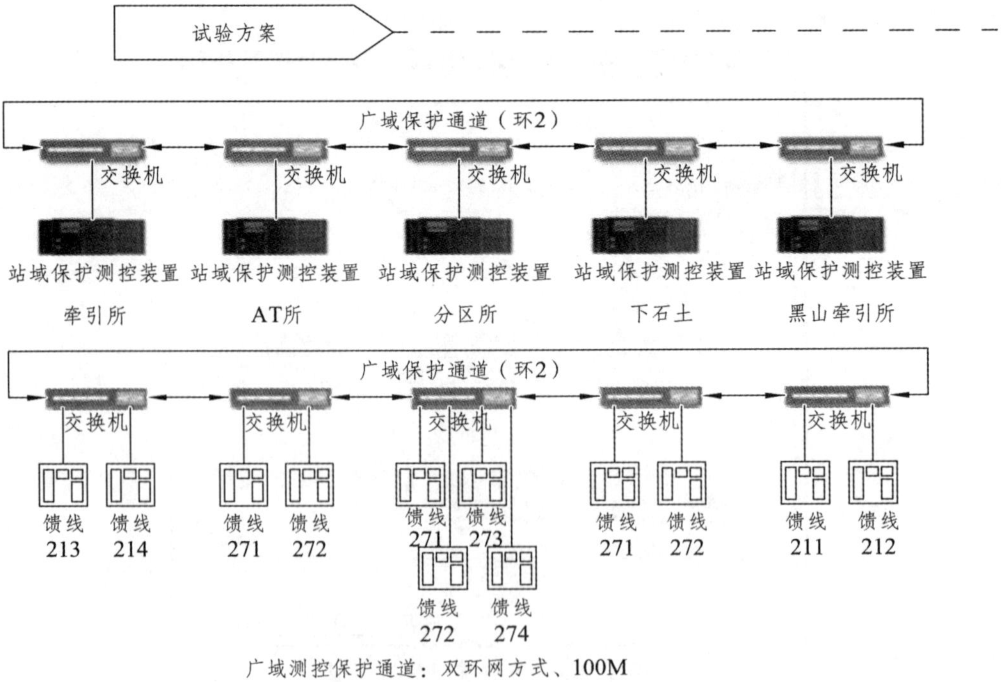

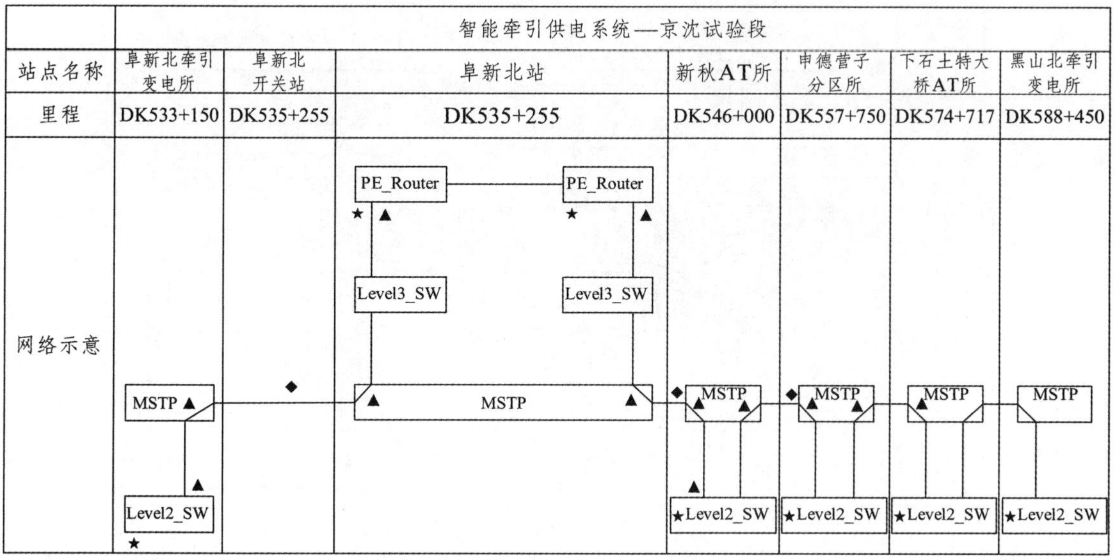

图 11-37　广域保护通信信道试验方案

（1）通道要求。

广域测控保护通道正常时按从牵引变电所至分区所，越区时按牵引变电所至相邻牵引变电所构成网络。按照继电保护动作特性要求，不管在何种运行方式下，所间传输的保护报文，时延应不大于 10 ms。

（2）试验结果。

根据试验，带宽为 100 Mbit/s 广域测控保护通道环 1、环 2 在成环及不成环的情况下的转发时延在 0.64 ~ 8.7 ms 之间，均满足不大于 10 ms 的要求；带宽为 2 Mbit/s 故障测距通道的转发时延在 10.4 ~ 56 ms 之间，均大于 10 ms，故障测距通道不满足广域测控保护需求。

4. 辅助监控系统

1）辅助监控系统概念

辅助监控系统作为智能牵引变电所中一个不可缺少的重要组成部分，可用于实现对变电所各种辅助生产系统的整合、优化、管理及控制，并对牵引变电所内视频监控及巡检、环境监测、安全防范、火灾报警、动力照明控制等部分或全部辅助设备信息进行集成，以实现信息共享、告警联动等功能，可作为牵引变电所集中监控和运维提供支撑的系统。辅助监控系统如图 11-38 所示。

2）辅助监控系统架构

辅助监控系统包括智能控制和联动、在线监测、视频监控（智能图像识别）、智能巡检（视频和机器人巡检）、环境监测、红外测温、安全防范、火灾报警、动力照明控制与门禁控制等子系统，各子系统可根据需要灵活配置。本系统采用分层架构，由间隔层和站控层组成，其中间隔层包括动力环境测控装置、视频服务器和辅助设备；站控层包括综合应用服务器、网络设备和值班员终端等。辅助监控系统架构如图 11-39 所示。

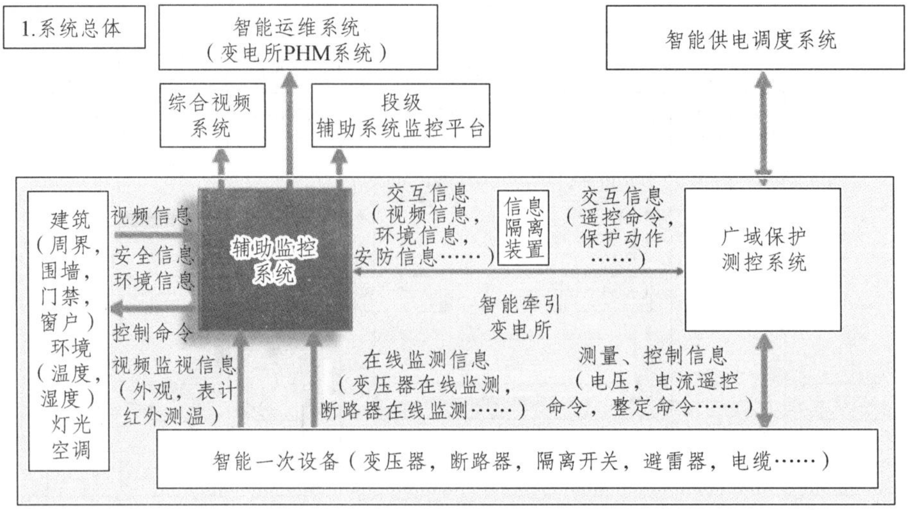

图 11-38　辅助监控系统总体

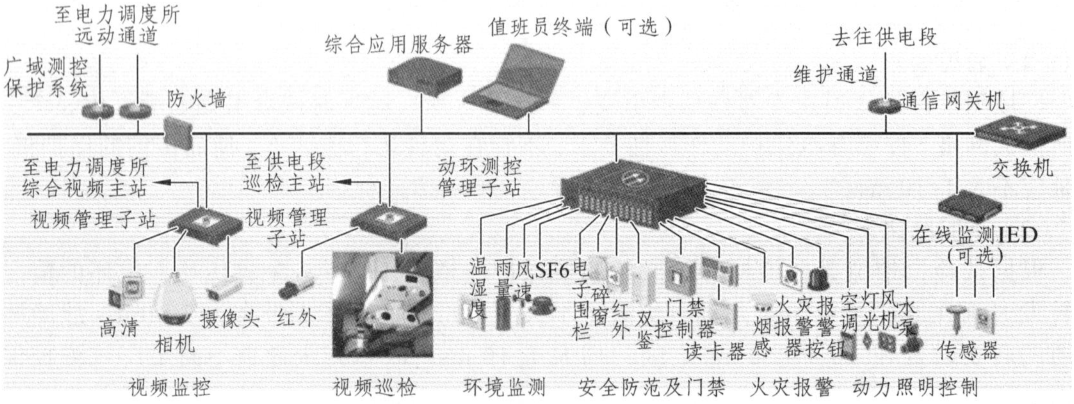

图 11-39　辅助监控系统架构

① 智能联动控制：包含安防视频联动，即当入侵行为触发报警时，相关摄像机自动凝视侵入目标并启动录像功能，启动声光报警器，夜间自动打开室外灯具；照明联动，即使得照明控制系统、火灾报警系统、安全防范系统等多个系统实现联动，保证夜间或光线照度不够时提供足够的光线亮度；空调联动，即通过监测室内的温度、湿度，实现空调系统的联动控制；水泵和风机联动，即通过监测电缆沟的水位，实现排水系统的联动控制，通过监测室内 SF_6 气体浓度实现排风系统联动控制；开关联动，即与 SCADA 系统进行联动。在操作开关、或刀闸发生事故跳闸时可联动周围多个摄像机，自动将摄像机对准到相关设备，实现多角度视频信息的实时监控。

② 基于视频的设备巡检：实现对牵引变电所的远程智能巡视，可以模拟和替代人工巡视；视频巡视支持在固定时间自动启动，也可由操作员手动启动；具备巡检策略管理功能并具有巡检对象的标准图谱数据库，可利用智能图像识别技术，在自动巡视时判断设备运行是否正常；具备巡检记录功能，巡检结束将自动生成巡检记录表。

③ 安防报警视频复核：对安全防范系统上送的报警进行图像复核，确认是否为真实有效的报警，以解决传统周界防范等系统误报率高的问题。当相关报警信号产生时，应将摄像机

对准报警发生地，并采集实时图像，进行智能识别，经图像复核实现智能报警。固定巡检摄像机系统及安防报警视频复核方式如图 11-40 所示。

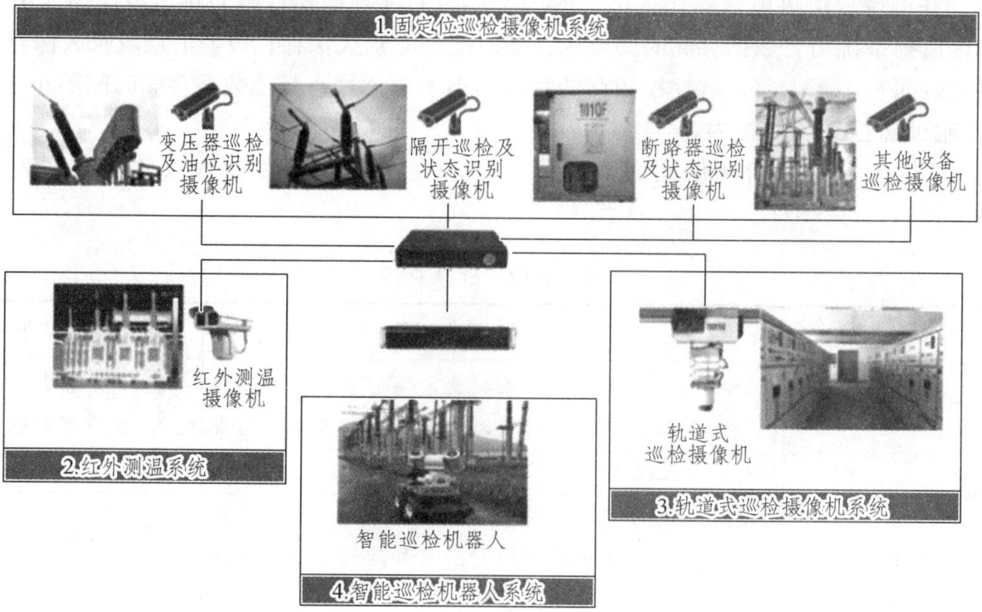

（a）固定巡检摄像机系统

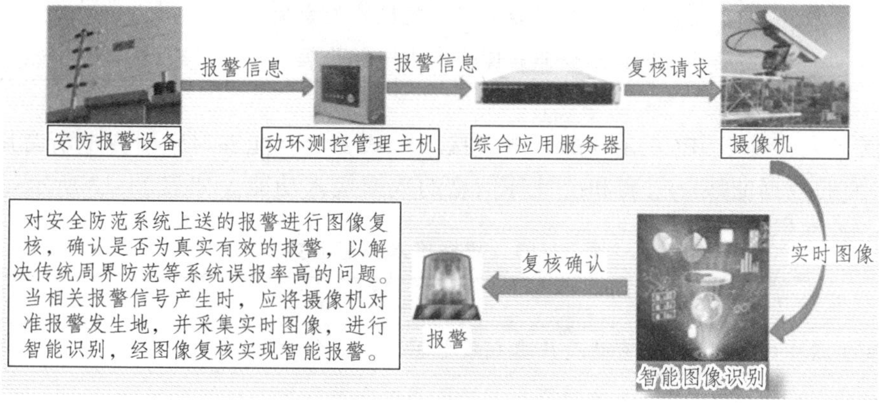

（b）安防报警视频复核方式

图 11-40　固定巡检摄像机系统及安防报警视频复核方式

3）辅助监控系统基本功能

辅助监控系统可实现对全所视频监视、环境信息监测、安全防范、火灾报警、动力照明控制、设备巡检等功能的高度集成和一体化监控，支持采集接入、数据存储、告警处理、传输通信、联动和监控等功能。辅助监控系统应能与其他系统进行信息交互，纵向上与牵引供电调度系统、上级视频管理系统等进行信息交互，横向上应能与所内保护测控系统进行信息交互。

4）辅助监控系统应用

辅助监控系统应将用于监控的视频信息和报警信息上传至供电调度台主站系统，并通过调度台复示至供电段，一般用于巡检的视频信息上传至供电段，其他信息不上传，全部存储于牵引变电所，数据仅允许有权限的管理人员拷贝。其中用于监控的视频操作权限归牵引供电调度，并可授权给供电段操作人员，而用于巡检的视频操作权限归供电段操作人员。

辅助监控系统历史数据存储时间要求：巡检记录应永久保存；报警信息应永久保存；巡检照片存储时间不小于 1 年；监控视频存储时间不小于 3 个月；其他数据存储时间不小于 1 年。

5）辅助监控系统监控内容

① 视频监控：针对图像实时监控，可移动侦测并可设置预置点监控。如表 11-12 所示。

表 11-12　视频监控

序号	试验功能	试验内容	试验结果
1	实时图像监视和控制	选择一个视频监视界面，查看实时视频；对摄像机进行转动控制，查看实时视频；对摄像机进行变焦控制，查看实时视频	能对摄像头正确转动变焦、查看实时视频。符合预期
2	视频移动侦测	通过摄像机设置软件设定一个区域为移动侦测的监视区域，保存设置参数，人员移动通过该监视区域，辅助监控系统后台报警	侦测到人员移动并报警。符合预期
3	预置点设置	通过摄像机的设置软件设定一个预置点位置并保存设置参数，任意转动摄像机镜头的角度和位置，点击预置点后摄像头自动转动到预置点	自动转动到预置点。符合预期

② 数据接入：基于 IEC61850 的开放式接入方式，具有能够对牵引变电所常用一次电气设备在线监测的数据曲线、报表和统计等信息的数据接入功能。如表 11-13 所示。

表 11-13　数据接入信息监控

序号	试验功能	试验内容	试验结果
1	变压器在线监测	查看变压器在线监测的实时信息	符合预期
2	断路器在线监测	查看断路器在线监测的实时信息	符合预期
3	隔离开关在线监测	查看隔离开关在线监测的实时信息	符合预期
4	容性设备在线监测	查看容性设备在线监测的实时信息	符合预期
5	实时与历史曲线报表	设置一个变压器监测数据的实时曲线，查看变压器监测数据的历史曲线，查看变压器监测数据的历史报表	符合预期

③ 环控：监控照明控制与门禁等信息，如表 11-14 所示。

表 11-14　环控信息监控

序号	试验功能	试验内容	试验结果
1	控制能力	选择照明灯控制节点，进行分合操作	正确控制，符合预期

④ 联动：分为安防联动（包括碎窗、烟感与激光对射等）与综自联动（故障告警、遥信变位与遥控灯）监控内容。如表 11-15 所示。

表 11-15　联动信息监控

序号	试验功能	试验内容	试验结果
1	安防门禁视频联动	对装置所采集的开入状态进行视频联动：碎窗：开入 B5C14；烟感：开入 B4C4；红外双鉴（门禁）：开入 B5D7；激光对射：开入 B5C5	当入侵行为触发报警时，相关摄像机自动凝视侵入目标并启动录像功能，同时触发警铃，提醒值班人员。符合预期
2	与综合自动化系统的遥信联动	对隔离开关、断路器进行分、合的操作，查看辅助监控系统后台视频界面遥控对象：101 断路器，211 断路器，2131 隔离开关	自动将摄像机对准目标。符合预期
3	与综合自动化系统的故障联动	设置遥测报警的限值，实际值大于当前值时报警并启动摄像头报警对象：1 号主变压器铁芯温度>10 °C；2 号主变压器铁芯温度>10 °C	当综自系统的相关遥测变化超过限值时，自动将摄像机对准目标。符合预期
4	户外隔离开关状态视频识别	分合 1011 隔离开关，识别开关位置分合 1021 隔离开关，识别开关位置	识别并报出开关分合状态，符合预期

⑤ 视频巡检：包括定义巡检卡片、定时/手动执行与查看历史巡检结果等监控内容。如表 11-16 所示。

表 11-16　视频巡检监控

序号	试验功能	试验内容	试验结果
1	巡视卡片维护	新建巡视卡片； 为新建卡片增加巡视项目并删除已巡视项目； 删除巡视卡片	支持维护功能，支持增、删、改操作。符合预期
2	巡视操作	选择任一巡视卡片，执行巡视操作过程，查看视频巡视画面	支持自动巡视功能； 查看巡视结果。符合预期
3	巡视历史查询	进入巡视记录界面； 按时间段查找巡视记录显示和查看巡视历史	支持巡视历史查询，符合预期

监控系统试验总结：通过试验，验证了辅助监控系统的视频监控功能、在线监测数据的接入功能、环控设备的监控功能，与安防、广域测控保护系统及一次设备等之间的联动功能与视频巡检功能。辅助监控系统上述各功能均工作正常。

参考文献

[1] 丁书文. 变电站综合自动化原理及应用[M]. 2 版. 北京：中国电力出版社，2010.
[2] 路文梅. 变电站综合自动化技术[M]. 3 版. 北京：中国电力出版社，2012.
[3] 孙淼洋. 铁路供电继电保护原理及应用[M]. 成都：西南交通大学出版社，2015.
[4] 陈小川. 铁路供电继电保护与自动化[M]. 北京：中国铁道出版社，2010.
[5] 陈奇志. 铁路供电调度自动化与信息化[M]. 北京：中国铁道出版社，2013.
[6] 郭光荣. 电力系统继电保护[M]. 北京：高等教育出版社，2006.
[7] 谭秀炳. 铁路电力与牵引供电系统继电保护[M]. 2 版. 成都：西南交通大学出版社，2011.
[8] 张保会，尹项根. 电力系统继电保护[M]. 北京：中国电力出版社，2005.
[9] 张晓春. 变电站综合自动化[M]. 北京：高等教育出版社，2006.
[10] 丁书文. 变电站综合自动化现场技术[M]. 北京：中国电力出版社，2008.
[11] 丁书文. 电力系统自动装置原理[M]. 北京：中国电力出版社，2007.
[12] 杨新民，杨隽琳. 电力系统微机保护培训教材[M]. 北京：中国电力出版社，2008.